山岭隧道洞口段地震损伤识别与分区设防研究

王 琦 耿 萍 沈火明 郭翔宇 著

中国铁道出版社有限公司
CHINA RAILWAY PUBLISHING HOUSE CO., LTD.

内容简介

本书针对山岭隧道洞口段地震损伤识别与分区设防措施中涉及的基础理论和技术难点，基于文献调研、数值模拟、理论分析、大型振动台试验等手段，对山岭隧道洞口段震害特征、大型振动台试验设计、动态损伤识别方法、隧道洞口段地震损伤识别、洞口段合理设防分区及洞口段仰坡加固等开展研究。总结分析了近年来典型大地震的隧道震害，尤其是洞口段震害实例，分析隧道洞口段震害特征及成因，介绍了洞口段振动台试验设计，重点关注模型材料配比、模型箱设计和加载地震波选取，提出基于改进的小波包变换和希尔伯特-黄变换的损伤识别方法，详细论述了小波包变换的改进内容及该方法的具体实施过程，并用振动台试验验证所提方法的合理性和先进性，通过理论分析提出了不同地震波作用下隧道洞口段的合理设防分区，通过振动台试验验证了微型桩体系加固洞口仰坡的有效性。

本书对大型振动台试验分析细致，理论分析系统全面，可供从事隧道及地下工程的科研和设计方面的专业技术人员参考。

图书在版编目（CIP）数据

山岭隧道洞口段地震损伤识别与分区设防研究 / 王琦等著. -- 北京 ：中国铁道出版社有限公司，2025. 3.
ISBN 978-7-113-31496-5

Ⅰ. U459.4

中国国家版本馆 CIP 数据核字第 2024TQ5357 号

书　　名： 山岭隧道洞口段地震损伤识别与分区设防研究
作　　者： 王　琦　耿　萍　沈火明　郭翔宇

策　　划： 曾露平　　**编辑部电话：**（010）63551926
责任编辑： 曾露平　李学敏
封面设计： 刘　莎
责任校对： 苗　丹
责任印制： 樊启鹏

出版发行： 中国铁道出版社有限公司（100054，北京市西城区右安门西街 8 号）
网　　址： https://www.tdpress.com/51eds
印　　刷： 北京铭成印刷有限公司
版　　次： 2025 年 3 月第 1 版　2025 年 3 月第 1 次印刷
开　　本： 787 mm × 1 092 mm 1/16　**印张：** 9.25　**字数：** 225 千
书　　号： ISBN 978-7-113-31496-5
定　　价： 55.00 元

前　言

当今世界地震活动频繁，我国西部山区正是典型的高烈度地震区。随着交通强国战略的深入实施，交通工程将进一步向我国西部山区延伸，而隧道作为重要的组成部分，在穿山越岭方面发挥着不可替代的作用。因此，我国大量的建成、在建和拟建隧道会不可避免地处于高烈度地震区。近年来，数次大地震都对隧道造成了严重的破坏，而洞口段作为隧道的暴露部位，是抗震的薄弱环节。隧道洞口段一旦遭遇强烈地震而发生破坏，极易造成交通中断，严重影响震后救灾，威胁人民群众生命安全。因此，地震作用下隧道洞口段的动力响应特征、动态损伤识别、洞口合理的抗震设防范围和抗减震技术值得深入研究。

著者在相关课题支持下，从山岭隧道洞口段震害出发，以大型振动台试验为主要研究手段，辅以理论分析和数值模拟，详尽论述了振动台试验设计的主要关键问题，首次提出基于现代信号分析理论的动态损伤识别方法，创造性地将小波包变换和希尔伯特-黄变换进行联合应用，并对小波包变换这一经典工具进行了针对性的改进提升，用振动台试验对该方法进行了应用检验。结果表明该方法科学、合理且具有先进性。在探明隧道洞口段的损伤发展特征后，基于理论分析对洞口的设防范围进行了细致分析，通过参数化研究厘定洞口段的合理设防范围，并与振动台试验结果进行了相互验证。最后，采用微型桩体系作为洞口段抗震设防的落脚点，详尽分析了微型桩对隧道洞口段的抗减震效果。

本书共分为7章：第1章绪论；第2章隧道洞口段振动台试验方案设计；第3章基于改进小波包联合希尔伯特-黄变换的地震损伤识别方法；第4章基于振动台试验的隧道洞口段地震损伤识别；第5章地震作用下隧道洞口段合理设防分区研究；第6章隧道洞口段微型桩体系抗减震效果研究；第7章结论与展望。本书由王琦、耿萍、沈火明和郭翔宇著述，王松、赵言等做了部分资料收集与文字整理工作。本书部分插图的彩色效果请扫描二维码观看。

本书出版获得了国家自然科学基金（52130808、52408443）、国家资助博士后研究人员计划（GZB20230614）、四川省青年基金（2025ZNSFSC1292）和中央高校基本科研业务费（2682024CX090）的联合资助，编写过程中得到了西南交通大学土木工程学院和力学与航空航天学院的大力支持，在此一并表示感谢。

由于著者水平有限，书中难免存在疏漏和不足之处，敬请读者指正。

著　者

2025年1月

目　录

第1章 绪 论

1.1 研究背景及意义

1.1.1 我国隧道工程建设如火如荼

目前我国已进入“十四五”发展时期，随着《交通强国建设纲要》《国家综合立体交通网规划纲要》等纲领性文件的出台落实，我国现代交通综合运输体系将愈加完善，现代化综合立体交通网骨架将基本形成。国家综合立体交通网主骨架是我国区域间、城市群间、省际间以及连通国际运输的主动脉，是支撑国土空间开发保护的主轴线，也是各种运输方式资源配置效率最高、运输强度最大的骨干网络。

以公路、铁路为代表的陆路交通则是交通强国建设的“先行官”，是综合立体交通网的重要组成部分。根据交通运输部2024年6月发布的《2023年交通运输行业发展统计公报》，截至2023年底，全国公路总里程达到543.68万km，其中全国二级及以上等级公路里程76.22万km、高速公路18.36万km；全国铁路运营里程达到15.9万km，其中高铁4.5万km，新时代十年，全国铁路营业里程增长58.6%、高铁里程增长351.4%。交通基础设施建设蓬勃发展可见一斑。然而，我国幅员辽阔、地势高低不同、地形类型及山脉走向多样，这些现状客观上阻碍综合立体交通网的建设发展。因此，穿山越岭、越江跨海、打通关键节点是构建综合立体交通网的重中之重。隧道具有穿越复杂地形、不占用地面空间、不受天气影响等特点，修建隧道是目前公认最主要的解决方案之一。

近年来，我国隧道工程建设取得巨大成就，以公路隧道为例，截至2023年底，已建成公路隧道27 297座，总长度30 231.80 km，其中特长隧道2 050座，长度9 240.70 km；长隧道7 552座，长度13 213.80 km。截至2023年底我国已建成运营、正在建设、规划设计的10 km以上特长公路隧道共计74座，其中于2021年9月30日建成通车的秦岭天台山隧道（双向六车道，长15.56 km）是世界上建设规模最大的高速公路隧道；在建的天山胜利隧道（长22.08 km）将成为世界上最长的高速公路隧道；圭嘎拉隧道为高海拔地区在建的世界上最长的公路隧道（长12.80 km，洞口海拔4 248 m）。部分投入运营、在建和规划建设的10 km以上特长公路隧道见表1-1。

又如铁路隧道，截至2023年底，投入运营的铁路隧道18 573座，总长约23 508 km；在建2 668座，总长约7 110 km；规划5 460座，总长约13 313 km；投入运营的特长铁路隧道286座，总长约3 869 km，其中长度超20 km的特长铁路隧道13座，总长约312 km。部分投入运营、在建和规划建设的20 km以上特长铁路隧道见表1-2。

表 1-1 部分投入运营、在建和规划建设的 10 km 以上特长公路隧道

类　别	隧道名称	隧道长度/m	所在省份	所在线路	开—竣工时间
投入运营	秦岭终南山隧道	18 020	陕西	G65 包茂高速	2002—2007
	秦岭天台山隧道	15 560	陕西	G85 银昆高速	2016—2021
	米仓山隧道	13 833	四川	G85 银昆高速	2013—2018
	新二郎山隧道	13 459	四川	G4218 雅叶高速	2012—2017
在建	天山胜利隧道	22 035	新疆	G0711 乌若高速	2018—2024
	木寨岭隧道	15 221	甘肃	G75 兰海高速	2016—2023
	大巴山隧道	13 596	重庆、陕西	G69 银百高速	2021—2025
	黄土梁隧道	13 013	四川	G8513 平绵高速	2016—2022
	金阳隧道	12 175	四川	G7611 都香高速	2020—2025
规划建设	哀牢山隧道	17 850	云南	G5615 天猴高速	—
	小高山隧道	12 985	四川	G7611 都香高速	—

表 1-2 部分投入运营、在建和规划建设的 20 km 以上特长铁路隧道

类　别	隧道名称	隧道长度/m	线　　别	设计速度/(km/h)
投入运营	新关角隧道	32 690	西(宁)—格(尔木)线	160
	乌鞘岭隧道	20 050	兰(州)—武(威南)线	160
	西秦岭隧道	28 236	兰(州)—渝(重庆)线	200
	吕梁山隧道	20 785	太(原)—中(卫)—银(川)线	160(预留 200)
在建	高黎贡山隧道	34 538	大(理)—瑞(丽)线	140
	平安隧道	28 426	成(都)—兰(州)线	200
	小相岭隧道	21 775	成(都)—昆(明)线	160
规划建设	海东南山隧道	21 595	西(宁)—成(都)线	200
	彝良隧道	24 792	渝(重庆)—昆(明)线	350

由此可见,我国交通隧道建设方兴未艾,隧道建设需求愈加强烈,建设规模不断扩大,以西部陆海新通道、国家水网为代表的一系列强基础、增功能、利长远的重大工程项目正在稳步推进。我国隧道工程建设迎来了宝贵的发展机遇。

1.1.2 强烈地震活动下隧道工程面临的风险与挑战

我国位于全球两大地震带,环太平洋地震带和欧亚地震带之间,大陆地处欧亚板块东南部,受到太平洋板块、菲律宾板块和印度板块的挤压挟持,板块间相互作用复杂强烈。因此我国是世界上地震频发,地质灾害最为严重的国家之一。我国有历史记载的地震高达 8 000 余次,其中 1 000 余次为破坏性地震,8 级以上地震 20 余次,占全球历史记载地震的 35% 。受印度板块和欧亚板块的强烈碰撞挤压作用,我国大陆地震主要集中在横断山区和青藏高原地区,

以四川、青海、西藏等地尤为强烈。以四川区域为例,2021 年四川及邻区(25°~35°N,96°~110°E)共记录 2.0 及以上地震 3 082 次,其中 4.0~4.9 地震 27 次、5.0~5.9 地震 9 次、6.0~6.9 地震 2 次、7.0~7.9 地震 1 次。总体来看,我国地震活动频繁,且具有强度大、震源浅、分布广、突发性强和致灾严重等特点。

随着交通强国战略和“一带一路”倡议的持续推进,西部地区交通基础设施建设规模不断扩大,隧道将不可避免地穿越高烈度地震区。如中巴铁路,工程区域跨越西昆仑—帕米尔地震带和喜马拉雅地震带,地震活动水平强,空间分布不均匀,震源深度分布深浅不一,强震密集,隧址区地质条件复杂、岩石较为破碎,工程建设难度高。又如成兰铁路,工程位于青藏高原东部边缘高山峡谷区,域内地质环境极为复杂,新构造运动强烈,强震频发,不良地质极为发育。毫无疑问,强震将会对隧道工程造成巨大威胁。

近年来发生的几次强烈地震,有大量的隧道产生了不同程度的破坏,而作为交通线路的关键节点,隧道一旦产生破坏,不但抢修难度大,而且往往会造成交通中断,严重影响震后救灾工作,对灾区人民群众生命安全构成威胁。而隧道洞口段,作为隧道唯一的暴露部位,极易在地震作用下遭受破坏。如 2004 年日本新潟地震时,由于洞口处软弱围岩在地震中产生滑坡,导致 Kizawa 隧道洞口堵塞,进洞 38~88 m 范围出现严重裂缝。2008 年汶川地震后,研究人员对灾区都映、都汶和映日公路上的隧道进行了细致的震害调查,总结洞口段的破坏形式主要为:边仰坡失稳滑塌、洞口落石、洞门及衬砌开裂损毁等。2022 年青海门源地震,造成兰新铁路大梁隧道出口桥隧相接处严重破坏。

总体而言,隧道洞口段是隧道抗震的薄弱环节。由于仰坡临空面的存在,地震波会在坡面附近产生复杂的反射、折射、波形叠加、波形转换等现象。另外,洞口段边仰坡受风化、卸荷和构造作用,围岩较为松散破碎,对衬砌约束能力有限且存在动力放大作用。以上种种都将导致隧道洞口段在地震作用下产生严重破坏。因此,地震作用下隧道洞口段的动力响应特征、损伤破坏模式、合理的设防范围和抗减震关键技术都值得重点关注。

1.2 国内外研究现状

1.2.1 隧道洞口段震害分析

长期以来,人们普遍认为隧道处于围岩包覆中,地震时隧道与围岩的相对运动较不明显,相比于房屋、桥梁、边坡支挡结构等地面建(构)筑物,其震害相对较轻。但对于隧道洞口段、浅埋偏压段、软硬不均段、穿越断层破碎带区段等,其震害也较为严重。国内外已经有较多学者对隧道震害进行了收集整理,下面对隧道洞口段的典型震害实例进行列举:

1923 年日本关东大地震,震中附近 25 座隧道发生破坏,其中急需修复的隧道占比高达 62%,内房线南无谷等隧道洞口发生大规模边仰坡崩塌和洞口拱顶坍塌。

1995 年日本兵库县南部地震,造成约 30 座矿山法隧道受到不同程度震害,其中位于山阳新干线的六甲隧道出现拱顶剪切裂缝、衬砌剥落、边墙开裂、仰拱隆起等震害。位于有马线的东山隧道出现洞口壁面向洞内开裂,洞口部分拱肩出现纵向贯通裂缝等震害。位于新湊川的会下山隧道出现洞口坍塌、衬砌剥落等震害。

1999 年中国台湾集集地震,位于车笼埔断层上盘的受损公路隧道有 44 座,其中洞口中等规模破坏 7 座,占比约 16%;大规模破坏 9 座,占比约 20%。洞口破坏以衬砌开裂、洞口边仰坡坍滑为主。

2008 年汶川地震,位于震中附近的都汶公路、都映高速、映日公路和宝成线、成昆线、内六线等 110 余座公路或铁路隧道受到不同程度震害,隧道洞口段发生震害可概括为边仰坡滑塌、洞口落石、洞口堵塞、洞口衬砌开裂等。具有典型洞口段破坏特征的隧道有酒家垭隧道、龙洞子隧道、烧火坪隧道、白云顶隧道、飞仙关隧道、耿达隧道、龙溪隧道等。

2022 年门源地震,大梁隧道和祁连山隧道震害极其严重,大梁隧道洞内 K1971 +380 处测得隧道错动距离高达 2. 8 m,部分断面隧道结构坍塌,洞口桥隧相接段主梁侧翻,洞口衬砌出现大量裂缝。

2022 年芦山地震,国道 G351 新华村隧道出口 56 m 明洞及洞外路基被高位覆盖层滑坡掩埋,洞内衬砌出现垮塌,衬砌拱顶部位出现多条纵向裂缝。

总体而言,隧道洞口段的震害主要为:洞口边仰坡崩塌、滑坡,大量落石堵塞洞口;洞口边仰坡支护结构损毁;洞门墙及洞口衬砌开裂、破损等。在松散破碎的边仰坡中,边仰坡容易发生崩塌和滑塌,易掩埋洞口等;在较坚硬岩体的高陡斜坡洞口,洞口未施作防护或防护能力不足多发生支挡结构损毁、高位崩塌、落石等,通常会砸坏洞门、明洞、棚洞等,方量较大时甚至会堵塞隧道洞口。

1.2.2 隧道洞口段动力响应研究

目前,国内外对于隧道地震动力响应的研究方法主要有三类:①原型观测,包括现场地震观测和震害调查;②理论分析,包括解析法、半解析法和数值方法;③模型试验,包括振动台试验和离心机试验。

1. 原型观测

原型观测是通过对地震作用下隧道的动力特性的观测和分析,了解隧道地震动力响应。由于这是真实发生的震害,其他研究方法很难模拟围岩与隧道体系真实变形场,所以原型观测对于研究隧道动力响应特征必不可少。原型观测主要包括现场地震观测和震害调查。

国外开展地震观测研究较早,日本羽田隧道在 1964 年首次完成了地震观测;樱井等(1965)利用日本长野县松代群发地震完成了地下管道地震响应观测。20 世纪 70 年代以后,日本大多数新建的公路、铁路沉管隧道均部署了地震观测系统。川岛一彦、田村重四郎和冈本舜三等学者通过对地下管线、地铁区间隧道进行多次观测,获得了许多宝贵的一手地震观测数据。然而,山岭隧道多远离城市,其地震观测资料较少,滨田和横山等人在 1985 年对岩手县一座山岭隧道进行多次地震观测,获得了围岩地震响应时程记录。基于地震观测结果,得到了"地震作用下隧道与围岩共同运动,隧道不表现自身的振动特性"这一重要认识。

地震的发震时间和发震地点具有随机性和偶然性,要想及时获得完整的地震观测数据,就需要提前部署大量的观测设施,成本投入较大。因此更多的原型观测来源于震后的震害资料收集调研。美国土木工程师学会(ASCE)最先于 1974 年发布圣费尔南多地震洛杉矶地区的隧道等地下结构震害报告,标志着系统性的震害调查步入正轨。Dowding 和 Rozen(1978)根据 71 座铁路隧道和引水隧洞的震害调查,分析了隧道地震损伤与地震震级、烈度和震中距之间的关系。Sunil Sharma 和 William R. Judd(1991)等收集了全球85 例地震中192 座隧道等地下结构地震响应报告,建立了关于隧道等地下结构的灾害数据库,详细研究了隧道埋深、支护形式以及地层条件等因素对隧道动力响应和震害的影响。研究结果表明:震级越大,隧道发生损伤的几率越高,损伤程度越大;当埋深小于 50 m 的洞口段、浅埋段,受严重震害比例高达35%,埋深大于300 m 的基本未见严重破坏。日本土木工程学会(JSCE)对 1995 年日本兵库县南部地震中地铁车站、区间隧道、地下管道、共同沟等各类隧道的震害进行系统调研,详细记录了隧道结构破坏特征。Asakura T 和 Sato Y(2012)针对日本兵库县南部地震中 100 余条山岭隧道的震害展开调研,显示损伤多发生在隧道洞口、浅埋偏压和断层带附近。

国内学者也开展了一些研究,潘昌实(1996)总结了美日等国隧道震害实例,分析了震害影响因素的敏感度;王文礼等(1999)对我国台湾集集地震中受损的山岭隧道进行了调研,位于车笼埔上盘地区的隧道洞口段震害严重,洞口中等规模破坏及以上的隧道占比高达 36%。2008 年汶川地震发生后,国内大量的专家学者赶赴灾区,开展实地震害调查,客观上极大地丰富了我国的隧道震害资料库。钱七虎、何川、晏启祥等(2009)对震区交通隧道震害开展了详细调研,并对震害类型及原因进行归类总结,认为隧道洞口段的主要震害包括:洞口边仰坡垮塌,掩埋洞口;洞口落石,击穿明洞、棚洞及洞门等;局部边仰坡坡面开裂变形,边仰坡防护及排水结构损毁;洞门墙及洞口衬砌开裂等。王明年等(2008)对汶川震区内 40 座公路隧道震害进行了调研,认为隧道洞口段是震害易发区,位于Ⅸ烈度及以上区域的隧道洞口段全部破坏,其中边仰坡破坏占比约42%,洞口段衬砌破坏占比约28%。李天斌(2008)对在汶川地震中遭受破坏的山岭隧道进行了总结分析,认为洞口不稳定边仰坡会造成隧道严重震害,建议将强震区隧道的洞口边仰坡防护、洞门及明洞结构作为整体综合设计。高波、王铮铮等(2009)通过对汶川地震后都汶公路 18 座隧道的调研,表明地震会造成隧道洞口边仰坡大量坍滑,对洞口造成了不同程度的损害。崔光耀等(2013)对汶川地震中隧道洞口的典型震害及致灾机理进行了分析,指出洞口边仰坡、明洞和软岩隧道洞口衬砌的震害主要是由地震惯性力和强制位移造成的。张继志(2014)对 2013 年芦山地震造成的隧道工程震害进行了分析,发现隧道洞口震害主要为边仰坡滑塌。梁伟等(2016)对山岭重丘区的公路隧道震害类型进行了研究,认为洞口段因覆土较浅,围岩多松散破碎,导致地震作用下隧道洞口段受损严重。蔡晓光等(2022)对 2022 年泸定地震进行震灾调研,其中爱国隧道、右岸上坝隧道、龙头石隧道的洞口发生边仰坡滑塌、落石,掩埋洞口等震害。

2. 理论分析

1899 年,大森房吉提出将结构所受地面水平加速度与结构物质量乘积作为其所受地震力,此为最早的抗震计算方法——地震系数法(传统静力法)的萌芽。该方法最早用于地面建筑的抗震计算,20 世纪 50 年代后,该方法被引入地下结构抗震计算中。20 世纪 60 年代初,福季耶娃提出将地震反应的动力学问题简化为围岩在无限远处承受一定荷载的平面弹性力学问题,并求解了线弹性介质中加固孔口周围的应力集中问题。地震系数法主要考虑结构的惯性力、上覆地层的地震力以及侧向土压力增量。由于计算原理问题,传统静力法会产生计算结果与震害调查不匹配的现象,具体表现为:当埋深较小时,传统静力法计算结果偏小;随着埋深增加,传统静力法结果迅速增大,计算结果失真。何川、耿萍等(2011,2013)为增强传统静力法的适用性,对上覆土柱等效高度进行了修正,称之为修正静力法。但静力法的地震系数常采用

《中国地震动参数区划图》(GB 18306—2015)或地震安评报告中给出的基岩加速度,对于隧道洞口段,并未考虑洞口局部地形变化对加速度的放大效应,因此在隧道洞口段应用该方法难以反映真实的隧道地震响应。

随着学者们对隧道等地下结构振动特性的深入研究,逐渐达成两点重要共识:地下结构的振动响应受周围地层的约束作用,一般不表现出明显的自振特性;地下结构的存在对其周围地层振动的影响通常很小。基于这一理念,最初认为地下结构的应变等于自由地层(未开挖的地层)应变,将地震波作用下隧道所处位置的自由场变形直接施加在结构上,然后求得隧道结构内力,该假设考虑了地下结构振动特性,能够反映出结构变形响应的一阶相似,由此发展而来的抗震计算方法统称为自由场变形法。Newmark(1968)、Kuesel(1969)和 Monsees(1991)等分别将该方法应用在美国旧金山海湾地区的快速地铁运输系统(BART)和洛杉矶地铁工程抗震设计中。冈本舜三、田村重四郎等(1973)鉴于 BART 方法将地层简化为各向同性均匀弹性材料,未考虑沿隧道纵轴方向地层条件变化对地震波传播及地层动力响应的影响,提出采用“质点—弹簧模型”模拟未开挖自由地层,据此求得较为接近实际的地层变形,该方法为 BART 法的改进。当场地条件复杂时,常采用数值模拟方法求解自由场变形,诸如 SHAKE、FLUSH、LINOS、EERA 等,其中以采用水平成层地层模型及一维波动理论的 SHAKE 程序应用最为广泛。自由场变形法认为隧道的变形与围岩相同,因此仅在地层较硬或结构刚度与地层刚度接近时才具有较好的精度。同时,对于自由场的求解,多是针对弹性半无限空间介质,但是隧道洞口段存在局部地形,边仰坡可能存在多坡度或多坡级,自由场求解异常复杂,目前暂无成熟的研究成果。

由于自由场变形法未能考虑围岩与隧道之间的相互作用,导致其计算精度欠缺。Peck(1972)在前人研究基础上,提出采用压缩系数和柔度系数来定量描述地下结构衬砌与地层介质之间的相互作用,二者中以柔度系数更能较准确地反应相互作用的关系。该类方法也称之为考虑相互作用的拟静力法,其中以反应位移法、应变传递法、Shukla 法为代表。目前反应位移法在隧道抗震研究中应用最为广泛,被多部隧道抗震设计规范采用,如《铁路工程抗震设计规范》(GB 50111—2006)、《公路工程抗震规范》(JTG B02—2013)、《城市轨道交通结构抗震设计规范》(GB 50909—2014)和《地下结构抗震设计标准》(GB/T 51336—2018)等,并有许多学者对该方法进行改进。崔光耀(2012)采用反应位移法基本原理,将洞口段隧道简化为弹性支撑的悬臂体系,求取隧道洞口段纵向内力响应。张斌伟、严松宏等(2012)根据反应位移法基本原理,建立了考虑围岩竖向惯性力和结构承受地层变形压力的隧道横断面和纵向抗震计算方法。上述方法,大多假设场地水平成层,这对于存在边坡地形效应和临空面的隧道洞口段是不合理的,这也是反应位移法在山岭隧道抗震设计中应用较少的原因。

随着计算机技术的发展,数值模拟方法在隧道地震响应研究中得到越来越广泛的应用。数值模拟方法可以很好地解决静力法或拟静力法中复杂地层、复杂地震动及隧道与围岩相互作用关系问题。动力分析方法中最重要的一步是求解多自由度体系运动方程,根据运动方程解法不同,可将动力分析方法分为中点加速度法、线性加速度法、Wilson-θ 法、Newmark-β 法等。根据模型离散化原则、计算理论区分,动力分析方法可分为有限元法、边界元法、有限差分法、离散元法等,一般通过商用或专用计算机软件程序实现。对于动力时程分析中的动力边界问题,Lysmer 和 Kuhlemeyer(1969)等提出了黏滞阻尼边界,Smith(1974)提出了迭加边界,

Clayton 和 Engquist 等(1977)提出了旁轴边界,廖振鹏等(1982)提出了透射边界。关于山岭隧道洞口段的地震响应研究,王祥秋等(2005)建立了基于小波变换的动力有限元分析模型,研究了振动荷载作用下隧道洞口段动力响应规律。高峰等(2006)采用 Newmark 隐式时间积分有限元法进行了隧道洞口段地震反应分析,研究了隧道洞口段衬砌响应规律。张伟等(2008)以宝天高速码头隧道为依托工程,采用 Ansys 数值软件分析评价了隧道洞口段边仰坡稳定性,并提出了相应的加固措施。赵占雷(2012)以南京九华山隧道为原型,探讨了隧道洞口边坡的动力稳定性。曹小平(2013)以武罐高速公路麻崖子隧道为研究对象,建立了浅埋隧道洞口段三维有限元数值模型,研究了最不利的地震波传播方向及强震作用下洞口段变形和内力响应规律。Shen 等(2014)采用有限差分软件 FLAC 3D 对山岭隧道洞口段地震响应机理进行了分析。汪精河(2016)以成兰铁路隧道洞口段为研究对象,采用波动数值模拟方法,对高陡边坡隧道洞口进行了地震响应分析。何韬(2017)采用有限差分软件 FLAC 3D 对龙溪隧道洞口段的地震响应机理进行了探讨,并指出洞口处的位移峰值和主应力最大,是隧道抗震的薄弱环节。何则干等(2020)基于混凝土塑性损伤模型,建立了横琴长湾隧道洞口段三维非线性有限元模型,分析结果显示距离洞口越近,衬砌的位移响应越大,洞口段拱肩和拱腰是抗震薄弱部位。孙文等(2021)对黄土隧道洞口段进行三维动力放大效应进行了研究,结果表明仰坡坡度、坡角和进洞高程均会影响隧道洞口段的动力响应规律和破坏模式。上述研究极大地提高了对隧道洞口段的动力响应规律和变形破坏模式的认识,有效地指导了隧道洞口段抗震设计。

3. 模型试验

模型试验一般分为静力试验和动力试验,动力试验包括人工震源试验和振动台试验。人工震源试验主要通过爆破、地下核爆等产生振动,以此来研究隧道的动力响应。但是人工震源的波形在频谱、持时和幅值方面与天然地震波有本质区别,且试验成本巨大,一般只用于地下隐蔽工程的抗爆试验。振动台试验又可进一步分为离心机振动台试验和常规重力振动台试验,离心机试验最先在欧美、日本应用较多,20 世纪 70 年代末期,剑桥大学首次采用离心机模型试验研究地震动力问题,后续有多家科研院所运用离心机模型试验开展研究,但主要集中在岩土、大坝、边坡等工程,在隧道工程方面涉及较少,曹杰等(2010)对硬土层中的隧道进行了离心模型试验研究,获得了不同激振强度下隧道的动力响应。Lanzano 等(2010)通过离心机振动台试验,研究了不同密度干砂围岩下的隧道抗震性能。赖林(2016)通过离心机振动台试验,研究了隧道洞口段边坡的动力响应,但对隧道的动力响应分析较少。常规重力振动台试验是目前研究地震作用下隧道洞口段动力响应最常用的试验手段之一。振动台试验可人为控制试验工况,在可重复性方面比原型观测有巨大优势。另外,受限于计算机软硬件条件,理论研究及数值模拟都存在大量的简化和假设,而隧道因为其特殊的荷载—结构相互作用关系,相比地面结构具有更多的自由度、更复杂的边界条件,振动台试验可以更好地模拟出围岩与隧道的复杂性及多样性,是一种理想的隧道抗震研究方法。公路、铁路领域中采用矿山法修建的隧道体量极大,汶川地震后震区内多座隧道震害严重,矿山法隧道抗震研究成为热点,其研究方向主要集中在震害严重的洞口段以及穿越断层破碎带的洞身段。李天斌、高波、蒋树屏、何川、王明年等(2009—2016)先后通过开展山岭隧道振动台试验,探明了山岭隧道地震响应特征及其震害机理,为今后类似工程的抗震设计提供有益参考。吴冬等(2014)开展了隧道振动台试验,分析了地震激励下仰坡的动力响应和坡体与衬砌的相互作用规律。陶连金等(2016)通过开展隧道洞口段振动台试验,探明了洞口仰坡存在加速度放大效应。隋传毅等(2017)设计完成了高烈度地震区隧道洞口段仰坡抗震性能振动台试验,结果表明仰坡在不设防条件下会发生破坏,大量围岩滑落,影响结构安全。贺谱(2019)对黄土隧道洞口段开展了振动台试验,发现地震作用下动土压力急剧增大,导致衬砌承受较大的围岩压力。皇民等(2020)以雅泸高速扯羊隧道依托工程,通过有限差分软件 FLAC 3D 和振动台试验,分析了双洞隧道洞口段的地震响应,发现双洞间存在相互影响,洞口段衬砌多存在贯通裂缝。杨长卫等(2022)以国道 318 线折多山隧道为工程背景,开展了隧道洞口段振动台试验,研究发现洞口段是隧道抗震的薄弱环节,衬砌仰拱和拱脚破坏较为严重。上述研究对系统认识隧道洞口段的动力响应机理非常有益,但是由于隧道洞口段复杂的地形、地质条件和围岩—隧道相互作用关系,仍然有许多需要深入研究的地方,比如隧道洞口段在地震作用下的动态损伤的识别、科学合理的设防范围以及可靠的抗减震措施等。

1.2.3 隧道地震损伤识别研究

工程建(构)筑物的地震损伤识别既属于健康监测范畴又属于地震工程范畴。损伤识别内容包括:判断结构是否损伤;识别结构损伤位置;识别结构损伤程度;识别结构损伤类型;估计结构剩余寿命或能力。其中,判断结构是否发生损伤已经有较多成熟方法,但判断结构的损伤位置、程度、类型和剩余寿命等方面还需进一步发展。广义上的健康监测主要将损伤识别方法分为整体识别和局部识别两大类,整体识别方法基于结构的振动响应信号,利用结构自身的动力特性进行损伤识别;局部识别方法通常利用无损检测设备对结构局部的裂缝或缺陷进行检测。但通常条件下地震具有偶发性和不确定性,且土木工程结构越来越复杂,这导致了结构地震损伤识别方面的研究相对较少,最早可以追溯到 1972 年美国加州实施的强震观测计划。地震损伤识别按识别时间,可分为地震实时识别和震后损伤识别;按识别手段,分为数值模拟类、振动台试验类和原型观测类;按有无识别标准,分为有基准的识别和无基准的识别;按是否有物理模型,分为基于数据驱动类(data driven 或 signal-based)和基于物理模型类(model-based)。基于数据驱动的损伤识别,即是通过提取监测数据本身或经相关变换后的非线性特征参数来识别结构损伤。基于数据驱动的工程结构地震损伤识别可以分为时域方法、频域方法和时频联合域方法。时域数据驱动方法就是对采集到的信号(如加速度、速度、位移、力荷载等)直接进行非线性特征提取。频域数据驱动方法就是对采集到的时域信号进行傅里叶变换(Fourier transform),通过相关的特征参数来识别结构损伤。由于地震作用下结构的动力响应信号是非平稳的,其频率和幅值都是时变的,传统的傅里叶分析不含时间信号,严格意义上来说不适用于地震损伤识别。而时频联合域方法是将采集到的信号同时在时间域和频率域展开,可以表征频率随时间的变化过程。目前常用的时频联合域分析方法主要包括小波变换、小波包变换和希尔伯特-黄变换。

1. 小波变换和小波包变换

小波变换通常可分为离散小波变换和连续小波变换。离散小波变换通过将采集到的原始信号与母小波对应的滤波器(包含低通滤波器和高通滤波器)作卷积,得到其一阶的近似信号和细节信号,然后对近似信号重复做低通和高通滤波,以得到高阶的近似信号和细节信号。如果小波变换后的细节信号出现了奇异性,那么就表征了结构出现损伤。相较小波变换,小波包变换对近似信号和细节信号均做低通、高通滤波，变换之后产生的小波包系数的能量发生变化就反映了结构已经出现损伤。丁幼亮等(2006)证明了采用小波包能量谱对钢筋混凝土板结构进行损伤预警具有较好的效果。Loh 等(2010)综合运用了离散小波变换和 Holder 指数分析了振动台试验下单层钢筋混凝土结构的地震损伤。陈清军等(2014)采用小波包分解方法，构建了震后损伤指标，有效识别了不同类型振动信号下的框架结构损伤。董云涛等(2015)针对隧道出现的裂缝损伤，提取隧道径向位移模态，利用小波变换转化为曲率模态，从而较好地识别出隧道的损伤位置。罗辉等(2018)针对盾构隧道的损伤，提出了一种基于分布式识别策略的损伤定位方法，该方法首先对缩尺隧道进行数值模拟和试验测试，然后利用小波包能量谱分析隧道损伤前后的动力响应信号，从而实现损伤识别。刘冲等(2020)以二维隧道有限元模型为基础，施加列车高速通过隧道时产生的压力荷载，用小波包变换对相应的位移曲率进行分解，实现对隧道损伤位置的定位。梁奇(2020)基于小波包分析理论，对隧道损伤前后的加速度响应信号进行小波包分解，结合小波包频带能量谱构建的损伤指标对衬砌进行损伤识别。

2. 希尔伯特-黄变换

1998 年，Norden E. Huang 等人首次提出一种新颖的非平稳信号处理方法，即希尔伯特-黄变换(Hilbert-Huang transform，HHT)。希尔伯特-黄变换目前已在地震工程、石油勘探、地球物理、机械故障诊断、医学诊断等许多领域发挥重要作用。希尔伯特-黄变换主要包含两部分：一是对信号进行经验模态分解(empirical mode decomposition，EMD)，得到有限个本征模态分量(intrinsic mode function，IMF)；二是对分解后的本征模态分量进行希尔伯特变换求得时频谱。该方法本质上是对一个信号进行平稳化处理，将信号中不同尺度的波动或趋势逐级分解出来，产生一系列具有不同特征尺度的分量。希尔伯特-黄变换识别损伤主要有以下三种类型：一是通过分解信号各频带的奇异值判断损伤；二是通过随机减量变换，得到待分解信号的各模态下的近似自由衰减信号，再对衰减信号做希尔伯特变换来识别损伤；三是与连续小波变换类似，通过得到的希尔伯特-黄时频谱，根据时变频率判断损伤。Zhang 等(2000)提出了一种基于希尔伯特-黄变换的结构损伤检测方法，通过分析桥梁两个子结构的现场振动实验结果，获取了结构时频分布变化和损伤变化。公茂盛、谢礼立(2006)对一座七层钢筋混凝土框架结构在三次地震中的响应数据进行了 HHT 分析。孙列(2007)利用希尔伯特-黄变换频响函数和时频响应谱，对一层框架结构的振动台试验数据进行了分析，较好地识别了结构的损伤。石春香等(2011)对一座45层钢筋混凝土框架结构的振动台试验数据进行了 HHT 分析，展示了希尔伯特边际谱在土木工程损伤识别领域的应用前景。范刚等(2016)为研究含软弱夹层的顺层岩质边坡的破坏模式，开展了振动台试验，运用希尔伯特-黄变换和希尔伯特边际谱分析了边坡的损伤过程。

总体而言，结构损伤识别方法已在房建、桥梁、岩土等领域得到了较为广泛的应用，但在隧道工程领域尚处于起步阶段，尤其是我国西部山区处于高烈度地震区，山岭隧道时刻面临地震威胁，隧道的地震损伤识别研究亟须开展。

1.2.4 隧道洞口段抗震设防范围研究

隧道洞口段作为隧道抗震的薄弱环节，在对隧道洞口段进行抗震设计时，一般需要对洞口段衬砌予以设防。但设防长度如何选取，才能科学合理地提高洞口段的抗震性能，是目前大家普遍关注的问题。现行相关规范对隧道洞口段的设防长度作如下规定：

(1)《铁路工程抗震设计规范》(GB 50111—2006)8.2.3 条规定：隧道的洞口、浅埋和偏压地段以及断层破碎带地段应进行抗震设防，洞口设防长度可根据地形、地质条件和设防烈度确定，并不宜小于 2.5 倍的结构跨度。

(2)《公路工程抗震规范》(JTG B02—2013)6.3.3 条规定：隧道洞口段的设防长度应根据地形、地质条件，按如下规定确定：①设计基本地震动峰值加速度大于或等于 0.10g 的地区、洞口为Ⅴ~Ⅵ级围岩的双车道隧道和设计基本地震动峰值加速度大于或等于 0.20g 的地区、洞口为Ⅲ~Ⅵ级围岩的双车道隧道，设防长度不宜小于 25 m；②设计基本地震动峰值加速度大于或等于 0.20g 的地区、洞口为Ⅳ~Ⅵ级围岩的单车道隧道，设防长度不宜小于 15 m。

(3)《公路隧道抗震设计规范》(JTG 2232—2019)9.4.1 条规定：隧道洞口浅埋段设防长度应根据埋深因素确定，宜取埋深小于 50 m 的衬砌结构段长度。

(4)《地下结构抗震设计标准》(GB/T 51336—2018)10.3.2 条规定：隧道洞口段、浅埋偏压段、深埋软弱围岩段和断层破碎带等地段的结构，其抗震加强长度应根据地形、地质条件确定。加强段两端应向围岩质量较好的地段延伸，延伸长度最小值宜参照表 1-3 的规定采用。

表 1-3　隧道抗震设防范围延伸段长度最小值(单位：m)

车道数	围岩级别	地震动峰值加速度		
		0.10g(0.15g)	0.20g(0.30g)	0.40g
单车道	Ⅲ~Ⅳ	—	3	9
	Ⅴ~Ⅵ	—	6	12
两车道	Ⅲ~Ⅳ	—	6	12
	Ⅴ~Ⅵ	3	9	15
三车道及以上	Ⅲ~Ⅳ	3	9	15
	Ⅴ~Ⅵ	6	12	18

虽然上述规范很好地指导了隧道洞口段的抗震设计和设防范围厘定，但是由于隧道洞口段地形、地质条件通常比较复杂，围岩—隧道相互作用强烈，许多问题还需要系统深入地研究。高峰等(2006)通过开展三维地震反应分析，研究发现隧道洞口段的抗震设防长度与洞口段围岩性质有关，与断面形式关系不大。王志勇(2009)以云南保腾高速公路勐连一号隧道为研究对象，开展了三维有限元分析，发现隧道洞口段出现环向和纵向裂缝，综合分析各项指标，建议隧道洞口段设防长度应取 35~40 m。苏惠等(2010)对右江南岸隧道洞口段进行了动力时程分析，研究结果表明洞口段衬砌各关键部位的应力均呈现先增大后减小的趋势。耿萍等(2012)以单线铁路隧道为工程背景，通过数值模拟和振动台试验，表明衬砌内力响应在距离洞口超过 3 倍跨度后明显减小，建议洞口设防长度为 3 倍跨度。曹小平(2013)对麻崖子隧道浅埋洞口段进行了地震响应分析，对于 Ⅴ 级以上围岩的洞口，设防长度应取 25 m。黄俊(2019)对铁路黄土隧道洞口段进行了数值模拟和振动台试验，结果表明若以加速度为判别标

准,洞口设防范围为4.6倍隧道洞径;若以衬砌位移为判别标准,应为5.4倍隧道洞径。孙文等(2021)对强震下的黄土隧道洞口段进行了三维数值模拟,通过分析隧道衬砌沿进深方向的动力响应特征,建议3倍洞径为黄土隧道洞口段最小抗震设防长度。

1.2.5 隧道洞口段抗减震技术研究

隧道可以通过一定的抗减震措施来降低地震作用下的动力响应,减少隧道造成的损害。目前山岭隧道抗减震措施主要分为两类:一是改变衬砌周围一定范围内的围岩性能;二是改变衬砌本身的性能。

改变围岩性能主要包括加固围岩和在衬砌围岩之间设置减震系统。加固围岩,顾名思义,即是提高围岩刚度,常见的处理措施是围岩注浆或者是设置锚固体系。而在衬砌与围岩之间设置减震系统,属于结构控制领域,主要通过协调和共同作用的方式来减轻衬砌的地震响应。目前,结构控制在房屋建筑和桥梁工程领域应用较多,在地下结构中暂未得到大规模应用。

改变衬砌结构本身的性能来减轻地震对隧道的不利影响,目前常用的措施包括:减轻隧道整体质量,如采用轻骨料混凝土等;利用可挠性接头等来提高隧道的延性和阻尼;改善隧道形状,设置减震缝和仰拱等;调整隧道刚度,增大刚度用以抵抗围岩变形或减小刚度增加延性,提高对围岩变形的适应能力。

目前关于山岭隧道洞口段的抗减震技术,以上相关措施已经进行了初步研究,但是洞口段相比洞身段,天然地存在仰坡临空面,更应该关心洞口仰坡的加固处理。目前关于边仰坡的加固研究,朱宏伟等(2011)利用数值模拟研究了锚索长度、间距和角度等参数对锚固边坡的动力响应影响。杨果林等(2012)研究了被框架锚杆加固后的边坡在不同方向加载地震波激励下的动力响应问题。叶海林等(2011)利用振动台开展了锚杆加固边坡的模型试验,研究了锚杆的受力机制及加固效果。Al-Defae 等(2015)通过理论分析和离心机振动台试验研究了单排抗滑桩的动力响应。付晓(2017)提出了基于能量法的锚索框架加固直线型和对数螺旋形滑动面边坡的地震稳定性评价方法。汪班桥等(2018)以土质滑坡为研究对象,通过振动台试验研究了锚杆支护体系与滑坡的动力响应。武志信等(2019)开展了钢锚索与 BFRP 锚索加固边坡的振动台试验,证明 BFRP 锚索的抗减震效果优于钢锚索。赖杰等(2020)通过振动台试验研究了双排抗滑桩加固边坡的抗减震效果。

作为目前较新的边坡加固方式之一的微型桩,具有承载能力强、桩径小及施工方便等优势。微型桩最早用于建筑物的地基加固和纠偏,后经不断的工程实践,已逐渐推广到边坡加固中,在地震抢险救灾等应急工程中发挥重要作用,但是对于微型桩的加固机理研究较少。在微型桩静动力特性和桩土关系研究方面,丁光文(2001)结合工程实例,分析了微型桩的加固机理和计算方法。Thompson 等(2004)通过剪切盒模型,探究了微型桩在土体水平方向运动时所受荷载的分布规律。王树丰等(2010)对黄土地区微型桩抗滑作用进行了现场试验和数值模拟,分析了微型桩的变形破坏机理。辛建平等(2013)通过有限差分软件 FLAC 3D 研究了不同形式微型桩的受力变形特征及破坏模式。王金梅等(2015)通过考虑桩土间摩擦力提出了一种新的微型桩设计计算模型,认为桩土间摩擦力是微型桩加固能力的重要组成部分。孙书伟等(2018)通过数值模拟参数化研究了微型桩加固土坡的抗滑力。武志信等(2019)开展了微型桩加固土质边坡的振动台试验,研究表明边坡滑面为重点关注部位。强小俊等(2022)通过土工离心模型试验,研究了微型桩群框架结构的受力机理,认为微型桩可有效加固边坡。高永涛等(2023)对边坡坡面多排斜向连接微型桩框架组合结构的抗滑效果和破坏规律进行了相似模型试验研究。上述研究,对于微型桩的抗滑机理和加固效果进行了较为深入的研究,为本书微型桩抗减震效果研究奠定了基础。但上述研究关注更多的是微型桩本身的静动力特性及桩土之间的相互作用关系,对于地震作用下,隧道洞口段微型桩加固边坡和衬砌的动力响应及对隧道洞口受力改善效果尚未见报道。

1.3 存在的问题

如今,地震活动已进入新一轮活跃期,隧道工程建设不得不面临强烈地震活动的挑战,数次大地震造成了大量的隧道震害,对人民生命财产安全造成威胁。目前许多国内外学者对于地震作用下隧道动力响应问题开展了多方面研究,但是对于隧道的薄弱环节——隧道洞口段,由于其复杂的地形、地质条件,隧道洞口段的动力响应机理、损伤破坏过程和抗减震技术等方面的研究仍然存在以下不足:

(1)隧道洞口段地形变化剧烈,结构受力复杂,且天然存在临空面,利用振动台试验探究山岭隧道洞口段地震响应及损伤机理是一条科学有效的途径。但目前试验大多关注试验完成后数据的处理分析,较少对振动台试验设计进行详细介绍,而科学合理的试验设计是获得准确数据的前提。振动台试验设计包含了诸多内容,其中以模型材料设计、模型箱设计和地震激励设计最为重要。如何科学合理地设计振动台试验,对探究地震作用下隧道洞口段的动力响应、损伤破坏特征显得尤为重要。

(2)目前隧道洞口段振动台试验研究多是从传统的时间域和频率域单独分析,且频率域的分析多以傅里叶变换为主。上述分析手段为认识隧道洞口段的动力响应做出了巨大贡献。但是随着研究的深入,发现傅里叶变换要求信号是稳态、线性的,显然地震信号不属于此类。一种新颖的、可以处理非平稳地震信号的时频联合分析方法亟须提出。同时,隧道洞口段的动力响应研究已从宏观、整体的响应分析逐步向微观、局部的损伤分析过渡。地震作用下,隧道洞口段的损伤定位和损伤发展规律值得深入研究。

(3)目前关于隧道洞口段的合理抗震设防范围,规范规定的虽然具有普适性,但具体到实际工程,基本只能给予定性指导。同时,大多数的研究提出的洞口段设防范围多针对某一具体工程,缺乏普适性。因此,科学、合理、普适性的洞口段抗震设防范围需要系统研究。

(4)数次地震导致的隧道洞口段震害特征大多是边仰坡滑塌、洞口落石、围岩崩塌堵塞洞口等,以上震害都提示隧道洞口边仰坡的动力稳定性值得特别关注。边坡工程中常规的加固措施包括挡墙、锚索(杆)、抗滑桩体系(包括微型桩)等,但目前的研究多集中在对支挡结构的静动力特性和结构—边坡之间的相互作用关系研究上,对于如微型桩体系加固隧道洞口仰坡的动力响应特性和洞口衬砌的受力改善特征鲜有研究,明确微型桩体系加固仰坡的抗减震效果意义重大。

1.4 本书主要研究内容与技术路线

鉴于目前隧道洞口段地震损伤识别和设防技术等方面研究的不足，本书针对地震作用下隧道洞口段的损伤识别和设防关键技术等问题，通过振动台试验、资料调研、理论分析和数值模拟等综合手段，对振动台试验方案设计、试验条件下隧道洞口段的动态损伤识别方法、合理设防范围和微型桩体系的抗减震效果进行全面、细致的研究。

本书共分为7章，内容安排如下，技术路线如图1-1所示。

第1章——绪论。介绍本书的研究背景和意义、国内外研究现状、存在的问题、主要研究内容和技术路线。

第2章——隧道洞口段振动台试验方案设计。首先对振动台系统、相似关系、相似模型设计制作、模型箱设计、激励地震波选取和传感量测系统进行详细介绍。同时对于模型材料配比，提出采用GA-BP神经网络模型高效获得材料配合比；对于刚性模型箱，提出在模态分析、吊装承载力和边界处理三个方面进行优化设计；对于激励地震波的选取，以Arias强度、快速傅里叶变换和小波(包)为分析手段，确定输入地震波的合理持时、幅值和频谱特征。为后续基于数据驱动的损伤识别方法奠定基础。

第3章——基于改进小波包联合希尔伯特-黄变换的地震损伤识别方法研究。首先对小波包进行优化，确定适合地震信号的合理小波基和分解层数；针对目前小波包阈值函数的不足，提出改进的小波包阈值函数；然后对小波包频带数的选取和噪声鲁棒性进行分析。关于希尔伯特-黄变换，首先介绍经验模态分解和希尔伯特谱分析的基本流程，然后根据输入地震波特点，对经EMD分解后的本征模态分量(IMF)进行优选，并对整个识别方法进行仿真信号和实测加速度信号验证。最后对损伤识别的具体实施过程进行了介绍。

第4章——基于振动台试验的隧道洞口段地震损伤识别。采用前述提出的基于数据驱动的损伤识别方法(包含改进小波包和希尔伯特-黄变换两部分)，分别对隧道洞口段仰坡和衬砌进行损伤识别分析，识别参数包括希尔伯特边际谱、瞬时能量谱和瞬时频率。识别结果与传统的振动台试验分析方法(包括加速度响应、傅里叶谱分析、动态应变响应和破坏实景分析)和现有其他研究成果对比验证，证明本方法的可靠性和先进性。

第5章——地震作用下隧道洞口段合理设防分区研究。针对洞口段设防范围厘定，借鉴反应位移法的基本思想，首先推导出基于射线理论的SH波作用下隧道洞口段位移波场；然后建立隧道洞口段的弹性地基梁模型，考虑隧道与围岩的相互作用和地震波传播的幅值衰减效应，获得隧道的环向应变解析解，并通过参数分析、振动台试验和现有成果对比，明确隧道洞口段合理的抗震设防分区范围。

第6章——隧道洞口段微型桩体系抗减震效果研究。设计并制作微型桩模型，依据振动台试验，首先对洞口仰坡加速度、频谱和基于频率传递函数的损伤识别进行分析，验证微型桩可有效降低仰坡的动力响应，延缓破坏过程。然后对洞口衬砌进行加速度、希尔伯特边际谱和动态应变分析，验证微型桩加固坡面可有效降低洞口衬砌的损伤，从而证明微型桩体系在隧道洞口段具有良好的抗减震效果。

第7章——结论与展望，总结本书所开展的工作，对研究成果进行归纳总结，并提出今后的研究展望。

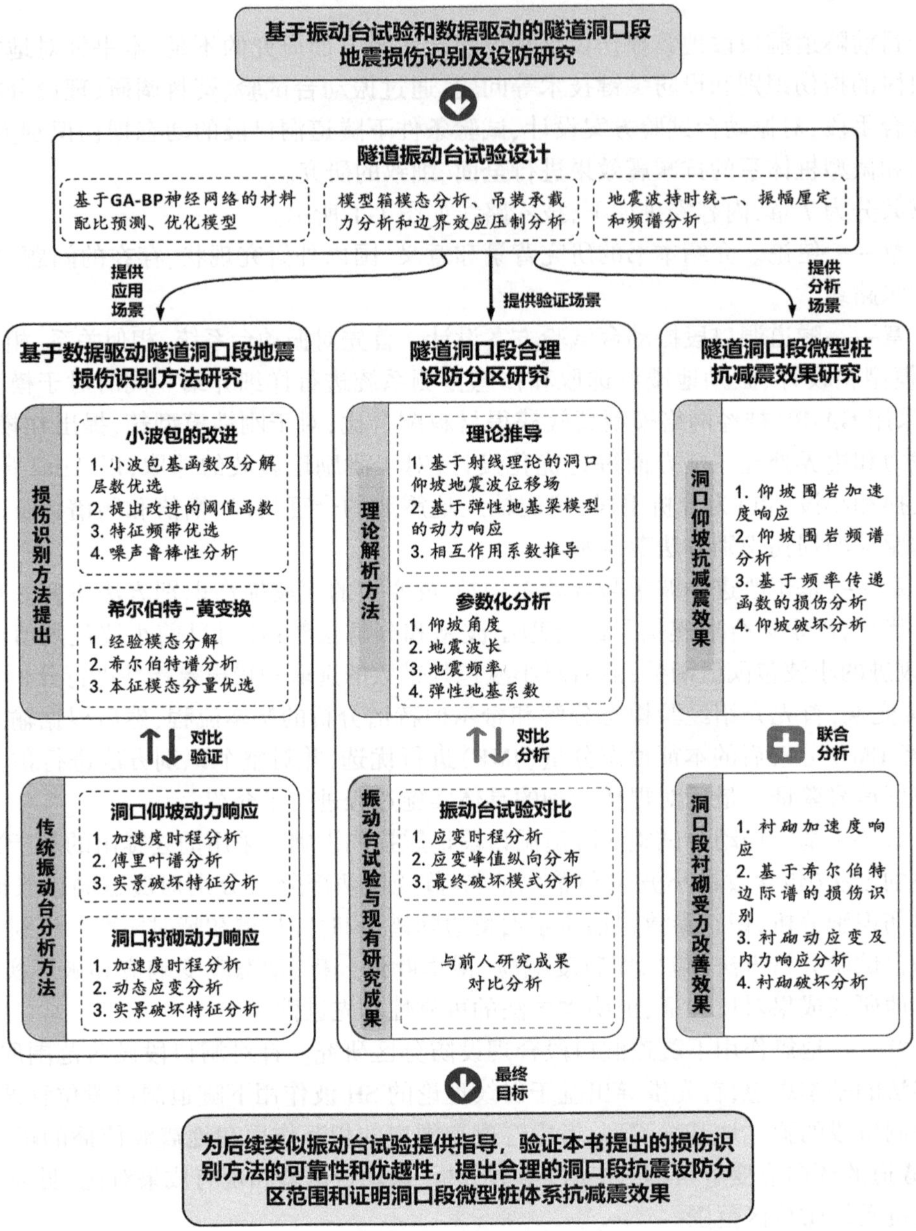

图1-1 技术路线图

第2章　隧道洞口段振动台试验方案设计

振动台试验的基本原理是根据相似原理和相似准则，将缩尺模型固定在振动台面上，通过动力加载设备对台面施加多种不同种类的地震动，使试验模型产生相应的动力响应。振动台试验的显著特点是可以在实验室条件下最大程度模拟不同类型的地震作用，如谐波、人工合成地震波和真实发生地震波等。振动台试验可以对理论分析和数值模拟结果进行验证，从而进一步提高理论模型和数值模拟的精度，不断加深对隧道工程地震响应的认识。因此，地震模拟振动台是对隧道等地下结构进行抗震性能试验最为有效和直接的工具。

试验设计科学、合理是振动台试验获得成功的前提。本章在充分吸取现有隧道振动台试验经验和研究成果的基础上，确定了本次振动台试验的基本简化原则，从相似关系、模型尺寸、相似材料配比、模型箱设计、边界处理、地震波选取、试验量测系统的布设等方面进行了详细介绍，并就高效、合理地获得模型围岩和模型隧道材料配比，分析模型箱的模态、吊装承载力和边界效应问题，科学合理地选择输入地震波等方面进行了深入研究。

2.1　振动台系统

2.1节彩图

本次试验在西南交通大学陆地交通地质灾害防治技术国家工程研究中心的三向六自由度液压伺服振动台系统上进行（见图2-1）。该系统为目前国内最大的多台阵地震模拟系统，组成包括主台（8 m×10 m）子系统、副台（3 m×6 m）子系统和数据采集系统、控制系统、油源、制冷系统等。振动台加载系统采用位移、速度和加速度合成的三参量控制，较之比例积分微分控制，可大大提高地震时程的再现精度。同时该系统还具有台面尺寸大，负载能力强，加速度、速度、位移等性能指标高的特点，能够满足本次试验要求。需要说明的是，本次试验在振动台的主台上进行，相关的技术参数见表2-1。

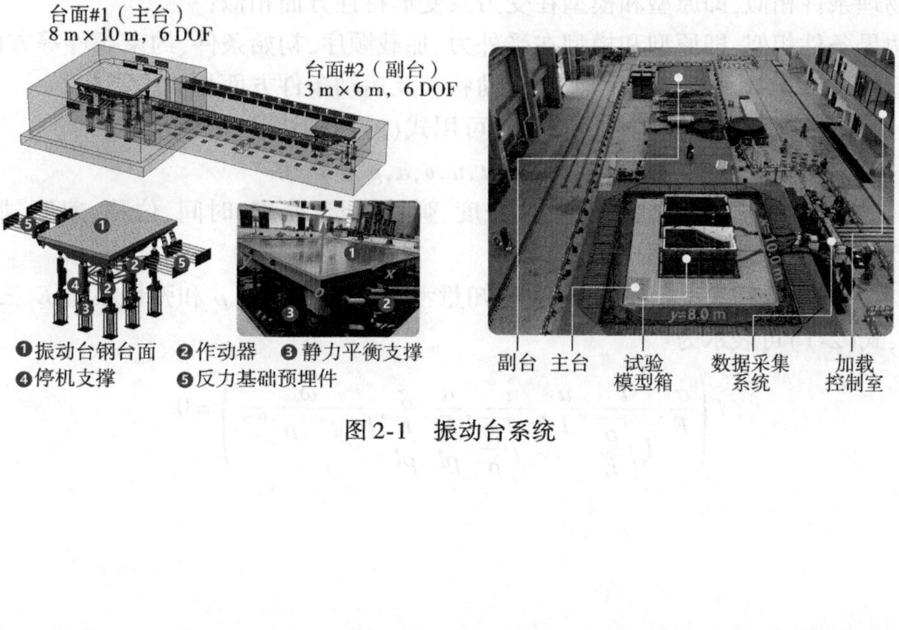

图2-1　振动台系统

表 2-1　振动台主要技术参数

名称	地震模拟振动台双台阵试验系统	
	主台	副台
台面尺寸	8.0 m×10.0 m	3.0 m×6.0 m
激振方向	x、y、z，三向六自由度	
额定水平(x,y 向)位移	±800 mm	±400 mm
额定竖向(z 向)位移	±400 mm	±300 mm
额定最大水平加速度	±1.2g	±2.0g
额定最大竖向加速度	±1.0g	±1.5g
额定负载	160 t	30 t
额定倾覆力矩	600 (t·m)	75 (t·m)
工作频率范围	0.1~50 Hz	0.1~100 Hz

2.2　试验相似关系设计

试验相似关系是模型与原型之间的连接桥梁，科学合理的相似关系是模型试验设计的关键和基础。

2.2.1　模型试验相似准则

量纲分析法、定律导出法和方程分析法是三种常用的拟定相似比的方法。量纲分析法可以不受物理现象微分方程的限制，通过 π 定理进行相似推广，在一些尚未弄清机理的复杂现象模拟中优势明显。

隧道洞口段地震响应的原型和模型相似是一类典型的动力相似问题，其模型与原型相似必须满足如下条件：

(1)空间条件相似，即原型与模型在几何尺寸和空间位置等方面相似；

(2)物理条件相似，即原型和模型在受力及变形特性方面相似；

(3)边界条件相似，即原型和模型在受外力、加载顺序、初始条件、约束条件等方面相似；

(4)运动条件相似，指原型和模型在运动状态及运动条件方面相似。

由 π 定理，线弹性范围内的各个物理量可用式(2-1)表达。

$$f(\sigma,l,E,\rho,t,u,v,a,g,\omega)=0 \tag{2-1}$$

式中，σ、l、E、ρ、t、u、v、a、g、ω 依次为应力、长度、弹性模量、密度、时间、位移、速度、加速度、重力加速度和圆频率。

综合本次试验条件和试验目的，基本未知量考虑长度 l、密度 ρ 和弹性模量 E 三者。经量纲转换后，式(2-1)可表示为

$$f\left(\frac{\sigma}{E},\frac{t}{l\sqrt{\frac{\rho}{E}}},\frac{u}{l},\frac{v}{\sqrt{\frac{E}{\rho}}},\frac{a}{\frac{E}{\rho l}},\frac{g}{\frac{E}{\rho l}},\frac{\omega}{l^{-1}E^{0.5}\rho^{-0.5}}\right)=0 \tag{2-2}$$

令无量纲参数：

$$\pi_1=\frac{\sigma}{E},\pi_2=\frac{t}{l\sqrt{\frac{\rho}{E}}},\ \pi_3=\frac{u}{l},\ \pi_4=\frac{v}{\sqrt{\frac{E}{\rho}}},\ \pi_5=\frac{a}{\frac{E}{\rho l}},\ \pi_6=\frac{g}{\frac{E}{\rho l}},\ \pi_7=\frac{\omega}{l^{-1}E^{0.5}\rho^{-0.5}}$$

根据$\pi_1\sim\pi_7$这 7 个参数，得到各相似比之间需要满足的条件，其中 C 定义为模型与原型之间的相似比。

$$C_\sigma=C_E,C_t=C_lC_E^{-0.5}C_\rho^{0.5},C_u=C_l,C_v=C_E^{0.5}C_\rho^{-0.5},C_a=C_l^{-1}C_EC_\rho^{-1}=C_g,C_\omega=C_l^{-1}C_E^{0.5}C_\rho^{0.5}$$

式中，C_l、C_ρ、C_E分别为几何相似比、密度相似比、弹性模量相似比；C_σ、C_t、C_u、C_v、C_a、C_g、C_ω分别为应力相似比、时间相似比、位移相似比、速度相似比、加速度相似比、重力加速度相似比和圆频率相似比。

2.2.2　振动台试验相似比

本次振动台试验的重力场与离心机振动台试验不同，为常规重力场。试验的相似关系满足模型设计基本相似比系数约束方程：

$$\frac{C_\varepsilon C_E}{C_l}=C_\rho=C_\rho C_a \tag{2-3}$$

式中，C_ε为应变相似比；C_E为弹性模量相似比；C_l为几何相似比；C_ρ为密度相似比；C_a为加速度相似比。式(2-3)代表着弹性恢复力、重力和惯性力之间应满足的条件，基本相似比系数确定后，其他系数均可由此推导得出。

在实际试验过程中，由于岩土体具有多样性和复杂性，调整所有试验条件以完全满足式(2-3)有很大困难，因此通常依据研究问题的特征使其部分成立。

考虑到振动台的技术参数和试验性能，本次试验采用重力失真模型，只考虑弹性恢复力与惯性力之间的比例相似，试验相似比满足：

$$\frac{C_\varepsilon C_E}{C_l}=C_\rho C_a,\text{且}C_\varepsilon=1$$

振动台试验中，明显的边界效应会影响试验结果。参照圣维南原理，隧道中心距边界一般要满足 3 ~5 倍洞径。综合考虑试验目的、设备性能和模型参数，确定本次试验的模型与原型的基础相似比为：几何相似比 $C_l=0.025$、密度相似比 $C_\rho=0.8$ 和弹性模量相似比 $C_E=0.025$。其他导出相似比通过基础相似比转换得到，见表 2-2。

表 2-2　试验基础相似比及导出相似比

项目	物 理 量	量　纲	相似比关系式	相　似　比
基础相似比	密度	FT^2L^{-4}	$C_\rho=\rho_m/\rho_p$	0.800 0
	长度	L	$C_l=l_m/l_p$	0.025 0
	弹性模量	FL^{-2}	$C_E=E_m/E_p$	0.025 0
动力参数	时间	T	$C_t=C_l\,C_E^{-0.5}C_\rho^{0.5}$	0.141 4
	加速度	LT^{-2}	$C_a=C_l^{-1}\,C_E\,C_\rho^{-1}$	1.250 0

续表

项目	物 理 量	量 纲	相似比关系式	相 似 比
动力参数	位移	L	$C_u = C_l$	0.025 0
	速度	LT^{-1}	$C_v = C_E^{0.5} C_\rho^{-0.5}$	0.176 8
	圆频率	T^{-1}	$C_\omega = C_l^{-1} C_E^{0.5} C_\rho^{-0.5}$	7.071 1
材料参数	应变	—	$C_\varepsilon = \varepsilon_m/\varepsilon_p$	1.000 0
	应力	FL^{-2}	$C_\sigma = C_E$	0.025 0
	泊松比	—	$C_\mu = \mu_m/\mu_p$	1.000 0
	黏聚力	FL^{-2}	$C_c = C_E$	0.025 0
	内摩擦角	—	$C_\varphi = \varphi_m/\varphi_p$	1.000 0

2.3 模型材料设计及制作

2.3节彩图

2.3.1 围岩模型设计

一般而言，变形模量 E，黏聚力 c，密度 ρ 和内摩擦角 φ 是围岩模型设计需要考虑的主要物理力学参数。本次振动台试验中，按照依托工程的地质勘察结果，围岩确定为Ⅴ级围岩。具体围岩参数根据工程地质勘查报告及相关规范取值，围岩原型、模型物理力学参数见表2-3。

表2-3 Ⅴ级围岩物理力学参数表

岩土体	密度 ρ/(g/cm^3)	变形模量 E/GPa	黏聚力 c/kPa	内摩擦角 φ/(°)
原型	1.70～2.00	1.00～2.00	50～200	20～27
模型	1.36～1.60	0.025～0.05	1.25～5	20～27

2.3.1.1 神经网络训练

长期以来，相似材料模型试验中的材料配比均由大量的试验确定，人、财、物耗费巨大。由于相似材料的力学性能指标与相似材料各组分含量之间存在着非线性关系，现阶段用数学公式准确表达是不现实的。

BP神经网络(back propagation neural network，BPNN)是一种按照误差逆向传播算法进行训练的多层前馈式神经网络。该网络模型可有效解决高度非线性、模糊识别等问题。因此在非线性问题集中的岩土工程领域取得了广泛的应用。

在综合分析了相似材料选择原则及25组试验数据(见表2-4)基础上，建立了以粉煤灰(F类，二级，中国成都产)、河砂(中粗，含水率0.75%)、机油(40JHJ，密度0.88 g/cm^3)和硅藻土(SiO_2含量90%，吉林白山产)为原料的相似材料配比的BP神经网络遗传算法模型。

表 2-4　神经网络的训练和测试样本

序号	粉煤灰含量/%	河砂含量/%	机油含量/%	硅藻土含量/%	实测密度 ρ/(g/cm³)	实测黏聚力 c/kPa	实测内摩擦角 φ/(°)
1	59.0	20	6	15.0	1.29	3.26	19.6
2	54.5	20	8	17.5	1.29	3.92	19.4
3	50.0	20	10	20.0	1.26	3.96	18.9
4	45.5	20	12	22.5	1.22	4.42	19
5	41.0	20	14	25.0	1.23	5.26	18.5
6	54.0	25	6	15.0	1.36	1.81	21.6
7	49.5	25	8	17.5	1.33	2.26	20.3
8	45.0	25	10	20.0	1.31	3.72	20
9	40.5	25	12	22.5	1.31	4.17	19.6
10	36.0	25	14	25.0	1.28	4.69	19.1
11	51.0	28	6	15.0	1.35	1.73	24.6
12	46.5	28	8	17.5	1.35	1.95	22.6
13	42.0	28	10	20.0	1.34	3.54	22.3
14	37.5	28	12	22.5	1.29	3.86	21.1
15	33.0	28	14	25.0	1.24	4.18	20.3
16	48.0	31	6	15.0	1.44	1.59	24.9
17	43.5	31	8	17.5	1.38	1.76	24.2
18	39.0	31	10	20.0	1.38	3.07	23.8
19	34.5	31	12	22.5	1.34	3.26	21.9
20	30.0	31	14	25.0	1.37	3.97	20.8
21	44.0	35	6	15.0	1.46	1.55	29.9
22	39.5	35	8	17.5	1.43	1.58	29.7
23	35.0	35	10	20.0	1.44	1.57	27.8
24	30.5	35	12	22.5	1.42	1.55	26.5
25	26.0	35	14	25.0	1.41	1.61	25.6

在本次配比试验中，建立了一个三层的 BP 神经网络（见图 2-2），将归一化的粉煤灰、河砂、机油和硅藻土的重量百分比作为神经网络的输入层，密度 ρ、黏聚力 c 和内摩擦角 φ 作为神经网络的输出层。隐藏层中的神经元数量可以根据式(2-4)或式(2-5)确定，也可以通过专门研究确定。

$$l < \sqrt{m+n} + \text{cons} \tag{2-4}$$

$$l = \frac{m^2}{n} \tag{2-5}$$

式中，l、n 和 m 分别是隐藏层、输入层和输出层中神经元的数量；cons 是[1, 10]之间的调整常数。

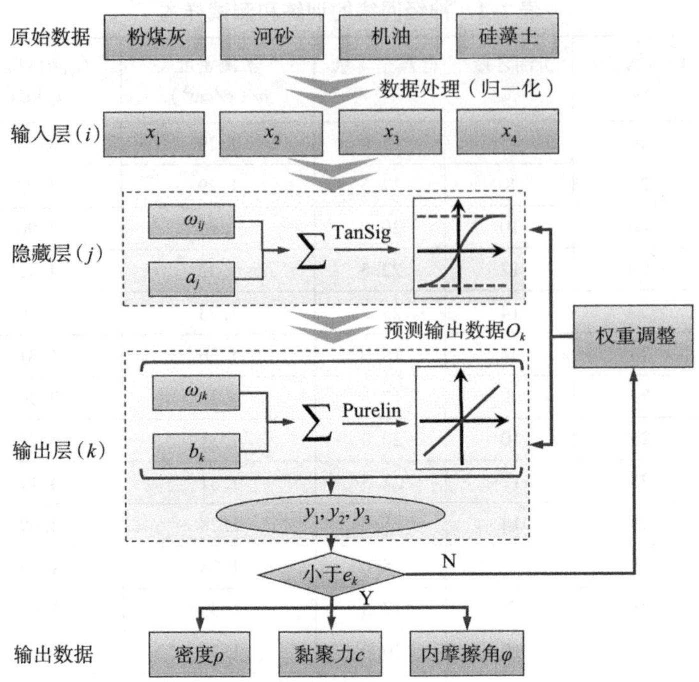

图 2-2　3 层 BP 神经网络结构图

BP 神经网络的训练过程分为以下几个步骤：

(1)初始化神经网络。根据输入、输出参量个数，确定神经网络的输入层节点数 $n=4$ 和输出层 $m=3$。从输入层到隐藏层的权重ω_{ij}和从隐藏层到输出层的权重ω_{jk}为 BP 神经网络的权重。初始化隐藏层和输出层的阈值 a_j、b_k。神经元的学习速率为 0.1。

(2)隐藏层的输出计算。以输入的向量 $\boldsymbol{x}=(x_1,x_2,\cdots,x_n)$、输入层和隐藏层之间的连接权值$\omega_{ij}$、隐藏层阈值 a_j为根据，计算出隐藏层输出向量 $\boldsymbol{h}=(h_1,h_2,\cdots,h_l)$，见式(2-6)。

$$h_j=f\left(\sum_{i=1}^{n}\omega_{ij}x_i-a_j\right),\ j=1,2,\cdots,l \tag{2-6}$$

式中，l 为隐藏层的节点数；f 为隐藏层的激励函数，本书选取正切 S 型函数为激励函数，见式(2-7)。

$$f(x)=\text{TanSig}(x)=\frac{2}{1+\mathrm{e}^{-2x}}-1 \tag{2-7}$$

(3)输出层的输出计算。以隐藏层输出 $\boldsymbol{h}$、连接权值 a_j和阈值 b_k为根据，计算神经网络的预测输出值 O_k，见式(2-8)。

$$O_k=f\left(\sum_{j=1}^{l}h_j\omega_{jk}-b_k\right),\ k=1,2,\cdots,m \tag{2-8}$$

输出层的激活函数为线性激活函数 Purelin(x)，见式(2-9)。

$$f(x)=\text{Purelin}(x)=x \tag{2-9}$$

(4)误差计算。以神经网络的预测输出值 O_k和期望输出值 Y_k为根据，计算网络的预测误

差 e_k，见式(2-10)。

$$e_k = Y_k - O_k, k = 1,2,\cdots,m \tag{2-10}$$

(5)权值更新。以神经网络的预测误差 e_k 为根据，更新神经网络的连接权值 ω_{ij} 和 ω_{jk}，分别见式(2-11)和式(2-12)。

$$\omega'_{ij} = \omega_{ij} + \eta h_j(1 - h_j)\, x_{(i)} \sum_{k=1}^{m} \omega_{jk} \cdot e_j, i = 1,2,\cdots,n; j = 1,2,\cdots,l \tag{2-11}$$

$$\omega'_{jk} = \omega_{jk} + \eta h_j e_k, j = 1,2,\cdots,n; k = 1,2,\cdots,m \tag{2-12}$$

(6)阈值更新。以神经网络的预测误差 e_k 为根据，更新网络节点的阈值 a_j、b_k，分别见式(2-13)和式(2-14)。

$$a'_j = a_j + \eta h_j(1 - h_j) \sum_{k=1}^{m} \omega_{jk} \cdot e_j, j = 1,2,\cdots,l \tag{2-13}$$

$$b_k = b_k + e_k, k = 1,2,\cdots,m \tag{2-14}$$

(7)判断算法的迭代过程是否结束，若未结束，返回步骤(2)继续进行。

2.3.1.2 最优单隐藏层节点数研究

BP 神经网络的隐藏层节点数对预测精度的影响比较大。理论上，隐藏层节点数目越多，对目标参数的综合预测能力越强，初始权重阈值的影响也将逐步降低。但是，随着隐藏层节点数目的进一步增大，网络过度拟合的影响也逐步增大，BP 神经网络的预测能力反而下降。因此有必要寻找最优的隐藏层节点数目。

本书单隐藏层 BP 神经网络数学模型的构建基于 Matlab R2018b 中的神经网络工具箱，共有 25 组数据，其中训练数据 15 组，验证数据和测试数据均为 5 组。隐藏层节点数暂定为 3 ~ 20个。神经网络的训练函数选择基于 Levenberg-Marquardt 优化算法的 Trainlm；学习函数选用梯度下降动量函数 Learndm。为使网络充分迭代直至收敛，对神经网络的迭代次数及网络训练最大失败次数进行了适当调整。值得说明的是，在数据的输入和输出过程中分别进行了数据的归一化和反归一化。为评估 BP 神经网络模型的预测精度，采用判定系数 R^2 与均方误差函数 MSE 进行联合分析，如式(2-15)和式(2-16)所示，计算结果如图 2-3 所示。

$$R^2 = 1 - \frac{\sum_{s=1}^{s} (t_s - o_s)^2}{\sum_{s=1}^{s} (o_s - o_{\text{avg}})^2} \tag{2-15}$$

$$\text{MSE} = \frac{\sum_{s=1}^{s} (t_s - o_s)^2}{s} \tag{2-16}$$

式中，s 是所有样本的数量；t_s 是实验目标输出；o_s 是反归一化过程后的神经网络预测输出值。

分析 R^2 和 MSE 随不同隐藏层节点数目的分布规律可以发现，混合后材料的力学性能与基本组成材料之间存在着复杂的联系。BP 神经网络对于每一个性能的度量都不具有相同的预测能力，只有 2 ~ 8 个隐藏层节点可以更准确地预测密度 ρ，5 ~ 11 个节点可以更加准确地预测黏聚力 c，而内摩擦角 φ 则需要 3 ~ 8 个节点才能较为准确预测。当全局性能最佳时，隐藏层节点为 6 ~ 8 个。因此，隐藏层节点选为 8 个。图 2-4(a)和(b)分别表征了隐藏层节点数目为 8 时的训练收敛过程和多元回归结果。在隐藏层有 8 个节点的情况下，训练的 MSE 在 7 个

阶段后达到 10^{-5}以下,最佳验证性能为 7.8177×10^{-6}。这里,训练、验证、测试样本和总体样本的 R^2分别达到 99.982%、99.996%、99.925% 和 99.963%。因此,使用隐藏层中的 8 个节点进行神经网络训练是适当和有效的。

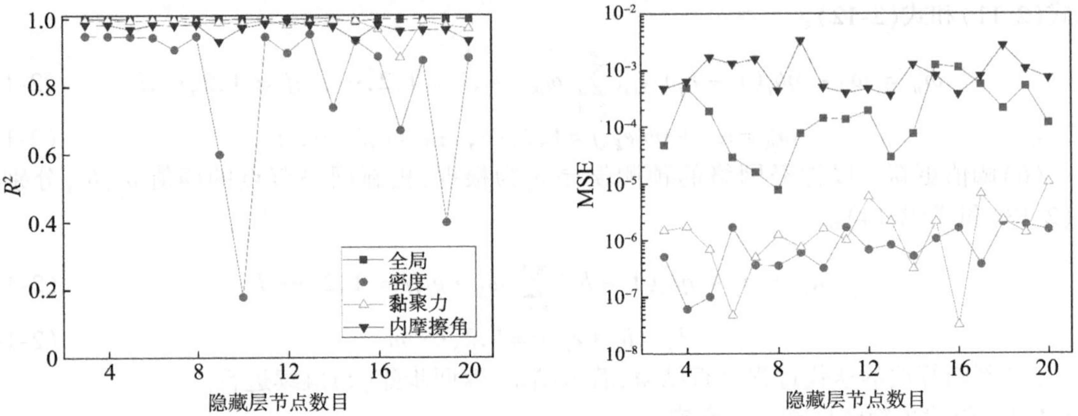

(a) R^2　　(b) MSE

图 2-3　不同隐藏层节点数目下的 R^2 和 MSE

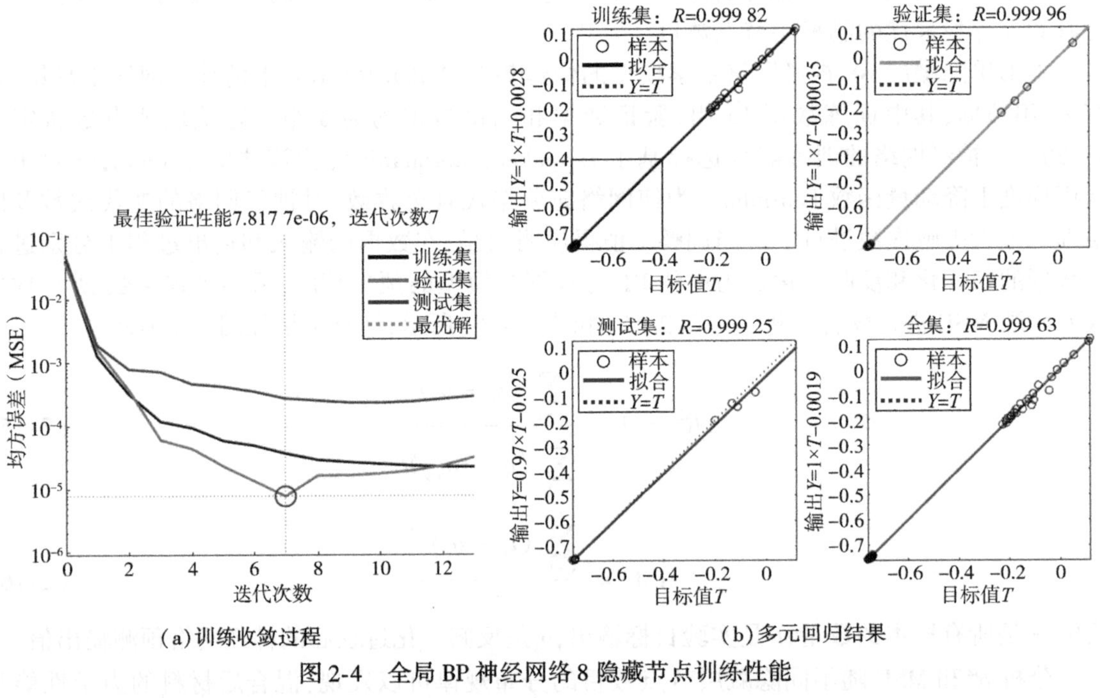

(a) 训练收敛过程　　(b) 多元回归结果

图 2-4　全局 BP 神经网络 8 隐藏节点训练性能

2.3.1.3　基于遗传算法的 BP 神经网络的模型

实际应用中,BP 神经网络算法具有明显的局限性。具体表现在其全局误差是以 S 型函数为自变量的多元非线性函数,因此它不仅是全局误差连接权空间中的一个具有多个极小值的超曲面。同时,初始网络参数的选取也具有很大程度的随机性。因此,利用 BP 神经网络对多输入多输出的复杂非线性问题进行建模,容易产生局部优化问题等。为了解决 BP 神经网络的上述限制，目前主流的解决办法有附加动量法、自适应学习率法和遗传算法。以上三种方法都能有效地优化 BP 神经网络，但是对于附加动量法和自适应学习率法，合适的学习速率较难确定。遗传算法(genetic algorithm，GA)具有简单高效、可用于并行分布处理、具备全局搜索能力和鲁棒性强等特点。遗传算法主要包括选择、交叉和变异 3 个部分。将遗传算法嵌入 BP 神经网络，用以优化神经网络的权重和阈值。下面就简要介绍遗传算法的优化过程(计算流程见图 2-5)：

(1)确定 BP 神经网络的模型结构并初始化参数。

(2)初始化种群，其中个体由权重 ω_{ij} 和 ω_{jk} 组成，并以实数编码。

(3)根据函数 F 计算适应度，见式(2-17)。

$$F_i = \frac{1}{\sum_{i=1}^{m}(\gamma_i - o_i)^2} \tag{2-17}$$

式中，m 是输出层中神经元的数量；γ_i是第 i 个节点的期望输出；o_i是第 i 节点的实际输出。

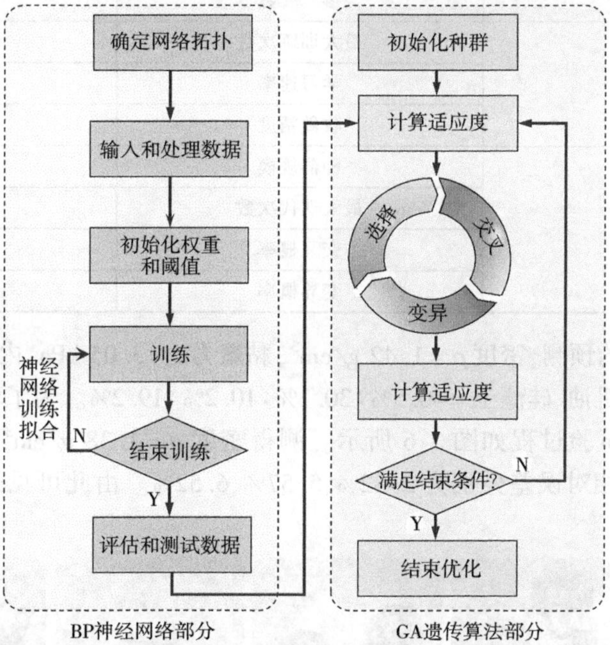

图 2-5　基于遗传算法的 BP 神经网络(GA-BPNN)流程图

(4)计算个体被选择的概率 p_i，见式(2-18)。

$$p_i = \frac{F_i}{\sum_{i=1}^{N} F_i} \tag{2-18}$$

式中，F_i是第 i 条染色体的适应值；N 是染色体的数量。

(5)交叉和变异操作。第 k 个个体的 a_k 和第 l 个个体 a_l 在第 j 个位置的交集算法见式(2-19)。

$$\begin{aligned} a_{kj} &= a_{kj}(1-b) + a_{lj}b \\ a_{lj} &= a_{lj}(1-b) + a_{kj}b \end{aligned} \tag{2-19}$$

式中，b 是[0, 1]中的随机数；在第 i 条染色体的第 j 个基因(a_{ij})中发生的变异可以用式(2-20)和式(2-21)来描述。

$$a_{ij} = \begin{cases} a_{ij} + (a_{ij} - a_{\max})f(g') & r > 0.5 \\ a_{ij} + (a_{\min} - a_{ij})f(g') & r \leqslant 0.5 \end{cases} \tag{2-20}$$

$$f(g') = r_2\left(1 - \frac{g'}{G_{\max}}\right)^2 \tag{2-21}$$

式中，$a_{\max}$ 是基因的最大值；r_2 是随机数；g' 是当前迭代次数；$G_{\max}$ 是最大进化次数。

(6)当满足终止条件时停止计算，并将最佳权重和阈值分配给 BP 神经网络。

基于遗传算法的神经网络算法中的参数设置见表 2-5。

表 2-5　GA-BPNN 参数设置

算　法	参　数	值
BP 神经网络	最大训练次数	1 000
	学习速率	0.075
	收敛精度	0.000 1
GA 遗传算法	种群规模	50
	最大迭代次数	50
	交叉概率	0.4
	变异概率	0.2

通过 GA-BPNN 的预测，密度 $\rho = 1.42\ \text{g/cm}^3$，黏聚力 $c = 3.05$ kPa，内摩擦角 $\varphi = 23°$ 的材料配比为粉煤灰∶河砂∶机油∶硅藻土 =40.5%∶30.1%∶10.2%∶19.2%。为了验证预测值的准确性，对此配比进行试验，试验过程如图 2-6 所示。测得密度 $\rho = 1.38\ \text{g/cm}^3$，黏聚力 $c = 3.22$ kPa，内摩擦角 $\varphi = 24.5°$，相对误差分别为 2.82%、5.57%、6.52%。由此可见采用GA-BPNN 进行配比预测是可行的。

图 2-6　模型围岩配比测试及大规模配制过程

2.3.2　衬砌模型设计

1. 模型衬砌水膏比确定

本次振动台试验采用的衬砌模型为设计行车速度 200 km/h 客货共线双线铁路隧道复合式衬砌。

试验中,选择与原型衬砌性质相似的石膏制作衬砌模型。石膏作为经典的相似材料有许多特有优势,如强度调节范围大、模筑成型快、原料安全无毒等。但值得注意的是,石膏作为一种典型的大孔隙率材料,其物理力学参数受空气湿度及温度的影响非常明显。因此试验所用石膏应来自同一厂家、同一批次生产。严格控制试验条件也是非常必要的,应尽量保证石膏试件在相同条件下完成浇筑、养护和测试过程。

水膏比确定和浇筑衬砌模型是完成模型衬砌制作的主要工作。采用尺寸为 $\varphi50\times100$ mm 的标准试样,将配制好不同水膏比的材料浇筑在标准模具中,待试样成型,并达到一定的干燥度后拆模,然后利用烘干设备烘干。

影响石膏弹性模量的主要因素有:

(1)水膏比,分别用混合水膏比为 1.0 : 1.1、1.0 : 1.0、1.0 : 0.9、1.0 : 0.8、1.0 : 0.75、1.0 : 0.625、1.0 : 0.5、1.0 : 0.45 并搭配不同比例的硅藻土进行试验。根据数据,通过 Matlab R2018b 预测出较为合适的配比。

(2)石膏的烘干温度与时间,理论上来说,伴随着石膏中的水分含量减少,石膏的强度逐渐增大。但水分含量过少,石膏试样将会变脆易断。通过定时监测烘干过程中石膏质量变化,并测试试样的弹模,得出最合适的烘干时间。石膏试样的制作、养护及单轴压缩测试过程如图 2-7 所示。

图 2-7　石膏试样制作、养护及测试过程

综合考虑相似比、成型技术等多种现实因素,最终确定模型衬砌材料的配比为水∶石膏∶硅藻土 = 1 : 0.7 : 0.2。浇筑成型后的衬砌模型放置在 50 ℃的恒温烘干箱中烘干 20 h,然后涂

刷清漆养护。

2. 隧道衬砌模型制作

隧道弯曲变形对隧道结构安全起控制作用,所以本试验模型衬砌厚度的确定以弯曲变形为控制条件。将衬砌壳体视为厚度 h 的薄板结构,设 x 和 z 为横截面内互相垂直的坐标,横向均布力设为 q,则薄板挠曲 ω 的控制方程为

$$\frac{\partial^4 \omega}{\partial x^4} + 2\frac{\partial^4 \omega}{\partial x^2 \partial z^2} + \frac{\partial^4 \omega}{\partial z^4} = \frac{q}{K} \tag{2-22}$$

式中,K 为板的弯曲刚度,$K = \dfrac{Eh^3}{12(1-\mu^2)}$;$E$ 为弹性模量;μ 为泊松比。

设模型的几何相似比为 $C_l = 1/n$,经推导可以得到模型衬砌厚度,即

$$C_h = C_l C_E^{-\frac{1}{8}} \tag{2-23}$$

在本次试验中,原型衬砌厚度 80.0 cm,计算得到模型衬砌厚度为 2.0 cm,同时钢筋选用 0.5 cm 间距的细铁丝网进行模拟。浇筑模型衬砌的模具采用木模板嵌套两层 1.0 mm 厚不锈钢薄板。模具分为内模、外模和上下底板 4 部分,内、外模通过两层不锈钢板环箍钢丝定型;上下底板为木模板,主要用于连接内、外模,稳固整体。浇筑前,在底部涂抹石膏浆以防止漏浆,并在内模外侧、外模内侧喷涂油性脱模剂,并将模拟钢筋用的细铁丝网剪裁、弯折成合适形状后放在模具中央。浇筑时,缓慢倒入石膏浆,并不断振捣,保证衬砌内部无孔洞、无气泡。浇筑后,待石膏具有初步强度后拆模。拆模完成后,将衬砌模型放置于 50 ℃恒温烘干箱中烘干 20 h。图 2-8 为衬砌模型的制作及养护过程。

图 2-8 衬砌模型的制作及养护过程

2.4　刚性模型箱设计

2.4节彩图

刚性模型箱、圆筒型柔性模型箱和层状剪切模型箱是目前常用的3种振动台模型箱类型。

刚性模型箱一般由型钢、钢板焊接而成,研制简单、尺寸多样、造价低廉,在目前振动台试验中应用较广泛。但刚性侧壁约束了土体变形,应采取合理措施使模型围岩能发生适量的剪切变形。

圆筒形柔性模型箱的侧壁一般用橡胶材料围成,橡胶模上端固定有钢环,基底钢板固定于橡胶模下端,基底钢板与振动台面刚性连接。同时上部的钢圆环支撑在若干根钢杆上,钢杆与钢圆环之间通过万向接头连接。理论上该模型箱能够较好地模拟土体剪切变形,但橡胶膜的径向刚度难以确定,刚度过大,功能与刚性箱类似;刚度过小,土体在振动过程中易鼓出,土体剪切变形失真。正因如此,柔性模型箱的尺寸一般不宜过大,边界效应和尺寸效应的问题难以消除。

层状剪切模型箱通常由一些相互独立的矩形层状框架拼装而成,滚动轴承放置于每层框架之间。地震作用下,框架间在激励方向上发生相对滑动,从而实现土体的剪切变形。该模型箱可以较好地模拟土体剪切变形,但是目前仍存在着以下问题:层间滚动轴承因强度问题导致层间自由变形受阻;各层间产生的剪切变形并非真实土体的堆叠式剪切变形,而是类似于抽屉式;制作工艺复杂,造价较高。

综合考虑试验目的、试验对象、设备承载能力、振动台面尺寸及振动频率等因素,本次试验拟采用刚性模型箱。下面对刚性模型箱的设计要点进行介绍。

2.4.1　模型箱规格参数

楼梦麟、陈清军(1999)研究表明:侧向边界的影响在围岩与结构平面尺寸之比大于5时基本可忽略。陈跃庆(2001)的试验结果表明:竖直方向加速度放大系数变化在自由场平面尺寸与模型箱宽度之比大于2时,将趋于稳定。袁松等(2012)通过数值计算发现模型箱尺寸为隧道跨度8倍以上时,边界效应可忽略不计。

本次设计的模型箱在综合考虑上述研究成果的基础上,结合振动台技术参数及模型相似关系等因素,确定模型箱内净空尺寸为长×宽×高 = 4.0 m×2.0 m×1.8 m。钢材型号选取为Q345钢,两种模型箱方案的框架、侧壁、底板和加劲斜撑的规格参数见表2-6,设计模型如图2-9所示。

表2-6　模型箱的材料及参数

部件名称	普通模型箱(方案1)		加固模型箱(方案2)	
	材料类型	材料规格/mm	材料类型	材料规格/mm
侧壁框架	8号槽钢	80×43×5.0	8号槽钢	80×43×5.0
侧壁	钢板	2	钢板	2
底板框架	矩形方钢	100×50×5	矩形方钢	100×50×5
底板	钢板	5	钢板	5
加劲斜撑	—	—	矩形方钢	80×40×2和140×40×2

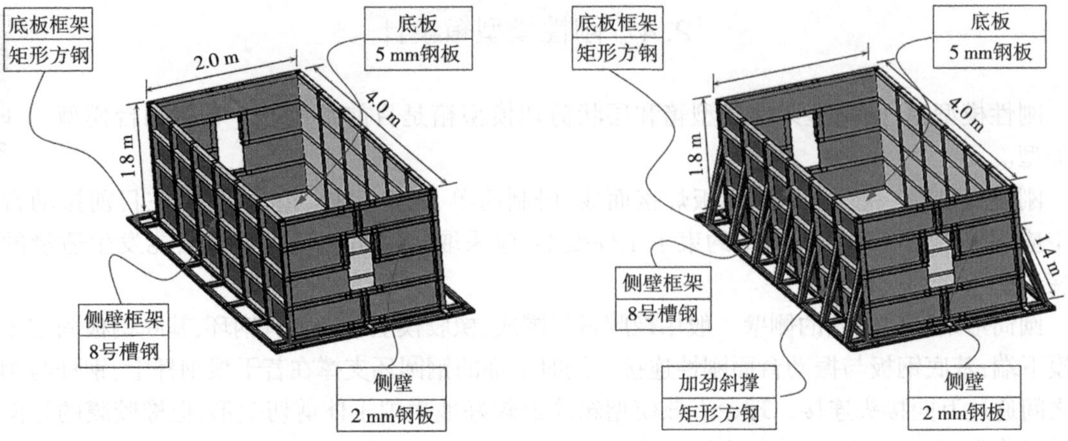

(a)普通模型箱(方案1)　　(b)加固模型箱(方案2)

图2-9　两种刚性模型箱设计方案

2.4.2　模型箱模态分析

振动台激励过程中,刚性模型箱侧壁的附加振动会对围岩变形产生影响。如果模型箱侧壁振动的主频与模型围岩接近,则箱体与模型围岩会发生共振,轻则影响试验结果,重则损坏模型箱,导致试验失败。因此,开展模态分析是模型箱设计过程中必不可少的环节。

模态分析法的基本原理是通过计算结构振动特征方程的特征值和特征向量,获得结构的模态参数。特征值和特征向量分别与结构的固有频率和主振型相对应,它们可通过式(2-24)的 n 自由度振动系统的无阻尼自由振动方程获得:

$$\boldsymbol{M}\ddot{\boldsymbol{X}}+\boldsymbol{K}\boldsymbol{X}=\boldsymbol{0} \tag{2-24}$$

式中,$\boldsymbol{M}$ 为系统的质量矩阵;$\ddot{\boldsymbol{X}}$ 为加速度矩阵;$\boldsymbol{K}$ 为刚度矩阵;$\boldsymbol{X}$ 为振动位移矩阵。

通常,式(2-24)的解为

$$\boldsymbol{x}=\boldsymbol{A}\mathrm{e}^{h}(h=\mathrm{i}\omega_0 t,\mathrm{i}^2=-1) \tag{2-25}$$

经求导,可得

$$\dot{\boldsymbol{x}}=\mathrm{i}\omega_0\boldsymbol{A}\mathrm{e}^{h},\ddot{\boldsymbol{x}}=-\omega_0^2\boldsymbol{A}\mathrm{e}^{h} \tag{2-26}$$

将式(2-26)代入式(2-24)中,可得

$$(\boldsymbol{K}-\omega_0^2\boldsymbol{M})\boldsymbol{A}=\boldsymbol{0} \tag{2-27}$$

式中,ω_0 为固有频率;$\boldsymbol{A}$ 为振幅列阵。若式(2-27)之系数行列式符合

$$\det(\boldsymbol{K}-\omega_0^2\boldsymbol{M})=0 \tag{2-28}$$

则 $\boldsymbol{A}$ 非零解。计算式(2-27)可求得 ω_0、$\boldsymbol{A}$,故 n 自由度振动系统的 n 阶固有频率为 $\omega_{01},\omega_{02},\cdots,\omega_{0n}$,对应的主振型为 $\boldsymbol{A}^{(1)},\boldsymbol{A}^{(2)},\cdots,\boldsymbol{A}^{(n)}$。

通过ANSYS(Version 17.2)开展模态分析,得到隧道洞口段模型和模型箱的前三阶固有频率及对应的振型结果,如图2-10所示。

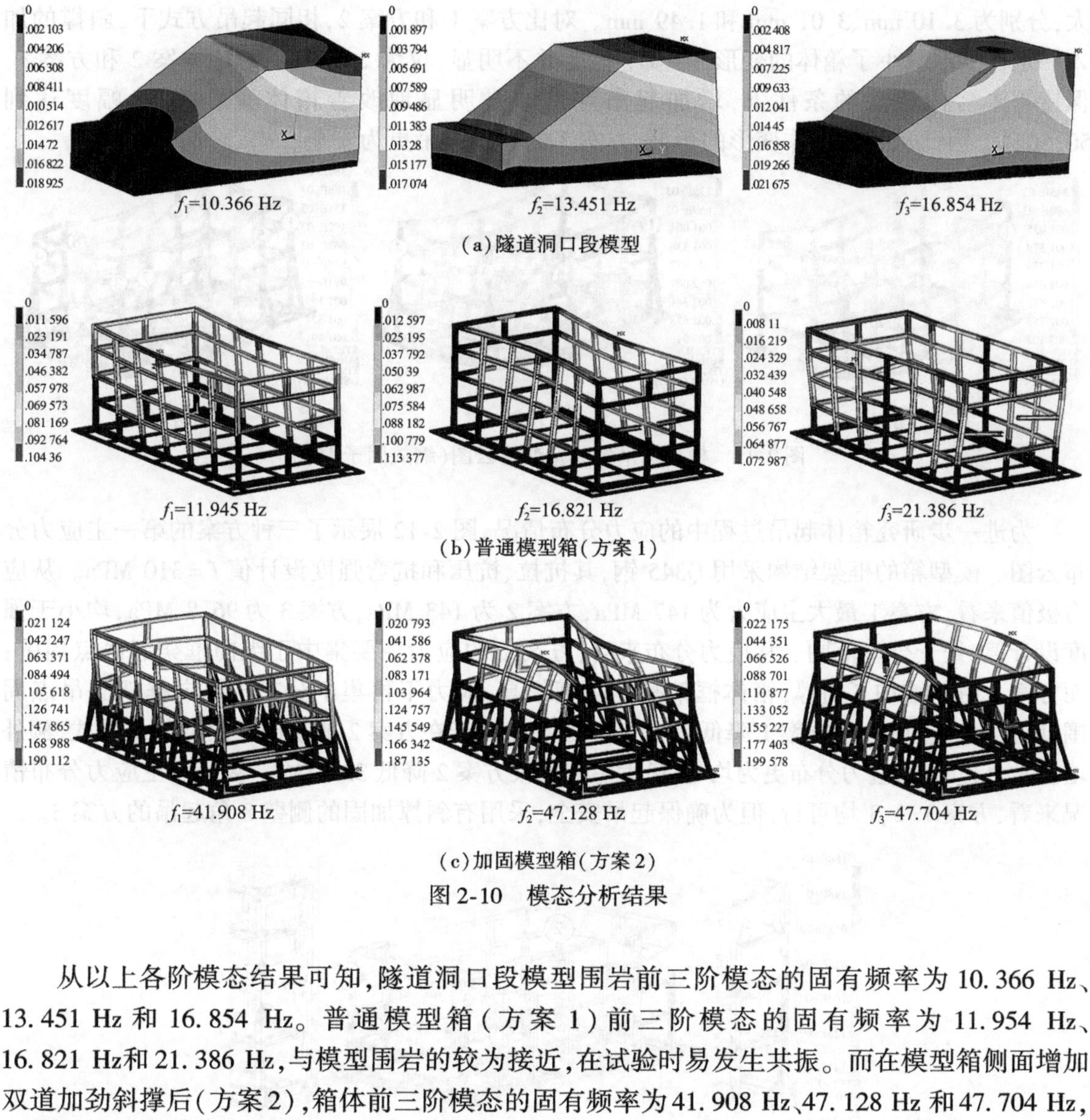

图 2-10　模态分析结果

从以上各阶模态结果可知,隧道洞口段模型围岩前三阶模态的固有频率为 10. 366 Hz、13. 451 Hz 和 16. 854 Hz。普通模型箱(方案 1)前三阶模态的固有频率为 11. 954 Hz、16. 821 Hz和 21. 386 Hz,与模型围岩的较为接近,在试验时易发生共振。而在模型箱侧面增加双道加劲斜撑后(方案 2),箱体前三阶模态的固有频率为 41. 908 Hz、47. 128 Hz 和 47. 704 Hz,模型围岩的各阶固有频率仅为加固后箱体的 24. 73% 、28. 54% 和 35. 33% ,不易发生共振。因此模型箱设计采用箱体侧壁加装双道加劲斜撑的方案,即方案 2。

2. 4. 3　模型箱承载分析

模型箱装填过程一般在台下完成,装填完毕后通过起重机吊装至台面。满载模型箱的承载能力核算及安全性评价需要在试验设计中充分考虑。模型箱起吊点位于纵向侧壁,因此对

(1)无斜撑加固的侧壁 4 角起吊;

(2)有斜撑加固的侧壁 4 角起吊;

(3)有斜撑加固的侧壁 8 角起吊,共 3 种方案进行分析。

图 2-11 为 3 种吊装方案的矢量变形云图,3 种方案的箱体底部横、纵梁跨中矢量变形最

大,分别为 3. 10 mm、3. 01 mm 和 1. 49 mm。对比方案 1 和方案 2,相同起吊方式下,斜撑的加入一定程度上减小了箱体的变形,但减小幅度并不明显,仅为 2. 90% 。对比方案 2 和方案 3,保持箱体结构相同的条件下,增加起吊点可非常明显地改善箱体变形,减小幅度达到 50. 50% 。因此从控制箱体变形的角度,方案 3 的 8 角起吊更为安全。

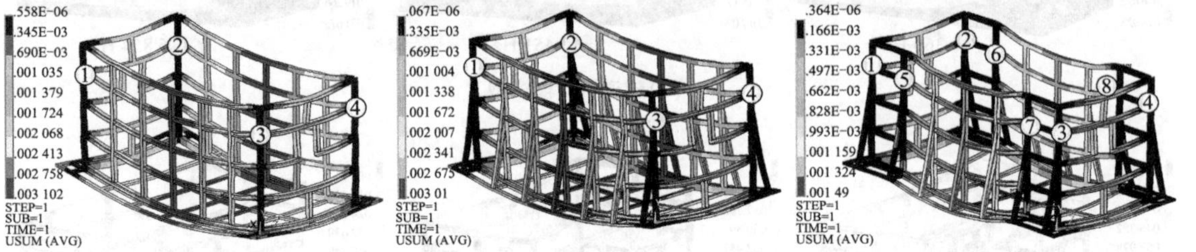

(a)方案 1　　(b)方案 2　　(c)方案 3

图 2-11　模型箱吊装矢量变形云图(缩放因子 150)

为进一步研究箱体起吊过程中的应力分布情况,图 2-12 展示了三种方案的第一主应力分布云图。模型箱的框架结构采用 Q345 钢,其抗拉、抗压和抗弯强度设计值 $f=310$ MPa。从应力极值来看,方案 1 最大主应力为 147 MPa,方案 2 为 143 MPa,方案 3 为 96. 8 MPa,均小于强度设计值,处于合理范围。从应力分布来看,方案 1 的应力主要集中于纵向框架起吊点周围;而方案 2 由于增加了斜撑,箱体框架整体刚度提高,应力不再集中分布于纵向框架起吊点周围,因此最大主应力较方案 1 降低 2. 72% 。方案 3 由于在方案 2 的基础上改变起吊方式,额外增设 4 个起吊点,应力分布更为均匀,最大主应力较方案 2 降低 32. 31% 。从最大主应力分布情况来看,方案 1、2、3 均可行,但为确保起吊安全,采用有斜撑加固的侧壁 8 角起吊的方案 3。

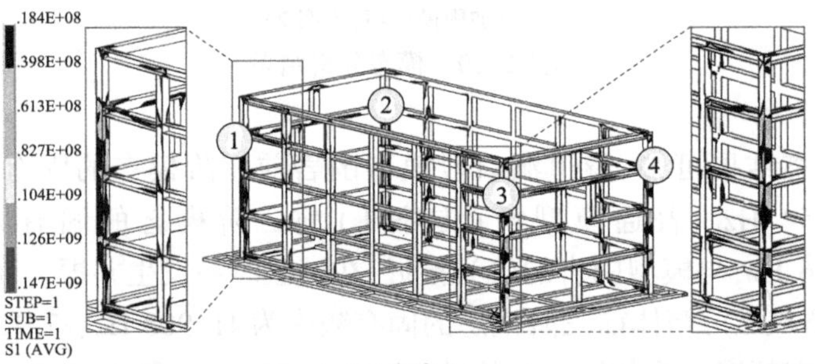

(a)方案 1

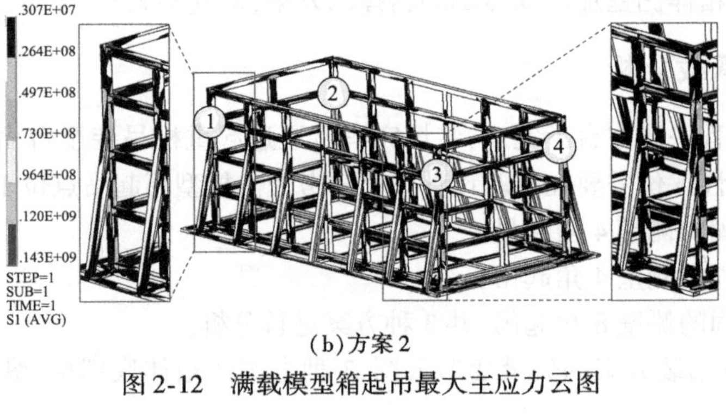

(b)方案 2

图 2-12　满载模型箱起吊最大主应力云图

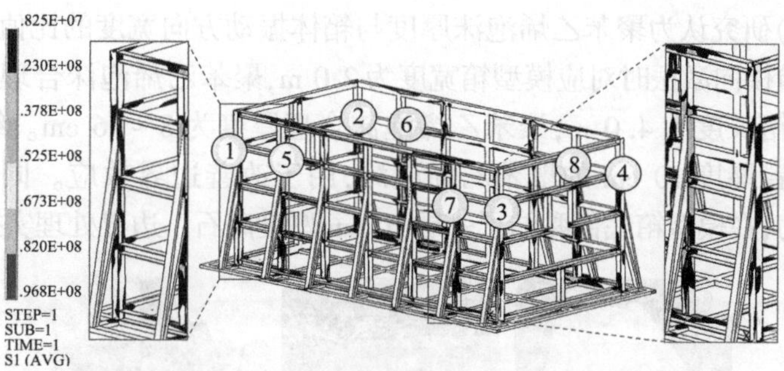

(c)方案 3

图 2-12　满载模型箱起吊最大主应力云图(续)

综合上述分析,委托专业厂家焊接制作试验模型箱,如图 2-13 所示。

图 2-13　模型箱实物图

2.4.4　模型箱边界处理

刚性模型箱的另外一个设计要点是对刚性侧壁引起的边界效应进行合理消除,通常的做法是在与振动方向垂直的箱壁内侧设置一定厚度的柔性材料。目前常用的泡沫塑料有聚苯乙烯、聚氯乙烯和聚氨酯泡沫,它们的特点是重量轻、价格低廉、具有一定刚度。这三种材料的基本物性参数见表 2-7。按照楼梦麟等(2000)的研究,柔性材料与模型围岩的弹性模量之比在 2.5 时效果最好。因此采用聚苯乙烯泡沫作为模型箱边界材料。

表 2-7　泡沫塑料基本物性参数

产品种类	材料性能		
	密度/(kg/m³)	厚度压缩 10% 时的压缩应力/MPa	吸水率/%
模塑聚苯乙烯	15	0.09	6.0
硬质聚氯乙烯	45	0.18	2.5
硬质聚氨酯	40	0.16	3.8

黄伟东等(2013)研究认为聚苯乙烯泡沫厚度与箱体振动方向宽度的比值在2%~4%时,边界效应最小。本次试验横向激振时对应模型箱宽度为2.0 m,聚苯乙烯泡沫合理厚度为4~8 cm;纵向激振时对应模型箱长度为4.0 m,聚苯乙烯泡沫合理厚度为8~16 cm。综合考虑各项因素,模型箱内侧壁均放置厚度10 cm的聚苯乙烯泡沫,用于改善边界效应。同时,为增大箱体底板与模型围岩的摩擦力,在模型箱底部黏结了一层10 cm厚度碎石。边界处理实拍如图2-14所示。

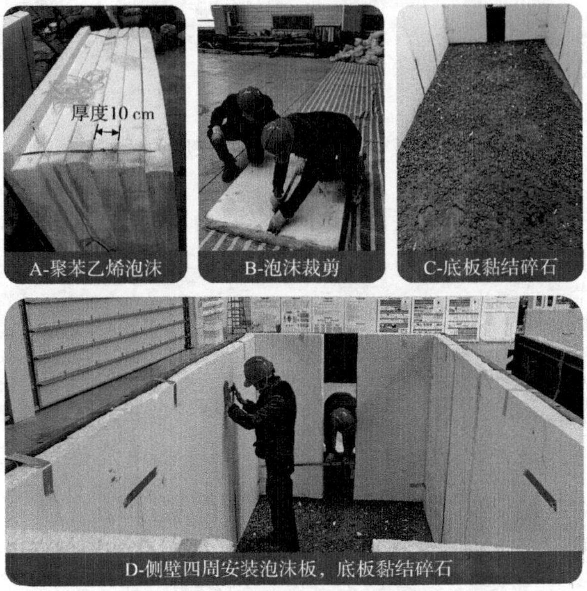

图2-14 模型箱边界处理

为定量地评估聚苯乙烯泡沫板边界处理效果,本书采用的处理手段是,以同高程(距模型箱内底板30 cm)模型围岩测点的振动响应为标准,用边界处的动力响应与之比较,通过比较两个响应信号的接近程度来评估边界效应。以0.500g汶川波纵向激振工况为例,提取箱体中心测点(定义为A点)和相同高程边界处测点(定义为B点)的加速度时程曲线和傅里叶变换频谱曲线,如图2-15所示。

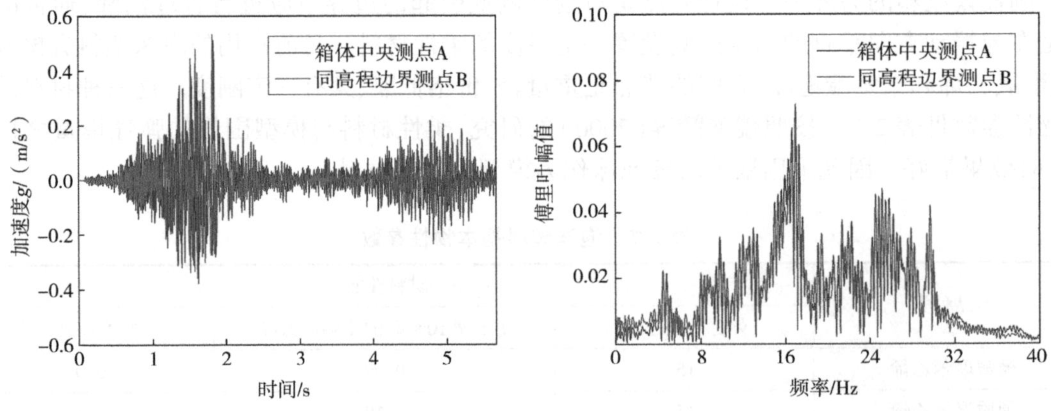

(a)加速度时程曲线 (b)傅里叶变换频谱曲线

图2-15 0.500g汶川波纵向激振结果

显然，测点 A 和 B 的加速度时程曲线和频谱特征曲线较为一致。但此种方法仅能直观判断二者的接近程度，无法定量分析。为了定量研究模型场地的边界效应问题，采用皮尔逊相关系数(Pearson correlation coefficient)分析测点 A 和 B 的相关性，计算公式为

$$r = \frac{\mathrm{Cov}(X,Y)}{\sqrt{\mathrm{Var}(X)\,\mathrm{Var}(Y)}} = \frac{\sum_{i=1}^{n}(x_i - \bar{x})(y_i - \bar{y})}{\sqrt{\sum_{i=1}^{n}(x_i - \bar{x})^2 \sum_{i=1}^{n}(y_i - \bar{y})^2}} \tag{2-29}$$

式中，x_i和 y_i分别为比较的两个量，具体到本试验中为测点 A 和 B 采集到的加速度值。测点 A 和 B 在不同类型地震波和不同激振条件下的相关系数见表 2-8。

表 2-8　测点 A 和 B 加速度相关性系数统计

PGA(g)	横向激振			纵向激振		
	Kobe	Chichi	Wenchuan	Kobe	Chichi	Wenchuan
0.125	0.977	0.958	0.967	0.961	0.933	0.947
0.250	0.970	0.947	0.959	0.979	0.953	0.979
0.375	0.965	0.951	0.943	0.939	0.928	0.943
0.500	0.949	0.965	0.955	0.965	0.972	0.967
0.700	0.952	0.933	0.936	0.979	0.944	0.938

总体上，测点 A 和 B 在 $0.125g \sim 0.700g$ 激振条件下，加速度相关性系数在 0.938 ~ 0.979 之间，说明对于不同类型的地震波和不同激振方向，模型围岩中心测点和边界测点的相关性均较好。因此模型箱壁内衬 10 cm 聚苯乙烯泡沫作为边界条件是合理可行的。

2.5　激励地震动选取

2.5节彩图

限于目前的振动台试验水平，无法做到一次性制作多个完全相同的模型，并在每个模型上仅激励一次，所以现有的振动台试验均是将模型固定在振动台面上，进行一系列地震波输入。振动台试验是一个损伤累积且不可逆的过程，对于会明显表现非线性行为的围岩—隧道体系来说，一方面地震动输入的频次不能过高，另一方面需要遵循激励强度由小到大的原则。因此科学合理的地震波选取和输入工况的确定是非常必要的。

我国现行隧道抗震规范要求至少采用 3 条地震动记录对设计进行校核，美国 ASCE 7 要求用不少于 3 条地震动输入下的地震响应最大值对设计进行校核。因此初步选取 3 条天然地震波 Kobe(Kakogawa 台站，EW 分量)、Chichi(TCU075 台站，NS 分量)和 Wenchuan(051WCW 台站，EW 分量)，原始时程曲线如图 2-16 所示，图中 PGA 为地面峰值加速度(peak ground acceleration)的英文缩写。

可以看出，3 条原始地震波的幅值、波形和持时均不一致，若直接将原始地震波进行相似换算后作为振动台的激励，将会导致后续结果分析时无法直接比较 3 条地震波对围岩及隧道的作用，失去一般性。因此需要对 3 条地震波进行持时统一(包含基线校正)、调幅、频谱分析。

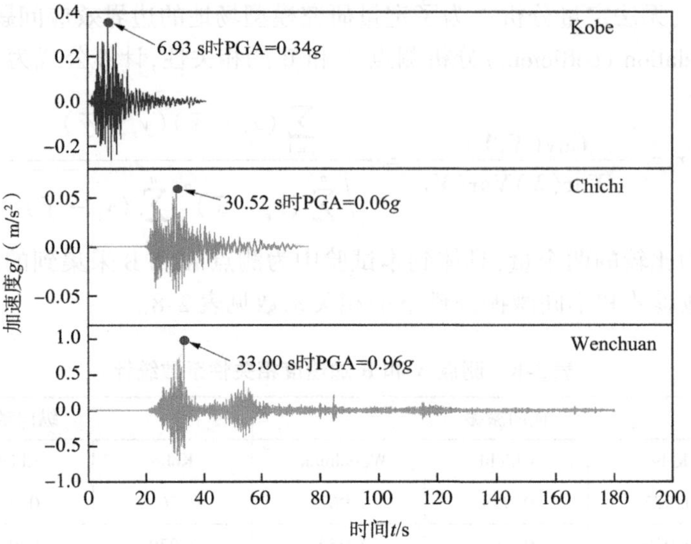

图 2-16　三条原始地震数据

2.5.1　地震动持时统一

研究表明,地震过程中,当 PGA 较大时,地震动循环次数增加,围岩的非线性程度增大。对隧道而言,地震动持时是影响结构疲劳、破坏累积效应及结构非弹性破坏至关重要的因素。因此地震动持时是围岩—隧道体系地震响应的重要地震动参数之一。目前对于地震动持时的定义主要有以下 4 种:括号持时、一致持时、有效持时和重要持时。括号持时和一致持时存在难以确定合适阈值的问题,且对完备描述地震动强度的相对分布特征无能为力。有效持时主要用于单自由度体系的弹塑性模型分析,应用范围有限。而基于 Arias 强度的重要持时的显著特点是考虑了地震动记录整个波段能量分布的特性,并且定义了一个连续的时间段表征地震动较强烈的部分。因此采用基于 Arias 强度的重要持时作为确定输入地震动持时的依据。

能量累积过程由地面运动加速度的积分平方表示,即 Arias 强度 I_A:

$$I_A(t) = \frac{\pi}{2g}\int_0^t a^2(t)\,dt \tag{2-30}$$

式中,$a(t)$为地震加速度记录;g 为重力加速度。

那么基于 Arias 强度的重要持时可以表示为

$$D_{rs} = \int_0^{\infty}[H(A(t)-A_1)-H(A(t)-A_2)]\,dt \tag{2-31}$$

式中,$H(\cdot)$为 Heaviside 函数;$A(t)$为归一化的 Arias 强度;A_1、A_2 分别为第一、第二阈值,主要有两种取法,(0.05,0.75)和(0.05,0.95),它们分别被称为 5%~75% 重要持时和 5%~95% 重要持时,目前 5%~95% 重要持时在工程实践中应用最广泛。

图 2-17 为 Kobe、Chichi 和 Wenchuan 波原始地震动记录及 Arias 强度曲线。3 条原始地震

动虽然幅值不同，但 Arias 强度均在地震动记录初期小振幅情况下缓慢增长，在中期大振幅情况下快速增长，且在两相邻波峰相接处出现斜率较小的“台阶”，以 Wenchuan 波最为明显。这说明重要持时的大小和幅值无关，只和能量累积的速度有关。同时可以看出，Kobe 波、Chichi 波和 Wenchuan 波的重要持时分别为 19. 30 s，37. 27 s 和 43. 62 s。Chichi 和 Wenchuan 波的重要持时较为接近，而 Kobe 波的原始持时为 40. 96 s，因此本次试验地震波持时取为 40. 0 s，截取后的 3 条时程曲线经基线校正后如图 2-18(a)所示。

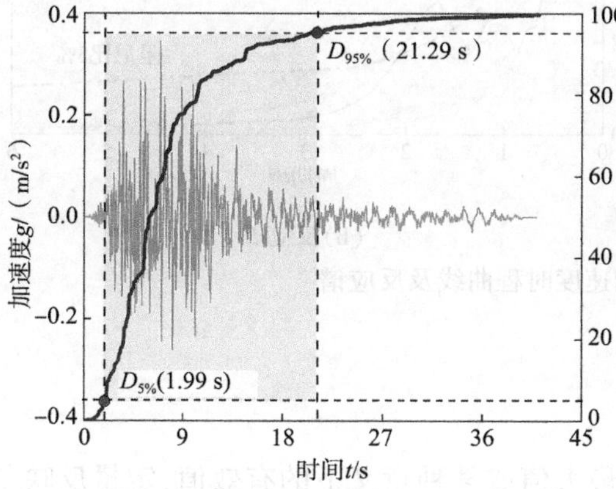

(a) Kobe

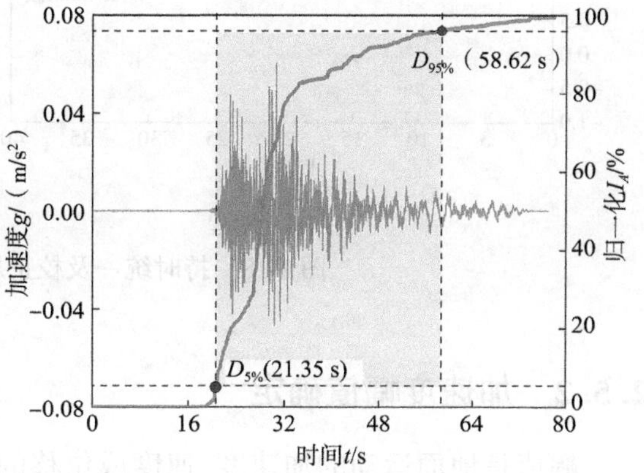

(b) Chichi

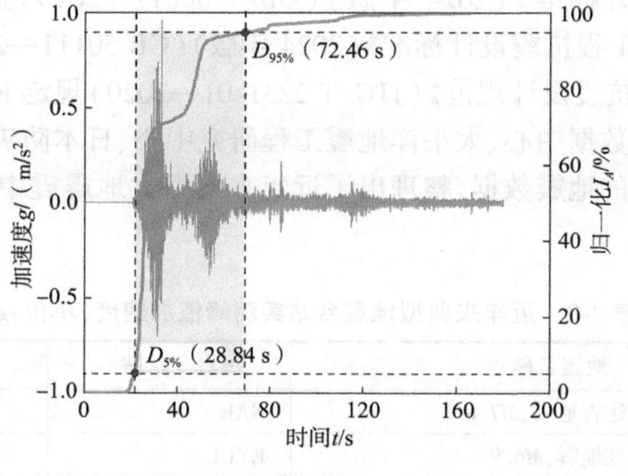

(c) Wenchuan

图 2-17　原始地震动时程及 Arias 强度(I_A)曲线

值得说明的是，图 2-18(b)中反应谱是在截取后的时程曲线统一调幅至 1. 0g 后，阻尼比为 5% 条件下的反应谱曲线，可以看出 3 条地震动的加速度反应谱与设计反应谱［根据《建筑抗震设计标准(2024 年版)》(GB/T 50011—2010)选取］水平区段基本相同，其周期范围在 0. 1 ~0. 5 s，同时选定的 3 条波反应谱均值在响应周期内与设计反应谱拟合较好，所以可用此 3 条地震波对结构的抗震性能进行评价。

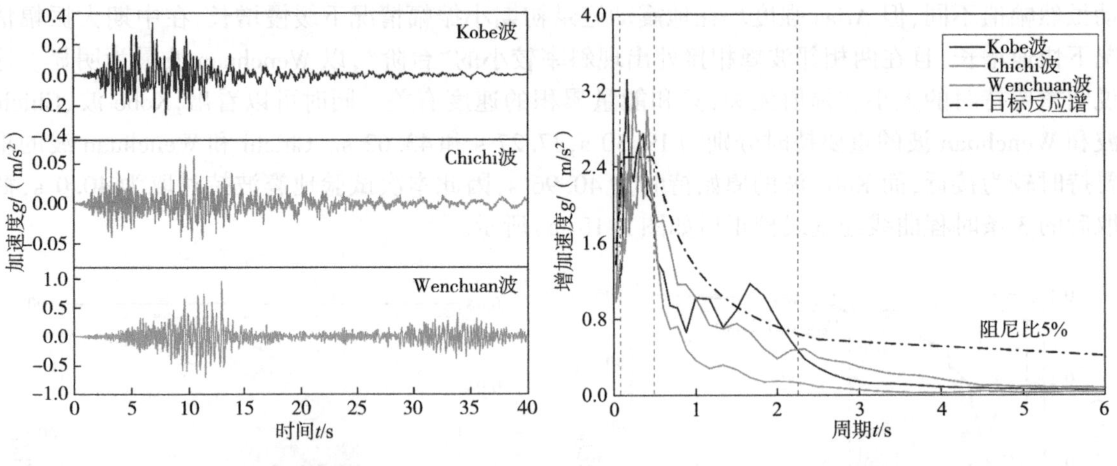

(a)加速度时程　　(b)反应谱

图 2-18　持时统一及校正后的加速度时程曲线及反应谱

2.5.2　加速度幅值确定

幅值是地面运动的加速度、速度或位移的某种最大值或某种意义下的有效值，定量反映了地震动的强度特性且与震害有密切关系。

中国《建筑抗震设计标准》(2024 年版)(GB/T 50011—2010》规定罕遇地震加速度为 0.62g(Ⅸ度区)，《铁路工程抗震设计标准》(2024 年版)(GB 50111—2006)规定罕遇地震加速度为 0.64g，《公路桥梁抗震设计规范》(JTG/T 2231-01—2020)规定 E2 地震加速度为 0.68g。

根据国家地震科学数据中心、太平洋地震工程研究中心、日本防灾科学技术研究所和欧洲工程强震数据库等公布的地震数据，整理出了近年来典型大地震震中附近台站的实测水平加速度，见表 2-9。

表 2-9　近年来典型地震台站实测峰值加速度(单位：g)

序号	地震名称	台　站	EW 分量	NS 分量
1	2023 土耳其努尔达吉地震，M7.8	NAR	0.579	0.647
2	2022 中国台湾花莲地震，M6.9	EYUL	0.422	0.501
3	2022 中国四川泸定地震，M6.8	SC. T2271	0.891	0.649
4	2022 日本 Yamagata - ken Oki 地震，M6.8	YMT005	0.331	0.251
5	2022 日本本州东岸近海地震，M7.4	FKS001	0.745	0.578
6	2022 中国四川芦山地震，M6.1	SC. T2601	0.377	0.157
7	2022 中国青海门源地震，M6.9	QH. C0028	0.427	0.499
8	2021 日本福岛地震，M7.1	FKS001	0.586	0.557
9	2020 希腊佐泽卡尼索斯群岛，M6.9	GMLD	0.852	0.980
10	2019 美国加州地震，M7.1	CICCC	0.569	0.457
11	2018 日本北海道地区地震，M6.9	IBUH01	0.934	1.316

续表

序号	地震名称	台　站	EW 分量	NS 分量
12	2018 美国阿拉斯加地震,*M*7.2	8047	0.582	0.807
13	2017 四川九寨沟地震,*M*7.0	051JZB	0.129	0.185
14	2008 四川汶川地震,*M*8.0	051WCW	0.958	0.653
15	1999 中国台湾集集地震,*M*7.6	TCU129	0.982	0.610
16	1995 日本兵库县南部地震,*M*7.3	—	0.617	0.818
17	1992 美国兰德斯地震,*M*8.0	STATION 24	0.789	0.725
18	1989 美国洛马·普雷塔地震,*M*7.1	—	0.618	0.431
19	1979 美国帝谷地震,*M*7.1	El Centro	0.214	0.326
20	1976 意大利弗留利地震,*M*6.5	TOLMEZZO	0.361	0.315

可以看出,规范规定的罕遇地震峰值加速度为 $0.6g \sim 0.7g$,而近年来实测的大地震最大水平加速度在 $0.3g \sim 1.0g$ 之间。结合振动台技术指标,本次振动台试验原型加速度峰值选取 $0.1g$、$0.2g$、$0.3g$、$0.4g$ 和 $0.56g$,经相似关系转换后,模型加速度峰值为 $0.125g$、$0.250g$、$0.375g$、$0.500g$ 和 $0.700g$。表 2-10 对比了拟输入最大峰值地震波与试验设备能力之间的比较,发现拟输入的地震动不会超过振动台的能力范围,设备能力有较多冗余,可保证试验的精度和安全。

表 2-10　输入地震波与振动台设备限值比较

校核	峰值加速度/g			峰值速度/(m/s)			峰值位移/m		
	Kobe	Chichi	Wenchuan	Kobe	Chichi	Wenchuan	Kobe	Chichi	Wenchuan
设备最大能力	1.2			1.2			±0.8		
拟输入	0.70	0.70	0.70	0.60	0.57	0.40	0.2	−0.40	−0.20
是否满足要求	√	√	√	√	√	√	√	√	√

2.5.3　地震动频谱分析

频谱作为地震动的三要素之一,体现了地震波的频域特性,即振幅与频率的关系。持时和峰值虽然可在时域内大致描述地震动的大体特征,但无法对时程的细节特征准确刻画。因此应对地震动的分析从时间域转换到频率域进行,了解输入地震动的频率成分及分析对结构的动力响应影响。傅里叶(Fourier)变换是信号处理领域中常用的时频域转换方法,具有频率定位性良好、频率分辨率较高等优点。因此首先对选定的 3 条地震波进行快速傅里叶变换(fast Fourier transform,FFT),得到频谱分布如图 2-19 所示。

可以看出,3 条地震动的频谱特征不相同,Kobe、Chichi 和 Wenchuan 波的主频分别为 0.93 Hz、1.64 Hz 和 2.34 Hz。同时 Kobe 波的频率成分主要集中在 0.1 ~ 10 Hz,Chichi 波的频率分布较宽,在 0.1 ~ 25 Hz 均有分布,而 Wenchuan 波的频率成分虽然也集中在 0.1 ~ 10 Hz,但 2 ~ 5 Hz 内幅值较大,与 Kobe 波频率分布不同。

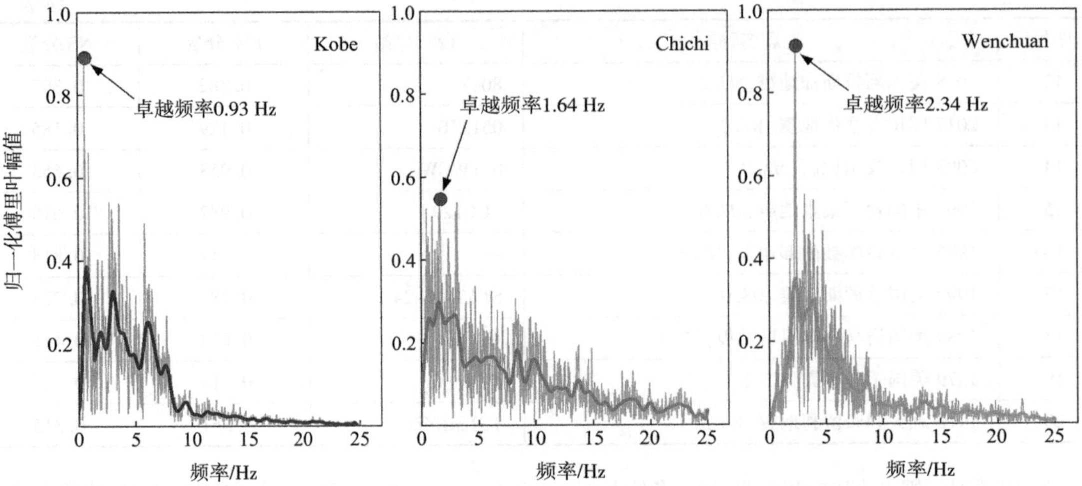

图 2-19 地震波 FFT 变换结果

由于傅里叶变换是对信号的全局变换,不包含任何时域信息,无法体现信号的局部时频特性。而小波变换是一种具有良好时频特性的信号分析方法,可实现在时域和频域内同时聚焦信号局部特征。因此首先采用小波变换对 3 条输入地震动进行时频分析,如图 2-20 所示。

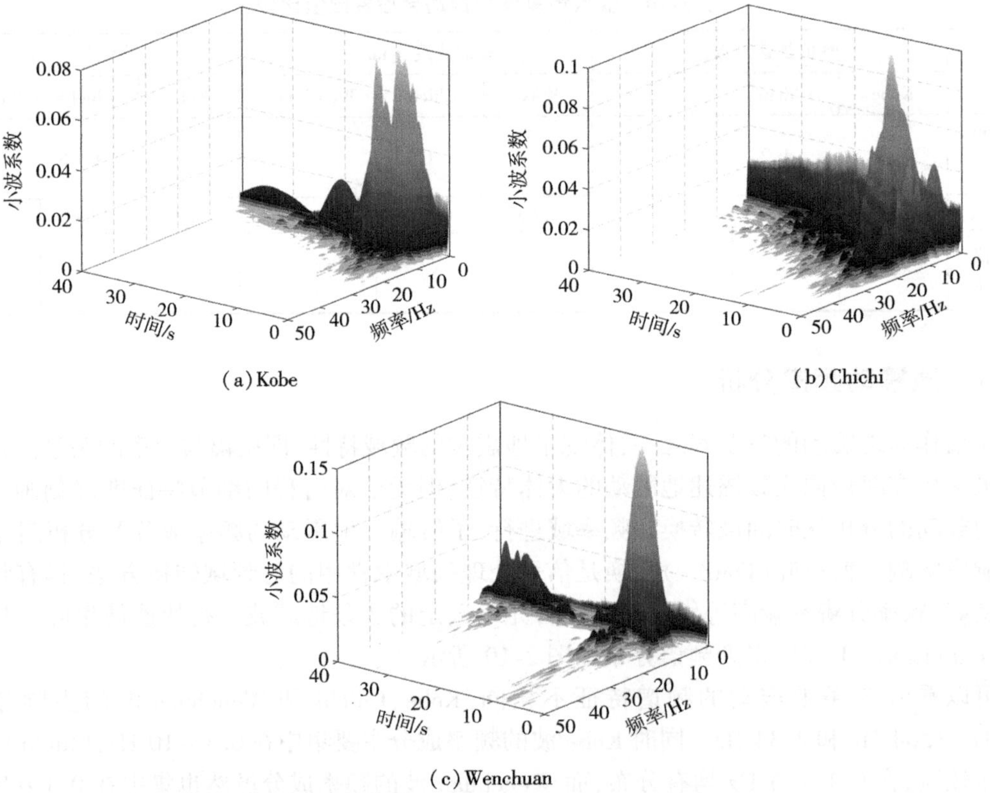

(a) Kobe

(b) Chichi

(c) Wenchuan

图 2-20 三条地震波的小波变换时频图

3 条地震波的低频成分(0.1 ~5.0 Hz)基本贯穿全程,Kobe 波在第 1.0 s 处地震动能量开始突然增加,一直持续到第 17.0 s,能量峰值时刻约在 7.0 s,后续伴随着能量的持续少量释放,优势频率主要集中在 0.1 ~15.0 Hz;Chichi 波在第 0.1 s 处地震动能量开始突然增加,一直持续到第 25.0 s,能量峰值时刻约在 12.0 s,后续也伴随着能量的持续少量释放,优势频率主要集中在 0.1 ~25.0 Hz;与之不同的是,Wenchuan 波存在着能量的两次释放过程,第一次能量释放的起止时刻分别是 5.0 s 和 17.0 s,主能量峰值时刻约在 11.0 s;第二次能量释放的起止时刻分别是 26.0 s 和 38.0 s,次能量峰值时刻约在 35.0 s,优势频率主要集中在 0.1 ~10.0 Hz。

小波包变换作为小波变换的推广,分别在高频和低频继续细分空间,可一定程度上克服小波变换带来的高频分辨率差的缺陷,从而深化对结构地震响应特性的认识。因此采用小波包分解地震波来对傅里叶谱进行进一步处理分析。小波包分解层数与分析精度及工作量均呈正比,小波包分解层数的确定可以根据式(2-32)确定。

$$0 < k < \log_2 L_s \tag{2-32}$$

式中,k 为分解层数;L_s为信号长度。权衡精细化和分辨率要求后,本次试验 k 值取为 3,得到第 3 层小波包共有 $2^3=8$ 个。参考 Shannon 采样定理,采样频率应不小于信号频率的 2 倍,地震波采样频率为 100 Hz,则其奈奎斯特(Nyquist)频率为 50 Hz。地震波信号经小波包分解后的频带编号及频率范围见表 2-11。

表 2-11　小波包频带编号及其频率范围

频带编号	频率范围/Hz	频带编号	频率范围/Hz
1	0.10 ~ 6.25	5	25.01 ~ 31.25
2	6.26 ~ 12.50	6	31.26 ~ 37.50
3	12.51 ~ 18.75	7	37.51 ~ 43.75
4	18.76 ~ 25.00	8	43.76 ~ 50.00

选取具有良好的近似对称性、光滑性及紧支撑性的 Daubechies 族小波作为小波基函数,Db N 小波基函数中的"N"表示小波的阶数。本次试验地震波信号选用 Db 8 小波基函数,然后对频谱信号进行 3 层小波包分解,进而对分解后的各频带信号进行重构(见图 2-21),同时对各频带进行了能量占比的百分比量化处理,如图 2-22 所示。

从图 2-21 可以看出,Kobe 和 Wenchuan 波主要由 1 号频带和 2 号频带内的波形组成,而 Chichi 地震动的波形主要由 1 号频带 ~4 号频带组成。其中 Kobe、Chichi 和 Wenchuan 波在 1 号频带中加速度分别为 $-0.069g \sim 0.086g$、$-0.076g \sim 0.077g$ 和 $-0.059g \sim 0.077g$;2 号频带中加速度分别为 $-0.032g \sim 0.036g$、$-0.054g \sim 0.047g$ 和 $-0.022g \sim 0.023g$;在 3 号频带和 4 号频带上,Kobe 和 Wenchuan 波加速度峰值小于 $0.013g$,而 Chichi 地震波在 3 号频带和 4 号频带上加速度峰值仍有 $0.046g$ 和 $0.020g$,可见 Chichi 波的频带分布比 Kobe 和 Wenchuan 波更宽。

从图 2-22 可以看出,三条地震波的能量主要分布在前 4 阶子频带,即频带 0.1 ~25.0 Hz 的频率范围,其中优势能量集中在前两阶子频带上,在 1 号频带上(0.1 ~6.25 Hz),Kobe、Chichi 和 Wenchuan 波的能量占比分别为 86.77%、66.78% 和 85.94%,Kobe 和 Wenchuan 波携带的能量大于 Chichi 波;而在 #2 阶子频带上(6.26 ~ 12.5 Hz),3 条波的能量占比分别为

12.47%、23.75%和10.15%。说明在中低频带，Chichi波携带的能量大于Kobe和Wenchuan波。而在中高频带(3号频带和4号频带)，Kobe和Wenchuan波携带的能量非常小，而Chichi地震波仍携带了相当的能量。

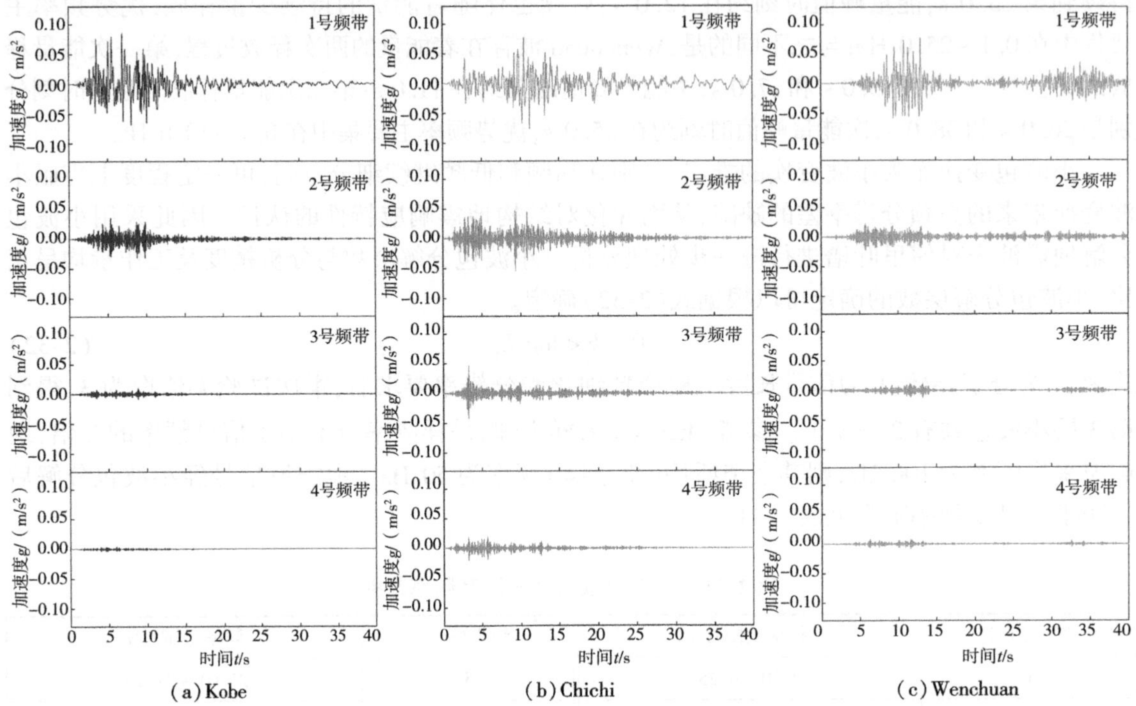

图2-21　小波包分解重构后各频带时程曲线

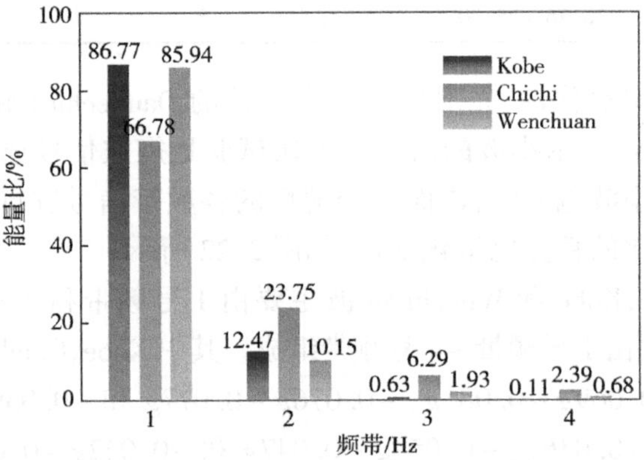

图2-22　各频带能量占比分布

2.6节彩图

2.6　传感量测系统

本次试验的量测信息为在振动台激振过程中，记录结构模型构件的应变值、模型围岩和结构的加速度值及破坏状态，选用的传感器如下：

(1)电阻应变片，型号 BX120-3AA，栅长 3 × 2 mm，电阻值(120.1 ± 0.1%)Ω，灵敏系数 2.05 ± 0.28%，桥接方式 1/4 桥带温度补偿。

(2)加速度传感器采用两种类型：

①压电式加速度传感器，用于监测围岩加速度响应，型号 DH-1A202E，有效量程 5.0g，灵敏度 100 mV/g，频响范围 0.2 ~ 1 500 Hz，工作温度 -40 ~ 100 ℃；

②三向电容式加速度传感器，用于监测模型箱及隧道加速度响应，型号 DH1C301，有效量程 2.0g，灵敏度约 420 mV/g，频响范围 0.1 ~ 1 400 Hz，工作温度 -20 ~ 80 ℃。

其他使用的仪器包括：

(1)图像采集设备：

①高清摄像机(Sony HDR-PJ790)，用于记录整个试验过程，包括振动台及模型箱的工作状态；

②微型摄像头(型号 BTA-Q9H)，用于记录围岩外部状态及衬砌裂纹开展情况；

③无人机(型号 DJI Mavic Mini 2)，用于航拍整个试验过程，动态观察各设备运行情况及顶部围岩破坏情况。

(2)数据采集设备(型号 TST8505)，用于采集试验过程中应变、加速度数据。

(3)水平尺(型号 KAPRO 779-40)，用于保证模型箱处于水平状态。传感量测系统如图 2-23 所示。

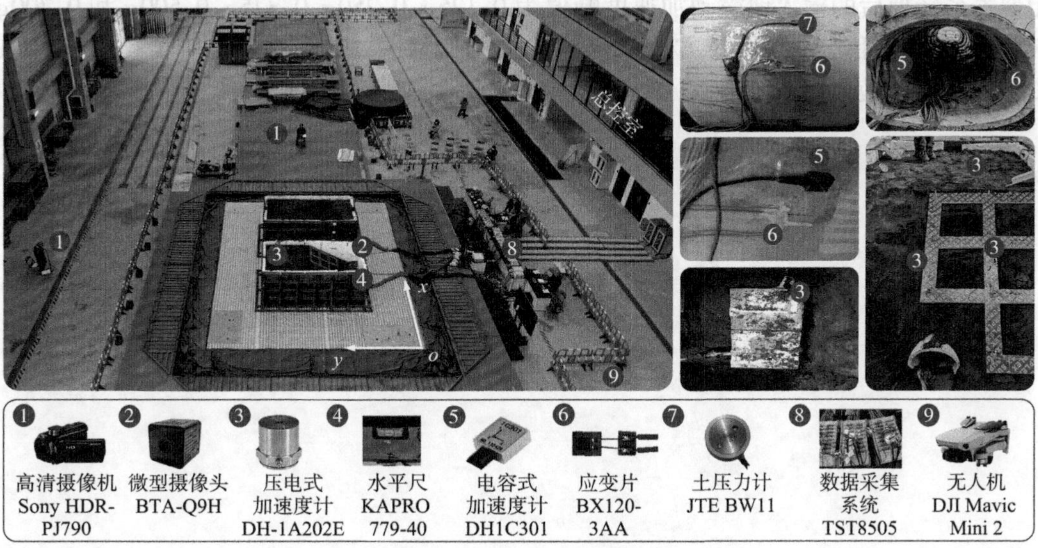

图 2-23　传感量测系统

2.7　本章小结

本章研究了隧道洞口段振动台试验设计方法。对振动台试验设备、相似关系、模型材料的制备、刚性模型箱的设计、输入地震波的选取方案和传感器量测系统进行了详细分析，得出以下结论：

(1)根据设备条件、试验目的和相似性理论，确定本次振动台试验的基本相似比为几何 $C_l=1:40$、密度 $C_\rho=1:1.25$ 和弹性模量 $C_E=1:40$，并通过量纲分析方法获得其他导出相似性比。

(2)使用 GA-BPNN 算法可优化相似材料的匹配过程，大大减少相似材料适配的时间成本，使结果更加准确。针对本试验条件，确定隐藏层的最佳神经元数为 8 个。模型围岩的配比为粉煤灰：河砂：机油：硅藻土 =40.5% ：30.1% ：10.2% ：19.2%，模型衬砌的配比为水：石膏：硅藻土 =1 ：0.7 ：0.2。

(3)综合考虑各种因素，确定刚性模型箱内净空尺寸为长 × 宽 × 高 = 4.0 m × 2.0 m × 1.8 m。对刚性模型箱的加固方案进行了模态分析，结果表明，侧壁双道加劲斜撑加固的箱体前三阶固有频率为 41.908 Hz、47.128 Hz 和 47.704 Hz，不会与模型围岩发生共振。从矢量变形和承载力的角度分析了满载模型箱吊装方案，确定 8 角起吊为最佳方案。为消除边界效应，模型箱侧壁内衬 10 cm 厚的聚苯乙烯泡沫，并采用 Pearson 相关系数进行了定量分析。同时在模型箱底板粘接碎石，用于更好再现基础条件。

(4)根据地震波的三要素，地震波持续时间、振幅和频率特性 3 个方面分析了输入地震动的选择过程。采用基于 Arias 强度的重要持时定义方法，统一了 Kobe、Chichi 和 Wenchuan 波的持续时间为 40.0 s；根据现行规范规定和调研近年地震强度，并考虑振动台设备性能，确立了相似关系转换后的输入地震动加速度峰值为 0.125g、0.250g、0.375g、0.500g 和 0.700g；结合 FFT、小波分析和小波包分析方法，3 条地震波的能量主要分布在前 4 阶子频带，即 0.10 ~ 25.00 Hz 的频率范围。

第3章　基于改进小波包联合希尔伯特-黄变换的地震损伤识别方法

传统的基于振动台试验的隧道地震响应分析方法多是对传感器采集到的加速度、应变等数据的变化规律和极值进行分析，频域内多用傅里叶谱分析方法，最常用的就是快速傅里叶变换。傅里叶谱是信号在时域上的统计平均值，不能反映信号的局部特征，同时傅立叶变换要求分析信号是稳态、线性的。然而地震信号却是非稳态和非线性的，傅里叶谱分析法既无法捕捉地震作用下隧道洞口段非线性动力响应特征，也无法识别围岩—隧道体系的动态损伤演化过程。

希尔伯特-黄变换作为一种数据驱动方法，现已在多个领域展现出独特优势。希尔伯特-黄变换在联合时频域中描述原始信号时具有极高的时频分辨率，经过希尔伯特-黄变换后得到的希尔伯特边际谱、瞬时能量谱和瞬时频率等参数可清楚地表征工程结构的损伤位置及演变特征。但是振动台试验数据中往往不可避免地掺杂工频干扰和随机噪声（如环境噪声、测量误差等），若对这些含噪数据不加处理而直接应用，将会导致HHT损伤识别精度下降甚至失效。

小波包变换（wavelet packet transform，WPT）是一种高效的信号去噪方法，它与小波变换（wavelet transform，WT）一样，分解观测信号的低频分量，同时也克服了小波分析无法分解高频分量的问题。当小波包用于信号降噪时，必须确定合理的小波基函数、分解阶数、阈值函数和特征频带数等，同时应对噪声鲁棒性进行研究。

本章的改进小波包主要是在分析小波包软、硬阈值函数不足的基础上，提出了一个介于二者之间的改进的阈值函数，该函数可通过调整参数 a 的取值，得到最优的数据降噪效果，同时联合希尔伯特-黄变换，准确获取隧道洞口段的地震损伤信息。

3.1节彩图

3.1　改进的小波包变换

3.1.1　小波包变换

以地震信号三级分解小波包树为例（见图3-1），相较于小波分解，小波包对每一阶的近似信号和细节信号均进行分解，在高频区域获得更高的解析率。可以发现，小波包函数是多层小波包分解的分量函数组合，包含小波函数的正交性与时域、频域性，函数定义见式（3-1）。

$$\psi_{j,k}^{i}(t)=2^{\frac{j}{2}}\psi^{j}(2^{j}t-k),i=1,2,\cdots \tag{3-1}$$

式中，$\psi_{j,k}^{i}(t)$ 为小波包函数；ψ^{j} 为小波基函数；i、j 和 k 分别为小波函数的调制系数、尺度系数和平移系数；t 为小波函数的时间参数。

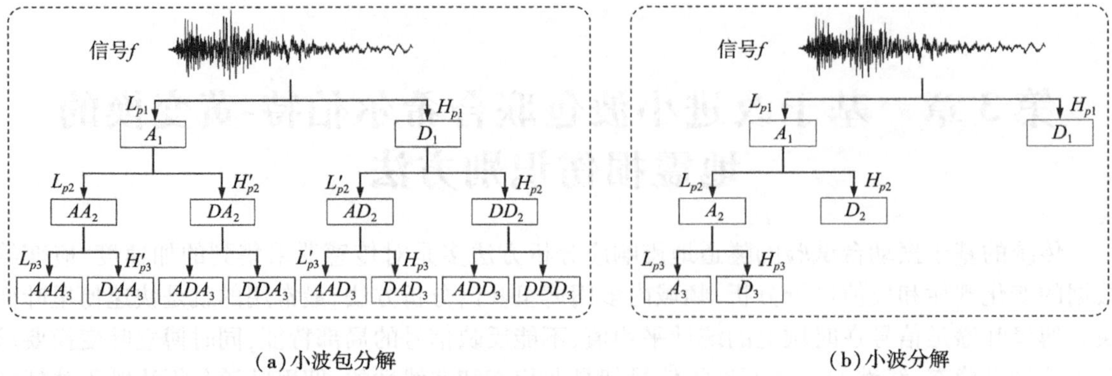

注：A_i，D_i分别表示信号的近似和细节；L_{Pi}，H_{Pi}分别表示不同尺度的低、高通滤波器。

图3-1　小波包分解与小波分解

小波包函数递归迭代分解过程见式(3-2)和式(3-3)。

$$\psi^{2j}(t) = \sqrt{2}\sum_{k=-\infty}^{+\infty} h(k)\psi^{j}(2^{j}t - k) \tag{3-2}$$

$$\psi^{2j+1}(t) = \sqrt{2}\sum_{k=-\infty}^{+\infty} g(k)\psi^{j}(2^{j}t - k) \tag{3-3}$$

式中，$h(k)$ 为信号小波包分解低通滤波器的响应函数；$g(k)$ 为信号小波包分解高通滤波器的响应函数。

接下来对响应信号 $y(t)$ 进行 j 层小波包分解，得到了 2^j 个小波包分解系数，即小波包分解树节点：

$$c_{j,k}^{i}(t) = \int_{-\infty}^{+\infty} y(t)\psi_{j,k}^{i}(t)\,\mathrm{d}t \tag{3-4}$$

重构如上 2^j 个小波包分解系数，原始响应信号的小波包一级振动函数可表示为

$$y_j^i(t) = \sum_{-\infty}^{+\infty} c_{j,k}^{i}(t)\psi_{j,k}^{i}(t) \tag{3-5}$$

$$y(t) = \sum_{i-1}^{2^j} y_j^i(t) \tag{3-6}$$

地震作用下，隧道及围岩产生动力响应，利用小波包变换将振动台试验中隧道与围岩监测到的加速度响应信号进行 j 层分解，得到 2^j 个频带小波包分量，依据式(3-7)的能量公式将频带转换为小波包能量：

$$E_x = \int_{-\infty}^{+\infty} y^2(t)\,\mathrm{d}t = \sum_{m=1}^{2^j}\sum_{n=1}^{2^j}\int_{-\infty}^{+\infty} y_j^m(t)y_j^n(t)\,\mathrm{d}t = \sum_{i=1}^{2^j} E_j^i \tag{3-7}$$

将式(3-5)代入式(3-7)，根据小波函数的正交性，每个 x 小波包分解系数能量可以视作小波包能量的分量，见式(3-8)。

$$E_x = \int_{-Y}^{Y} y^2(t)\,\mathrm{d}t = \sum_{i=1}^{2^j}\int_{-Y}^{Y} y_j^i(t)\,\mathrm{d}t = \sum_{i=1}^{2^j} E_j^i \tag{3-8}$$

3.1.2 小波基函数及分解阶数

小波包分解,即动力响应信号对小波基组成的向量空间进行投影,包含了时域、频域和信号幅值三部分。小波基函数的选择不是唯一的,常用的有 Haar 小波、Dubechies 小波、Symlets 小波、Coiflets 小波、Morlet 小波、Mexican Hat 小波和 Meyer 小波等。不同的小波基函数具有不同的分解效果。地震响应信号具有其独特特点,因此为获得最优的分解效果,应首先选取合适的小波基函数。常用的小波基函数特征见表 3-1。

表 3-1 常用小波基函数特征

小波类型	Haar	Dubechies	Symlets	Coiflets	Morlet	Mexican Hat	Meyer
正交性	√	√	√	√	×	×	√
双正交性	√	√	√	√	×	×	√
紧支性	√	√	√	√	×	×	×
连续小波变换	√	√	√	√	√	√	√
离散小波变换	√	√	√	√	×	×	√
支撑长度	1	$2N-1$	$2N-1$	$6N-1$	有限长度	有限长度	有限长度
滤波器长度	2	$2N$	$2N$	$6N$	[-4,4]	[-5,5]	[-8,8]
对称性	对称	不对称	近似对称	近似对称	对称	对称	对称
消失矩	1	N	N	$2N$(时域) $2N-1$(频域)	×	×	×
完全重构	√	√	√	√	×	√	√

本书的信号来源是地震加速度信号,基于此类信号对小波包基函数的特征要求,结合表 3-1中各小波基函数的性质可知,满足上述基本特征的小波基函数为 Dubechies 小波、Symlets 小波和 Coiflets 小波。Coiflets 小波(Coif N)的支撑长度和消失矩有限,N 最大只能取 5,Symlets 小波(Sym N)的 N 最大可以取到 8,Dubechies 小波(Db N)的 N 取值原则上没有限制。因此,Db 小波和 Sym 小波是本次的重点研究对象。

理论上,N 值越大,小波的消失矩越高,时域分辨率越好,但小波的支撑长度越长,小波的时域局部化性质越差。另外,小波包分解层数越多,小波变换自带的滤波功能会有效降低信号噪声,但计算成本会大大增加。

因此,在对原始信号进行小波包分解前,需要选取合适的小波基函数类型、阶数及相应的分解层次。代价函数法可以排除信息中的冗余信息量,是目前常用的选取方法。采用信息熵作为代价函数,以第 j 层小波包分解各频带能量系数 $\{E_y\}$ 为系数序列,则信息熵 M 为

$$M(E_{f_i}) = -\sum_i p_i \log_2 p_i \tag{3-9}$$

式中,$p_i = \dfrac{|E(i)|^2}{\sum_{i\in\mathbf{Z}} |E(i)|^2}$,且约定当 $p_i = 0$ 时,$p_i \log_2 p_i = 0$。

由信息熵的定义可知式(3-9)定义的代价函数不满足可加性,因此提出另一种满足可加性的信息熵定义式:

$$M(E) = -\sum_{i \in \mathbf{Z}} |E(i)|^2 \log_2 |E(i)|^2 \tag{3-10}$$

并约定当 $E(i)=0$ 时，$\log_2 |E(i)|^2 = 0$。

综合对比各小波基的性质，结合本试验中加速度信号对小波基函数的要求，选取 Db 族和 Sym 族小波基函数作为优选对象，并据现有文献研究结果，初步确定分解层数为 3～8，具体根据代价函数和计算时间综合判定。小波基函数初步选为：Db5、Db10、Db15、Db20、Db25、Db30、Sym2、Sym4、Sym6 和 Sym8，共 10×6=60 组，以 0.125g Chichi 地震波横向激励工况为例，对模型箱底部加速度测点 A00 的时程响应进行小波包能量分解，并根据式(3-10)计算信息熵 M 和耗时，结果汇总如图 3-2 所示。

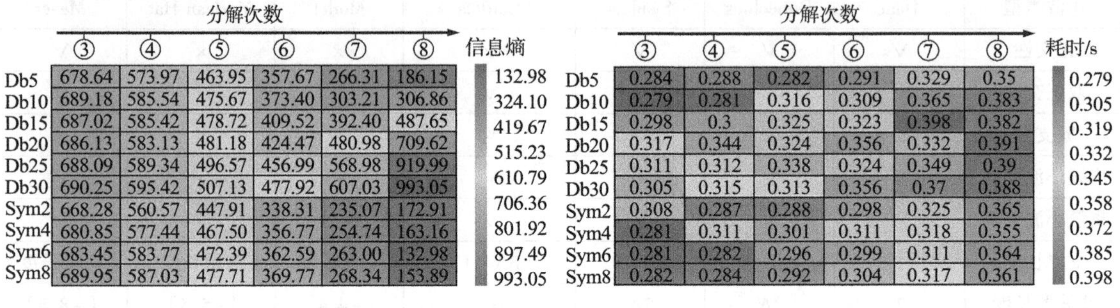

(a)信息熵　　　　(b)耗时

（计算机 CPU：Intel(R) Core (TM) i7-4770 @ 3.40 GHz；内存：16 GB；操作系统：Windows 10；计算软件：Matlab R2018b）

图 3-2　不同小波基函数下的信息熵和计算耗时

可以发现：

(1)小波基函数固定时，小波包分解层数越多，其对应的熵值基本上越小；

(2)在分解层数相同的情况下，各种小波基阶次所对应的熵值变化规律不同。在本次分析中，小波基函数 Sym N 整体优于 Db N。小波基阶次的增加，熵值可能变大也可能变小，所以小波基阶次并不是越高越好；

(3)各分解层数下的计算耗时都较短，耗时最长的 8 层小波包分解也小于 0.4 s。综合信息熵及计算时间消耗，本书选取分解层数为 8 层的 Sym6 进行小波包分解。

3.1.3　改进的小波阈值函数

小波包阈值去噪的基本思想是：当由噪声引起的小波系数 $c_{j,k}$ 会小于某个临界阈值 λ，该小波系数应当舍弃。当 $c_{j,k}$ 大于这个临界阈值 λ 时，认为这时的小波系数主要由信号引起，那么这一部分的 $c_{j,k}$ 就直接保留下来(通常称之为硬阈值方法)，或者按某一固定量向零收缩(通常称之为软阈值方法)，然后重构新的小波系数得到去噪后的信号。

硬阈值(hard-thresholding)函数为

$$\hat{c}_{j,k} = \begin{cases} c_{j,k}, & |c_{j,k}| \geq \lambda \\ 0, & |c_{j,k}| < \lambda \end{cases} \tag{3-11}$$

软阈值(soft-thresholding)函数为

$$\hat{c}_{j,k}=\begin{cases}\operatorname{sign}(c_{j,k})(|c_{j,k}|-\lambda), & |c_{j,k}|\geqslant\lambda\\0, & |c_{j,k}|<\lambda\end{cases}\tag{3-12}$$

式中，$c_{j,k}$为含噪信号经小波(包)变换后的小波系数；λ 为阈值；$\hat{c}_{j,k}$为经过阈值降噪处理后的小波系数。

关于阈值 λ 的选取，Donoho 等(1995)给出的通用阈值为

$$\lambda=\sigma\sqrt{2\lg N}\tag{3-13}$$

式中，σ 为噪声强度，一般取为 $\sigma=\dfrac{\operatorname{median}(|c_{j,k}|)}{0.6745}$；$N$ 为采样点数。

显然，该通用阈值在各个分解尺度上是固定不变的。与实际情况不符，因此考虑将阈值修正为

$$\lambda(j)=\frac{\sigma\sqrt{2\lg N}}{\lg(j+1)}\tag{3-14}$$

式中，j 是分解尺度。显然，$\lambda(j)$ 随着尺度 j 的增加而逐渐减小，与噪声在小波变换尺度上的传播特性一致。

研究发现，硬阈值函数可以将信号的尖峰特性很好地保留下来，但由于它在阈值点 λ 和 $-\lambda$ 处不连续，容易发生 Pseudo-Gibbs 现象，即在奇异点附近信号产生振荡。软阈值函数较硬阈值函数具有良好的连续性，经软阈值函数处理后的信号相对来说比较光滑。但当小波系数超出$[-\lambda,\ \lambda]$时，$\hat{c}_{j,k}$与 $c_{j,k}$产生恒定偏差，致使重构信号均方误差较大，信号失真在所难免。

因此，本书提出一种新的阈值函数(improved thresholding)：

$$\hat{c}_{jk}=\begin{cases}\operatorname{sign}(c_{jk})\left[|c_{jk}|-\dfrac{\lambda}{e^{a\left(\frac{|c_{jk}|-\lambda}{\lambda}\right)^2}}\right], & |c_{jk}|\geqslant\lambda\\0, & |c_{jk}|<\lambda\end{cases}\tag{3-15}$$

式中，sign( )为符号函数；$a\in\mathbb{R}^+$，可根据实际情况调整 a 的值。

不难发现：

$$\left.\begin{aligned}&\lim_{a\to0}\operatorname{sign}(c_{jk})\left[|c_{jk}|-\frac{\lambda}{e^{a\left(\frac{|c_{jk}|-\lambda}{\lambda}\right)^2}}\right]=\operatorname{sign}(c_{jk})(|c_{jk}|-\lambda)\\&\lim_{a\to+\infty}\operatorname{sign}(c_{jk})\left[|c_{jk}|-\frac{\lambda}{e^{a\left(\frac{|c_{jk}|-\lambda}{\lambda}\right)^2}}\right]=c_{jk}\end{aligned}\right\}\tag{3-16}$$

当 $a\to0$ 时，该函数接近软阈值函数；当 $a\to+\infty$ 时，该函数接近硬阈值函数。可见提出的改进阈值函数一定程度上克服了软、硬阈值函数的缺点，且可通过灵活调整参数 a 的取值，获得满意的阈值函数。

令

$$f(x)=\operatorname{sign}(x)\left[|x|-\frac{\lambda}{e^{a\left(\frac{|x|-\lambda}{\lambda}\right)^2}}\right]\tag{3-17}$$

当 $x<0$ 时，

$$\lim_{x\to-\infty}\frac{f(x)}{x}=\lim_{x\to-\infty}\frac{\mathrm{sign}(x)\left[|x|-\frac{\lambda}{e^{a\left(\frac{|x|-\lambda}{\lambda}\right)^2}}\right]}{x}=\frac{-\left[-x-\frac{\lambda}{e^{a\left(\frac{-x-\lambda}{\lambda}\right)^2}}\right]}{x}=1$$

当 $x>0$ 时，

$$\lim_{x\to+\infty}\frac{f(x)}{x}=\lim_{x\to+\infty}\frac{\mathrm{sign}(x)\left[|x|-\frac{\lambda}{e^{a\left(\frac{|x|-\lambda}{\lambda}\right)^2}}\right]}{x}=\frac{\left[x-\frac{\lambda}{e^{a\left(\frac{x-\lambda}{\lambda}\right)^2}}\right]}{x}=1$$

即

$$\lim_{x\to\infty}\frac{f(x)}{x}=1$$

另外，当 $x>0$ 时，

$$\lim_{x\to+\infty}[f(x)-x]=\lim_{x\to+\infty}\mathrm{sign}(x)\left[|x|-\frac{\lambda}{e^{a\left(\frac{|x|-\lambda}{\lambda}\right)^2}}\right]-x=-\frac{\lambda}{e^{a\left(\frac{x-\lambda}{\lambda}\right)^2}}=0$$

同理，当 $x<0$ 时，

$$\lim_{x\to-\infty}[f(x)-x]=0$$

即

$$\lim_{x\to\infty}[f(x)-x]=0$$

令 $\lambda=10$，图 3-3 给出了参数 a 在不同取值时的阈值函数图像。

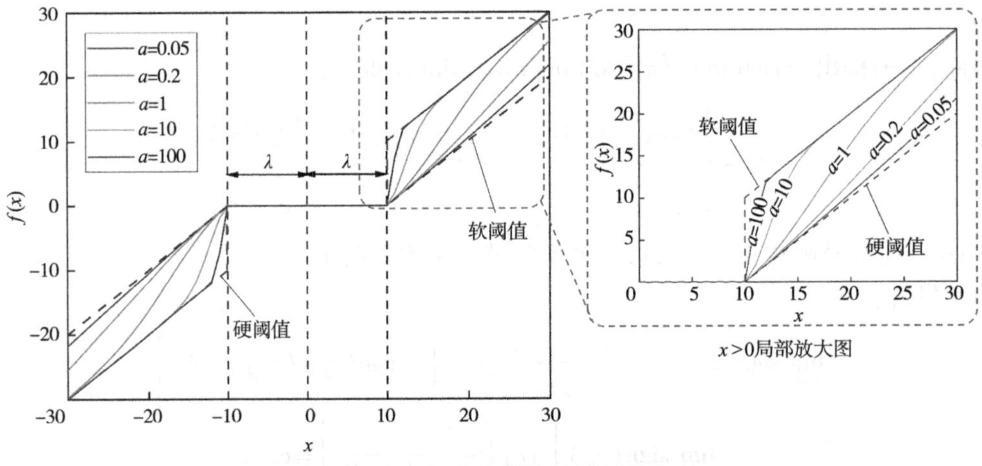

图 3-3　本书提出的新的阈值函数曲线

式(3-15)是以直线 $y=x$ 为渐近线，可见提出的改进阈值函数是以 $\hat{c}_{jk}=c_{jk}$ 为渐近线，随着 $c_{j,k}$ 的增大，$\hat{c}_{j,k}$ 逐渐接近 $c_{j,k}$，减少了软阈值函数中 $c_{j,k}$ 与 $\hat{c}_{j,k}$ 的恒定偏差。该阈值函数还高阶可导，便于进行各种数学处理，所以改进的阈值函数较传统的软、硬阈值函数更加优越。

为了说明新阈值函数在降噪算法中的有效性和优越性，分别采用传统的硬阈值、软阈值函数和新阈值函数进行降噪试验。选用 Matlab R2018b 软件中专用的降噪测试信号 Leleccum 叠加不同信噪比的高斯白噪声进行仿真实验。选择 Sym6 小波进行 8 层小波包分解，选取阈值函数中参数 $a=0.01$、0.02、0.05、0.1、0.5、1、2、5、10、20、50、100、500、$1\ 000$、$2\ 000$、$5\ 000$ 和

10 000 进行仿真，以加入的 20 dB 白噪声的测试信号为例，进行降噪测试，其中，横坐标为采样点数，纵坐标为幅值，如图 3-4 所示。

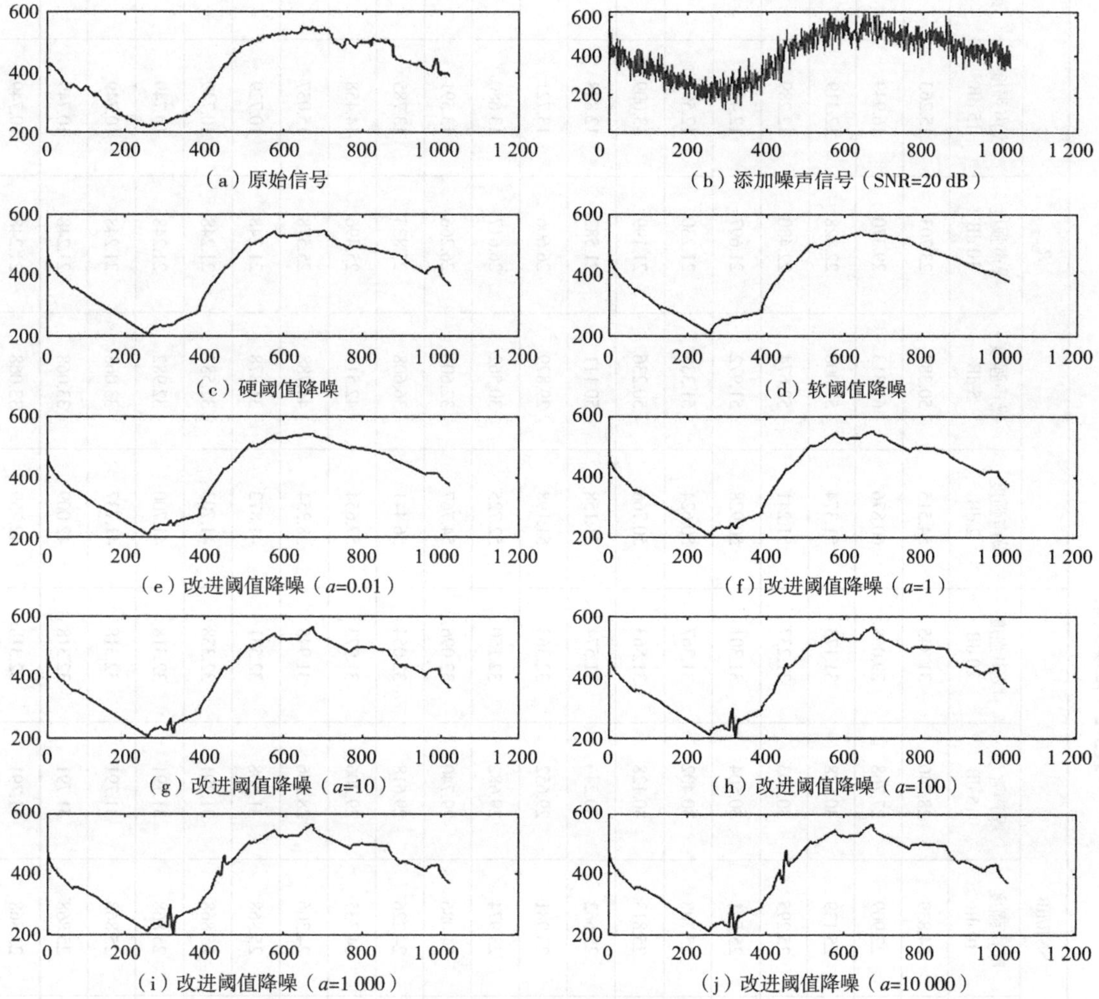

图 3-4　降噪测试结果

需要说明的是，噪声强度采用信噪比 SNR 表示，其定义式为

$$\mathrm{SNR} = 10\lg \frac{\sum_{n=1}^{N} x^2(n)}{\sum_{n=1}^{N} (\hat{x}(n) - x(n))^2} \tag{3-18}$$

式中，$x(n)$ 和 $\hat{x}(n)$ 分别为原始信号和估计信号。信噪比 SNR 单位为 dB。求解小波包降噪后信号与原始信号的均方根误差 R_{MSE}，计算公式见式(3-19)。降噪效果统计见表 3-2。

$$R_{\mathrm{MSE}} = \sqrt{\frac{\sum_{i=1}^{n} (c_i(t) - x_i(t))^2}{n}} \tag{3-19}$$

表3-2　降噪效果

阈值降噪方法	SNR/dB					R_{MSE}				
	噪声强度 2 dB	噪声强度 5 dB	噪声强度 10 dB	噪声强度 15 dB	噪声强度 20 dB	噪声强度 2 dB	噪声强度 5 dB	噪声强度 10 dB	噪声强度 15 dB	噪声强度 20 dB
硬阈值	17.538	18.316	24.839	28.740	31.345	54.515	50.389	23.703	15.263	11.309
软阈值	16.417	16.517	22.909	27.768	29.068	60.876	61.313	29.370	16.949	14.623
改进阈值 $a=0.01$	17.978	17.841	25.139	30.578	31.173	51.374	53.008	22.828	12.319	11.515
改进阈值 $a=0.02$	18.003	17.900	25.295	30.603	31.237	51.241	52.674	22.430	12.289	11.434
改进阈值 $a=0.05$	18.064	18.026	25.591	30.504	31.301	50.928	51.972	21.697	12.438	11.355
改进阈值 $a=0.1$	18.128	18.144	25.788	30.402	31.367	50.624	51.338	21.230	12.591	11.272
改进阈值 $a=0.5$	18.151	18.356	25.813	30.128	31.563	50.766	50.236	21.199	13.009	11.026
改进阈值 $a=1$	18.103	18.387	25.662	30.246	31.574	51.158	50.111	21.582	12.838	11.013
改进阈值 $a=2$	17.785	22.882	23.981	29.652	32.363	51.198	29.879	26.606	13.721	10.107
改进阈值 $a=5$	17.544	22.673	23.974	29.682	32.150	52.725	30.562	26.617	13.680	10.358
改进阈值 $a=10$	17.228	22.107	24.086	29.740	32.096	54.767	32.600	26.266	13.591	10.422
改进阈值 $a=20$	16.980	21.104	24.226	29.618	32.054	56.441	36.608	25.833	13.785	10.474
改进阈值 $a=50$	16.811	19.816	24.335	29.206	31.973	57.654	42.518	25.496	14.458	10.572
改进阈值 $a=100$	16.915	19.370	24.306	28.866	31.945	58.354	44.788	25.578	15.037	10.606
改进阈值 $a=200$	19.663	22.271	25.868	31.808	32.531	41.872	31.878	21.248	10.729	9.863
改进阈值 $a=500$	19.705	22.085	25.868	31.791	32.338	41.703	32.582	21.248	10.749	10.085
改进阈值 $a=1\,000$	19.706	21.981	25.868	31.791	32.318	41.700	32.982	21.248	10.749	10.108
改进阈值 $a=2\,000$	19.699	21.958	25.868	31.791	32.318	41.737	33.068	21.248	10.749	10.108
改进阈值 $a=5\,000$	19.643	21.957	25.868	31.791	32.318	42.009	33.068	21.248	10.749	10.108
改进阈值 $a=10\,000$	19.491	21.957	25.868	31.791	32.318	42.759	33.068	21.248	10.749	10.108

同时,定义了改进阈值函数相对传统阈值函数(硬阈值和软阈值)的 SNR 改善率和 R_{MSE} 的改善率,分别见式(3-20)~式(3-23)。

$$\mathrm{IRSH}=\frac{\mathrm{SNR}(\text{改进阈值降噪信号})}{\mathrm{SNR}(\text{硬阈值降噪信号})} \tag{3-20}$$

$$\mathrm{IRSS}=\frac{\mathrm{SNR}(\text{改进阈值降噪信号})}{\mathrm{SNR}(\text{软阈值降噪信号})} \tag{3-21}$$

$$\mathrm{IRRH}=\frac{R_{\mathrm{MSE}}(\text{改进阈值降噪信号})}{R_{\mathrm{MSE}}(\text{硬阈值降噪信号})} \tag{3-22}$$

$$\mathrm{IRRS}=\frac{R_{\mathrm{MSE}}(\text{改进阈值降噪信号})}{R_{\mathrm{MSE}}(\text{软阈值降噪信号})} \tag{3-23}$$

图 3-5 描述了表征不同 a 值下的改进阈值函数相对传统阈值降噪的提升率,包括 IRSH、IRSS、IRRH 和 IRRS。可以看出,与软阈值和硬阈值降噪相比,具有变化值 a 的改进阈值降噪,在不同信噪比下降噪效果不同。当 $a \in [2, 10]$ 时,改进阈值函数的降噪效果显著优于软阈值和硬阈值的降噪效果。所以,初步确定 a 的取值范围为[2, 10]。

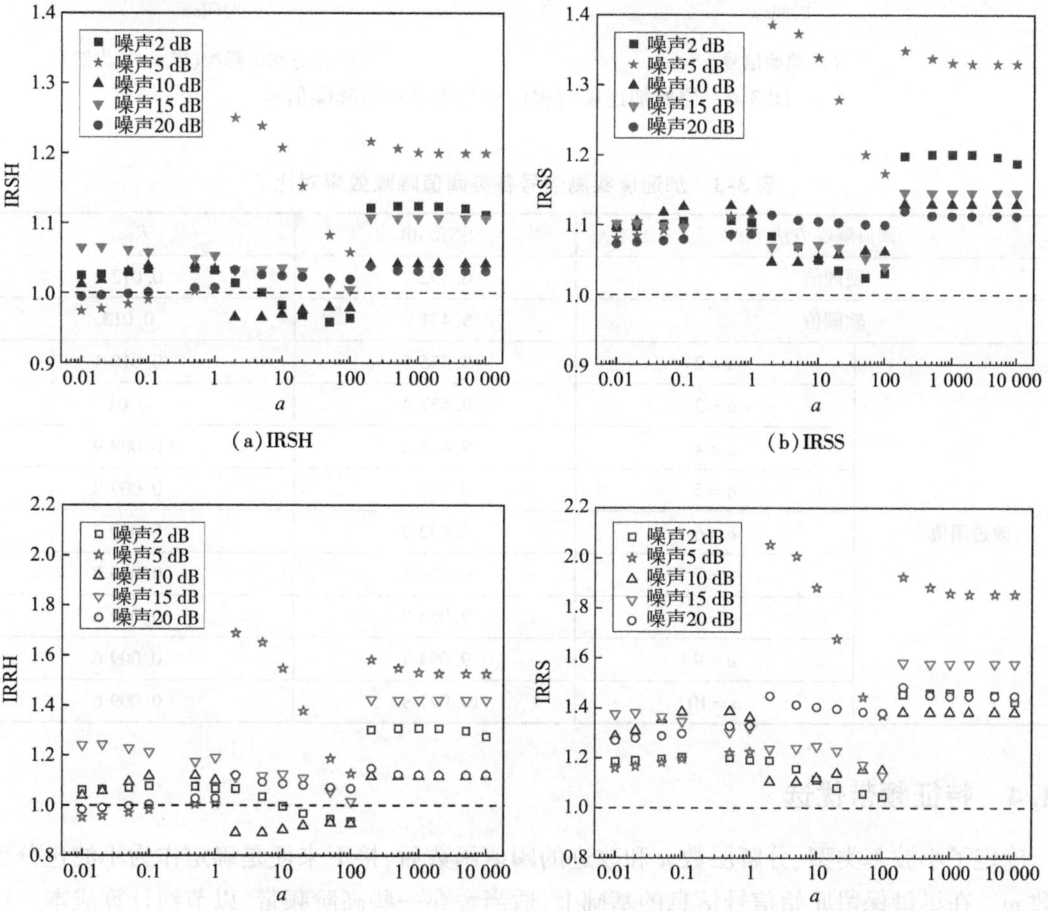

(a) IRSH　(b) IRSS

(c) IRRH　(d) IRRS

图 3-5　不同 a 值下改进阈值函数降噪提升率

为进一步获得实测加速度信号最优降噪下的参数 a 的取值，采用本次振动台试验的实际地震波进行改进阈值函数降噪，降噪效果如图 3-6 和表 3-3 所示。可以看出新的阈值函数在 $a \in [2,\ 10]$ 时，降噪效果均优于软、硬阈值。特别的，在 $a = 10$ 时，SNR 最高，R_{MSE} 最小，因此本书最终采用 $a = 10$ 的改进阈值函数进行小波包分解。

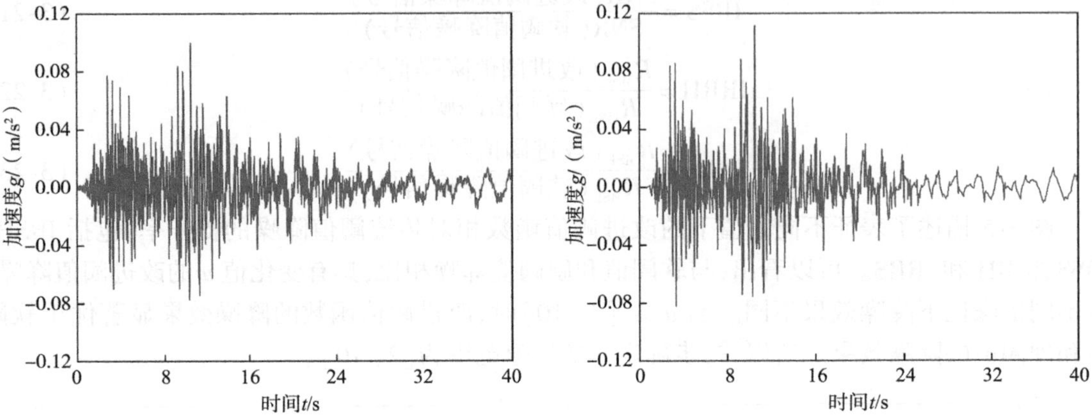

(a)原始信号　　(b)改进阈值降噪(以 $a = 4$ 为例)

图 3-6　原始加速度时程信号与改进阈值降噪信号

表 3-3　加速度实测信号各类阈值降噪效果对比

阈值降噪方法		SNR/dB	R_{MSE}
硬阈值		6.592 7	0.012 2
软阈值		5.471 9	0.013
改进阈值	$a = 2$	9.355 5	0.010 1
	$a = 3$	9.557 4	0.01
	$a = 4$	9.688 2	0.009 9
	$a = 5$	9.781 7	0.009 8
	$a = 6$	9.852 9	0.009 7
	$a = 7$	9.909 5	0.009 7
	$a = 8$	9.955 8	0.009 6
	$a = 9$	9.994 7	0.009 6
	$a = 10$	10.027 9	0.009 6

3.1.4　特征频带优选

确定了小波基类型、分解层数 n 和改进的阈值函数后，接下来便是确定作为小波包分解频带数 m。在尽量保留原始信号信息的基础上，适当舍弃一些高阶频带，以节约计算成本。这里引入两类指标：小波包频带能量有效占比 E_p 和累计小波包频带能量占比 $E_{p,\text{total}}$。小波包频带能量有效占比 E_p 是指小波包经 j 层分解后各小波频带 i 能量与原始信号能量之比，见式(3-24)。累计小波包频带能量占比 $E_{p,\text{total}}$ 是前 m 个频带的能量有效指标 E_p 累计值占总频带的比值,见式(3-25)。

$$E_p = \frac{E_j^i}{\sum |f(x)|^2} \tag{3-24}$$

$$E_{p,\text{total}} = \frac{\sum_{j=1}^{m} E_j^i}{\sum |f(x)|^2} \tag{3-25}$$

对 0.125g Chichi 波横向激励(x)时模型箱底部加速度测点 A00 的时程响应以 Sym6 基函数进行 8 层小波包分解,得到 256 个频带,相应的能量比及累计能量比如图 3-7 所示。可以看出,每个频带的能量比并不相同,小波包能量主要集中在前 128 个子频带内,累计能量比达到 97.5% 。同时,考虑到监测仪器采样频率 200 Hz,前 128 个子频带频率范围如下:

$$f_{1\sim128} = \frac{F_s}{2^{n+1}} \times m = \frac{200}{2^{8+1}} \times 128 = 50\ \text{Hz}$$

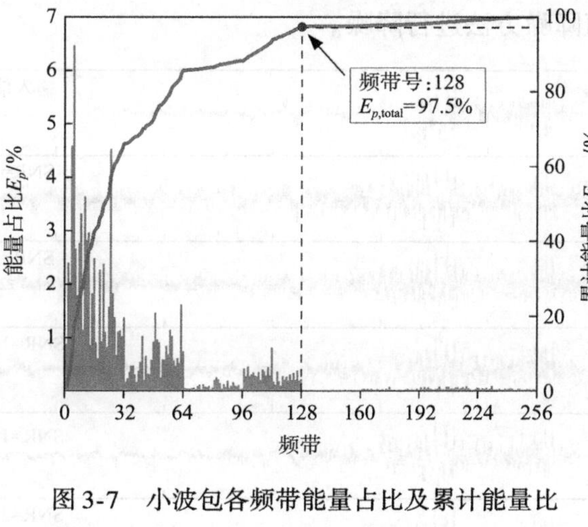

图 3-7　小波包各频带能量占比及累计能量比

在 0 ~ 50 Hz 范围内覆盖了本次试验模型的自振频率,将这些子频带通过信号重构进行后续的损伤分析是可行的,同时可以一定程度上降低计算成本。

3.1.5　噪声鲁棒性分析

实际工程应用中,噪声不可避免地存在,而基于结构动力响应的损伤识别方法,噪声对其识别结果影响最大。为考察本书选取的小波基函数(Sym6)及分解层数(n = 8)的小波包变换对噪声的鲁棒性,分别在原始信号中加入噪声,计算在不同噪声强度下的小波包重构信号与原始信号的比值。

假定在某尺度 i ($1 \leqslant i \leqslant N$) 上系统的观测噪声 $v(i,\ k)$ 为均值为零的白噪声序列,其统计特性满足:

$$E\{v(i,k)\} = 0; E\{v(i,k)v^{\mathrm{T}}(i,j)\} = R(i)\delta_{kj} \tag{3-26}$$

式中，$R(i)$为自相关矩阵；δ_{kj}为科罗迪克函数。

对观测噪声 $v(i,k)$进行小波变换，在尺度$(i-1)$的平滑信号序列 $v_V^i(i-1,k)$ 和细节信号序列 $v_W^i(i-1,k)$自相关矩阵分别为

$$E\{[v_V^i(i-1,k)][v_V^i(i-1,j)]^{\mathrm{T}}\}=\frac{1}{2}R(i)\delta_{kj} \tag{3-27}$$

$$E\{[v_W^i(i-1,k)][v_W^i(i-1,j)]^{\mathrm{T}}\}=\frac{1}{2}R(i)\delta_{kj} \tag{3-28}$$

平滑信号序列 $v_V^i(i-1,k)$和细节信号序列 $v_W^i(i-1,k)$的互相关矩阵为

$$E\{[v_V^i(i-1,k)][v_W^i(i-1,j)]^{\mathrm{T}}\}=0 \tag{3-29}$$

由式(3-27)和式(3-28)可知，尺度 i 上系统的观测噪声分解到尺度$(i-1)$后，观测噪声由于小波的低通滤波特性而大大降低，降噪信号的信噪比大大提高。从式(3-29)可知，平滑信号序列 $v_V^i(i-1,k)$和细节信号序列 $v_W^i(i-1,k)$之间是正交的。

分别在输入信号 0.125g Chichi 地震波中加入噪声强度为 2、5、10、15、20 dB 的高斯白噪声（见图 3-8），采样频率 200 Hz，采用前述的基函数为 Sym6 的 8 层小波包进行分解，利用 3.1.3 节提出的改进阈值降噪方法进行降噪。

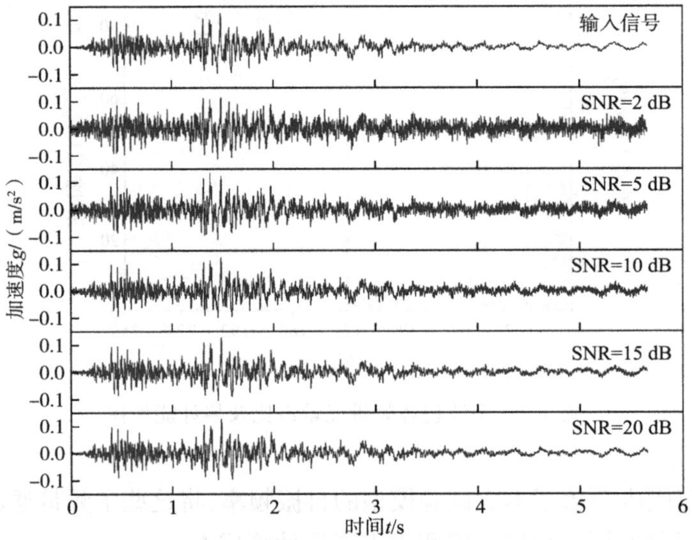

图 3-8　原始信号与含噪信号

求解小波包降噪后信号与原始信号的均方根误差 R_{MSE} 和判定系数 R^2，计算公式见式(3-20)和式(3-15)，计算结果见表 3-4。

同时给出原始信号与降噪信号的功率谱密度曲线，如图 3-9 所示。总体上，降噪信号与原始信号的功率谱密度较为一致，且随着信噪比的提高，降噪信号与原始信号的功率谱密度逐渐趋近。在本次试验重点关注的 0～50 Hz 频率范围内，原始信号与降噪信号的功率谱密度更为趋近，且低信噪比的工况（SNR = 2 dB）下，曲线仍较为一致，变化率不超过 13.51%。这说明采用改进的小波包处理响应信号具有较强的噪声鲁棒性。

表 3-4　实测信号加噪与降噪效果对比

SNR/dB	R_{MSE}			R^2		
	加噪	降噪	相对变化/%	加噪	降噪	相对变化/%
2	0. 159 0	0. 102 7	－35. 375 5	0. 385 3	0. 743 3	92. 919 6
5	0. 110 9	0. 078 1	－29. 621 3	0. 700 9	0. 851 9	21. 541 8
10	0. 064 2	0. 053 7	－16. 297 9	0. 899 8	0. 929 8	3. 331 7
15	0. 044 8	0. 037 8	－15. 609 6	0. 968 9	0. 975 3	0. 659 5
20	0. 026 5	0. 023 3	－12. 288 0	0. 989 3	0. 992 9	0. 364 9

注：相对变化(％)＝$\dfrac{\text{降噪对应指标}-\text{加噪对应指标}}{\text{加噪对应指标}}\times 100\%$。

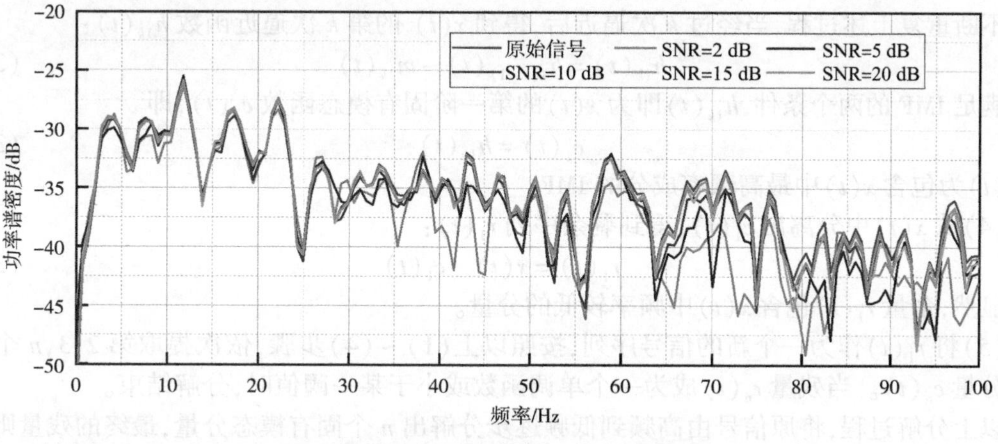

图 3-9　原始信号与降噪信号功率谱密度

3.2节彩图

3. 2　希尔伯特-黄变换

希尔伯特-黄变换包含经验模态分解和希尔伯特变换两个基本部分。其基本思想是首先将原始信号进行 EMD 分解，得到一系列本征模态分量(IMF)，然后对每个 IMF 进行希尔伯特变换并构建解析信号，得到希尔伯特时频参数等。希尔伯特-黄变换在联合时频域中描述信号特征，具有较高的时频分辨率，可从根本上克服以往基于傅里叶分析的信号处理方法的弊端(如傅里叶变换无法反映信号的局部特征，且只能观测到频域信息等)，能更有效地提取结构的损伤特征。

3. 2. 1　经验模态分解

经验模态分解(EMD)过程采用的是筛分算法，主要分为以下几个步骤：

(1)用三次样条曲线连接信号所有的局部极大值，形成上包络线 $x_{max}(t)$；连接信号所有的局部极小值，形成下包络线 $x_{min}(t)$。

(2)求出上包络线与下包络线的平均值 $m_{11}(t)$,将原信号序列 $x(t)$ 去掉该平均值 $m_{11}(t)$ 后得到新的信号序列 $h_{11}(t)$:

$$\begin{cases} m_{11}(t) = [x_{\max}(t) + x_{\min}(t)]/2 \\ h_{11}(t) = x(t) - m_{11}(t) \end{cases} \tag{3-30}$$

(3)$h_{11}(t)$ 是对 $x(t)$ 的第一次逼近,如果 $h_{11}(t)$ 满足 IMF 的两个条件:①在整个信号时域内,信号的极值点和过零点数目必须相等或至多只相差一个;②在任意时刻,由极大值点定义的上包络线和由极小值点定义的下包络线的平均值为零,即信号的上下包络线对称于时间轴。则 $h_{11}(t)$ 即为 $x(t)$ 的第一阶 IMF,即

$$c_1(t) = h_{11}(t) \tag{3-31}$$

否则,将 $h_{11}(t)$ 视为 $x(t)$,然后重复步骤(2),得到对 $x(t)$ 的第二次逼近 $h_{12}(t)$:

$$h_{12}(t) = h_{11}(t) - m_{12}(t) \tag{3-32}$$

不断重复上述过程,当经过 k 次逼近后,得到 $x(t)$ 的第 k 次逼近函数 $h_{1k}(t)$:

$$h_{1k}(t) = h_{1(k-1)}(t) - m_{1k}(t) \tag{3-33}$$

必然满足 IMF 的两个条件,$h_{1k}(t)$ 即为 $x(t)$ 的第一阶固有模态函数 $c_1(t)$,即

$$c_1(t) = h_{1k}(t) \tag{3-34}$$

则 $c_1(t)$ 为包含 $x(t)$ 中最高频率成分的 IMF。

(4)从 $x(t)$ 中分离出 $c_1(t)$,得到剩余序列 $r_1(t)$:

$$r_1(t) = x(t) - c_1(t) \tag{3-35}$$

显然,余量 $r_1(t)$ 包含 $x(t)$ 中频率较低的分量。

(5)将 $r_1(t)$ 作为一个新的信号序列,按照以上(1)~(4)步骤,依次提取第 2,3,n 个固有模态分量 $c_n(t)$。当残量 $r_n(t)$ 成为一个单调函数或小于某一阈值时,分解结束。

以上分解过程,将原信号由高频到低频逐步分解出 n 个固有模态分量,最终的残量则为原始信号的趋势分量。各 IMF 分量与残量共同构成了原始信号,即

$$x(t) = \sum_{j=1}^{n} c_j(t) + r_n(t) \tag{3-36}$$

信号经 EMD 筛分后,分解为若干个单分量信号,这时分别对各分量进行希尔伯特变换就可以保证得到的瞬时频率具有明确的物理意义,以下为 EMD 分解的算法。

Input:时序信号 $x(t)$;
Output:n 个 IMF $c_i(t)$ 和残余分量 $r(t)$;

确定信号 $x(t)$ 的所有局部极值点;
计算上、下包络平均值 $m_{11}(t)$,并从 $x(t)$ 中删除 $m_{11}(t)$,以获得新的数据序列 $h_{11}(t)$;
for i = 1 to n **do**
  if $h_{11}(t)$ 满足 IMF 两个条件 **then**
    $c_i(t) = h_{11}(t)$
  else
    for $j = 2$ to k **do**
      $h_{ij}(t) = h_{i(j-1)}(t) - m_{ij}(t)$;
      if $h_{1j}(t)$ 满足 IMF 两个条件 **then**

$c_i(t) = h_{ik}(t), r_i(t) = x(t) - c_i(t)$;
end if
end for
end if
end for
return $c_i(t)$ 和 $r(t)$;

3.2.2 希尔伯特谱分析

对于任一固有模态函数 $c(t)$,其希尔伯特变换定义为信号和 $1/(\pi t)$ 的卷积:

$$\hat{c}(t) = \frac{1}{\pi} P \int \frac{c(\tau)}{t - \tau} \mathrm{d}\tau \tag{3-37}$$

式中,P 为柯西主值(Cauchy principal value),这样强调了信号的局部属性,避免了傅里叶变换中强制拟合产生实际不存在的频率成分。

通过式(3-37)的定义,$c(t)$ 和 $\hat{c}(t)$ 构成复共轭对,因此 $c(t)$ 的解析信号 $z(t)$ 可定义为

$$z(t) = c(t) + \mathrm{i}\hat{c}(t) = a(t)\mathrm{e}^{\mathrm{i}\theta(t)} \tag{3-38}$$

式中,$a(t)$ 和 $\theta(t)$ 分别为信号 $x(t)$ 的瞬时振幅和瞬时相位,按下式计算:

$$a(t) = \sqrt{c^2(t) + \hat{c}^2(t)} \tag{3-39}$$

$$\theta(t) = \arctan\left(\frac{\hat{c}(t)}{c(t)}\right) \tag{3-40}$$

由瞬时相位可得到信号的瞬时频率:

$$\omega(t) = \frac{\mathrm{d}\theta(t)}{\mathrm{d}t} \tag{3-41}$$

如果把振幅显示在频率-时间平面上,则得到希尔伯特幅值谱 $H(\omega, t)$:

$$H(\omega,t) = \mathrm{Re} \sum_{j=1}^{n} a_j(t) \exp\left(\mathrm{i}\int \omega_j(t)\,\mathrm{d}t\right) \tag{3-42}$$

若将 $H(\omega, t)$ 对时间积分,可得到希尔伯特边际谱:

$$h(\omega) = \int_0^T H(\omega,t)\,\mathrm{d}t \tag{3-43}$$

将振幅的平方对频率积分,可定义瞬时能量谱,它提供了信号能量随时间的变化情况:

$$IE(t) = \int_{\omega} H^2(\omega,t)\,\mathrm{d}\omega \tag{3-44}$$

这里的 $IE(t)$ 与实际物理空间的能量之间只是相差一个比例常数,不必考虑它的大小和量纲的影响,因此 $IE(t)$ 只是用来表示能量的变化趋势。

以下为 HHT 的算法,图 3-10 绘制了 HHT 的流程图。

Input:时序信号 $x(t)$;
Output:希尔伯特谱 $H(t, \omega)$;
1 对 $x(t)$ 进行 EMD 分解以获得 N 个 IMF,每个 IMF 值为 $c_i(t)$
2 **for** $j = 1$ to N **do**

对 IMF_j 进行希尔伯特变换,并构造解析信号 $z(t)=c(t)+\mathrm{i}\hat{c}(t)=a(t)\mathrm{e}^{\mathrm{i}\theta(t)}$

计算瞬时振幅、瞬时相位和瞬时频率:$a(t)=\sqrt{c^2(t)+\hat{c}^2(t)}$, $\theta(t)=\arctan\left(\dfrac{\hat{c}(t)}{c(t)}\right)$, $\omega(t)=\dfrac{\mathrm{d}\theta(t)}{\mathrm{d}t}$;

$a(t)$ 和 $\omega(t)$ 在所有时刻 t 构成第 j 个 IMF 的希尔伯特谱;

end for

所有 IMF 的希尔伯特谱构成信号的希尔伯特谱:希尔伯特边际谱 $h(\omega)=\int_0^T H(\omega,t)\mathrm{d}t$;希尔伯特瞬时能量谱 $IE(t)=\int_\omega H^2(\omega,t)\mathrm{d}\omega$

return $H(t,\omega)$

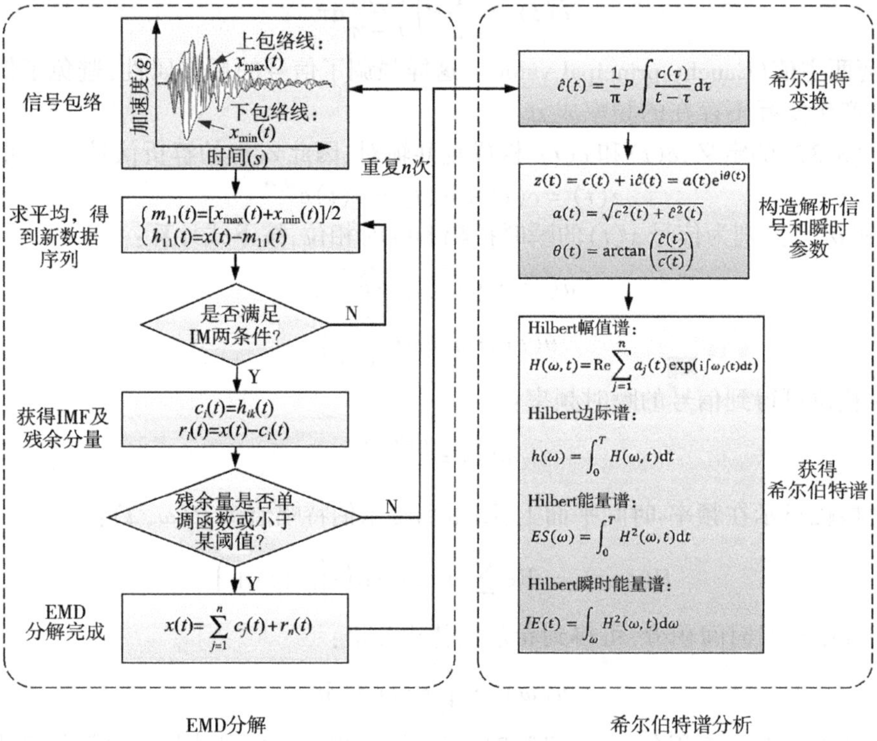

图 3-10　HHT 流程图

3.2.3　本征模态分量优选

以输入的 0.125g Kobe、Chichi 和 Wenchuan 波为例,进行经验模态分解(EMD),得到 7 个本征模态分量 IMF 和一个残余项 Res.,如图 3-11 所示。由各分量的振幅图可以看出,EMD 的固有特性决定了依次分解出来的本征模态分量 IMF 的振幅依次减小,频率逐渐降低。总而言之,EMD 总是把最主要的信号先提取出来,前几个 IMF 实际上集中了原信号中最显著的信息。因此,EMD 分解实际上可以看作一种特殊的主成分分析方法。

事实上,图中反映了从第六个 IMF 开始,波动的振幅基本上都小于 0.01g,依据 EMD 方法的本性而言,只要多于 1 个波的波动存在,EMD 就能把它提取出来。对于具体的地震数据而言，这些振幅很小、频率很低的波动可能是噪声信号，为了使得后续的分析过程更加准确可行，同时减小计算工作量，需要对 IMF 分量进行优选，采用时域分析中常见的判别指标：判定系数 R^2、均方根误差 R_{MSE}、方差贡献率 M_i 和能量矩占比 E_i。

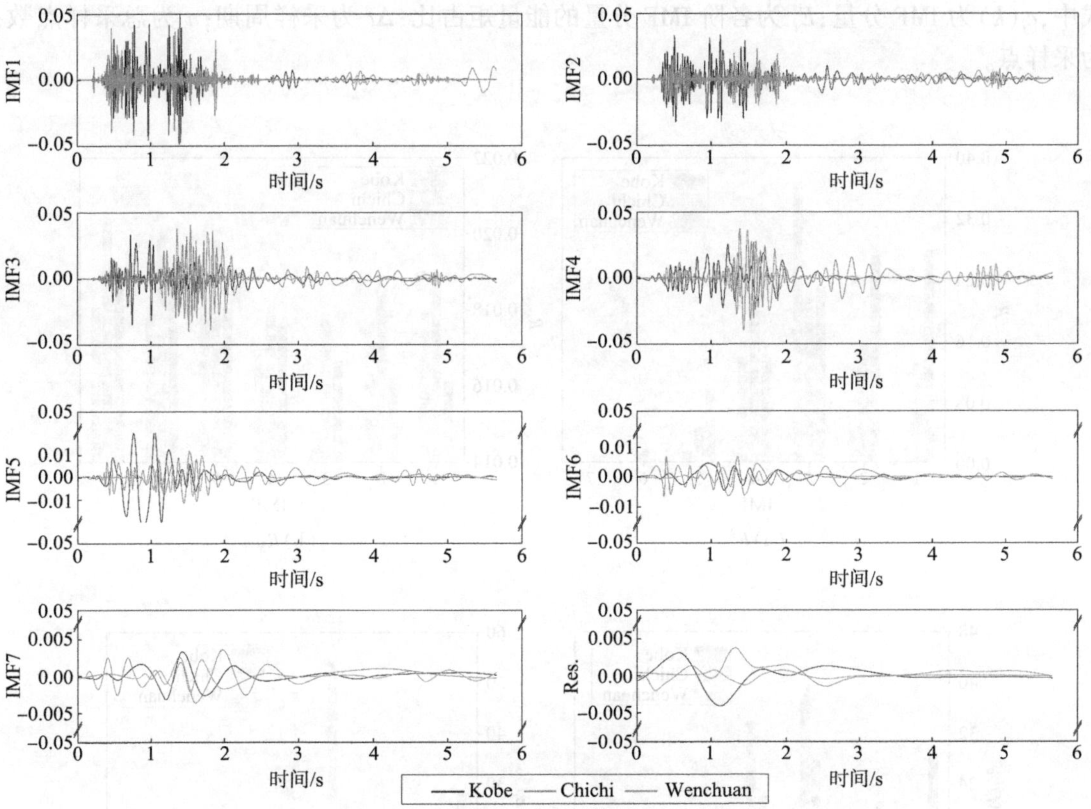

图 3-11　EMD 分解结果（单位：g）

（1）判定系数 R^2：在线性回归中，回归平方和与总离差平方和之比值。它是对估计的回归方程拟合优度的度量，计算公式见式（2-15），结果见图 3-12（a）。

（2）均方根误差 R_{MSE}：观测值与真值偏差的平方和与观测次数 m 比值的平方根，是用来衡量观测值同真值之间的偏差，计算公式见式（3-19），结果见图 3-12（b）。

（3）方差贡献率 M_i：对分解得到的每个 IMF 分量计算方差贡献率，IMF 分量的 M_i 越大，说明该分量相较于原始信号越重要，计算公式见式（3-45），结果见图 3-12（c）。

$$M_i = \frac{D_i}{\sum_{i=1}^{n} D_i} \tag{3-45}$$

式中，$D_i = \frac{1}{N}\sum_{k=1}^{N} |c_i(k\Delta t)|^2 - \left[\frac{1}{N}\sum_{k=1}^{N} c_i(k\Delta t)\right]^2$；$c_i$ 为第 i 个 IMF 分量；D_i 为第 i 个 IMF 分量的方差；M_i 为第 i 个 IMF 分量的方差贡献率；N 为采样点数。

(4)能量矩占比 E_i：IMF 的能量矩占比表征了原始信号中能量在各 IMF 分量中的分布情况，计算公式见式(3-46)，结果见图 3-12(d)。

$$E_i = \sum_{k=1}^{n} (k\Delta t) \left| c_j(k\Delta t) \right|^2 \tag{3-46}$$

式中，$c_j(k)$ 为 IMF 分量；E_i 为各阶 IMF 分量的能量矩占比；Δt 为采样周期；n 为总采样点数；k 为采样点。

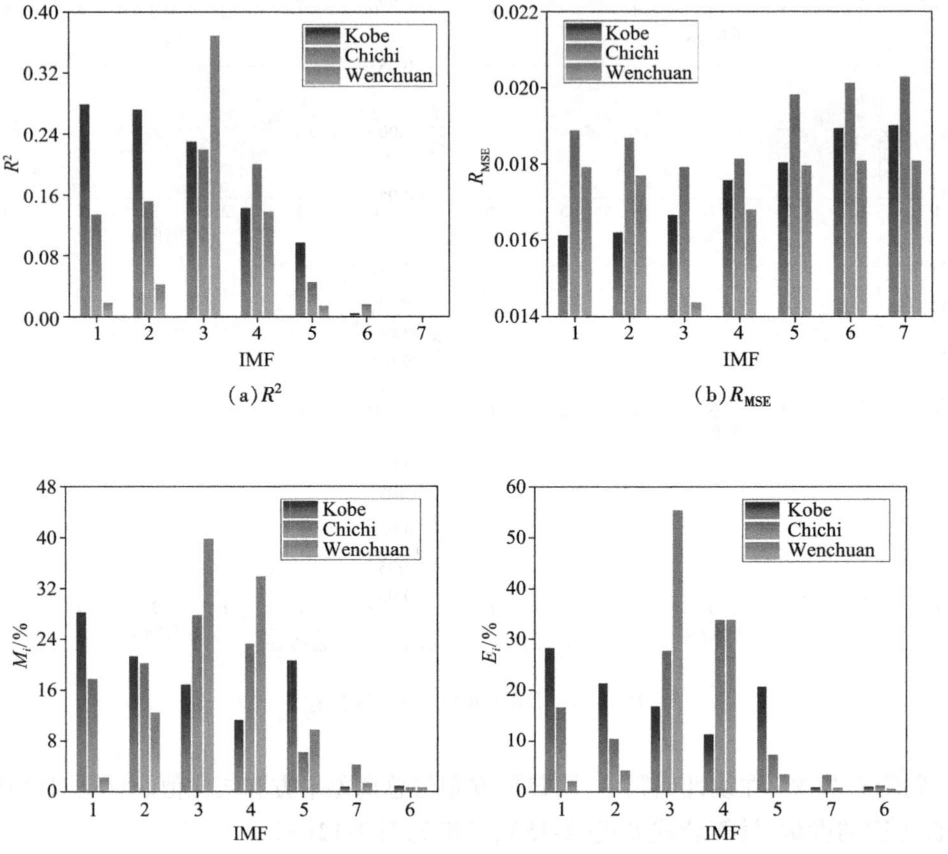

(a) R^2　(b) R_{MSE}

(c) M_i　(d) E_i

图 3-12　三条地震波 IMF 分量的判别指标

从图 3-12 中可以看出，3 条地震波的 R^2、M_i 和 E_i 均随着 IMF 序号的增大而逐渐减小，但 IMF6、IMF7 与其他 IMF 分量相比，数值均很小，而此三个指标，量值越大，则说明与原始数据的吻合度越好。反观 R_{MSE}，其值随着 IMF 序号的增大而增大，而 R_{MSE} 越小，说明与原始数据的吻合越好。因此 IMF6 和 IMF7 与原始时程曲线差别很大，可以忽略；Res. 作为残余项，同样可以忽略。将 IMF1～IMF5 进行重构，并进行进一步的希尔伯特-黄变换，得到重构后的 0.125g Kobe、Chichi 和 Wenchuan 波 HHT 谱如图 3-13 所示。

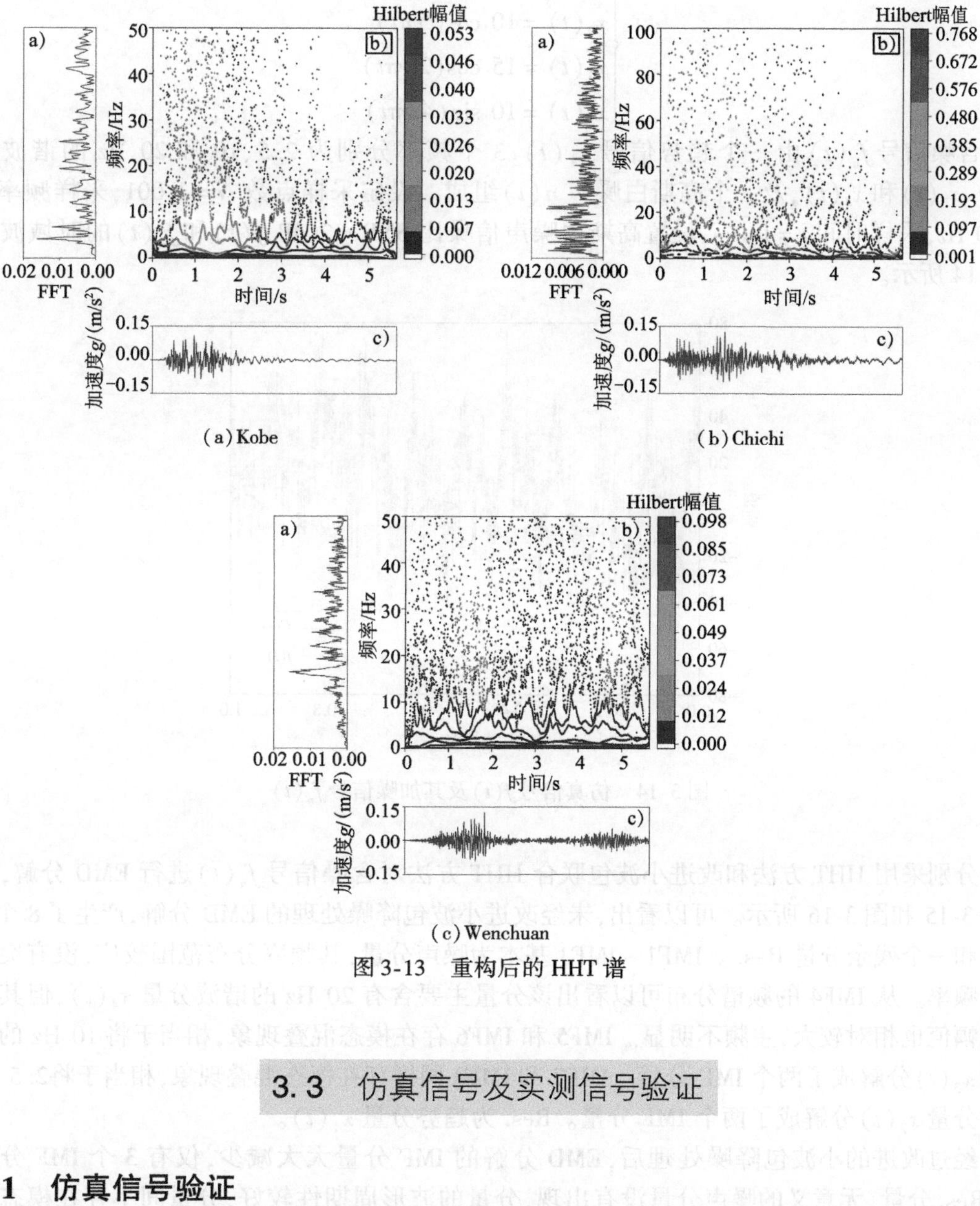

(a) Kobe　　(b) Chichi

(c) Wenchuan

图 3-13　重构后的 HHT 谱

3.3节彩图

3.3　仿真信号及实测信号验证

3.3.1　仿真信号验证

首先构造一个含有谐波的叠加信号 $f(t)$，使用传统的 HHT 和改进小波包联合 HHT 方法分别对其进行分解，仿真信号 $f(t)$ 及其加噪信号 $f_n(t)$ 表达式分别见式(3-47)和式(3-48)。

$$f(t) = x_1(t) + x_2(t) + x_3(t) + x_4(t) \tag{3-47}$$

$$f_n(t) = f(t) + n(t) \tag{3-48}$$

其中，

$$\begin{cases} x_1(t)=25t \\ x_2(t)=10\cos(5\pi t) \\ x_3(t)=15\cos(20\pi t) \\ x_4(t)=10\sin(40\pi t) \end{cases}$$

含噪信号$f_n(t)$由一个趋势信号$x_1(t)$，3 个频率分别为 2.5、10 和 20 Hz 的谐波信号$x_2(t)$、$x_3(t)$和$x_4(t)$，及一个高斯白噪声$n(t)$组成。设定采样点数$N=1\ 001$，采样频率$f_s=1\ 000$ Hz，采样时间$t=1.0$ s，设置高斯白噪声信噪比 SNR = 2 dB，$f(t)$和$f_n(t)$的时域波形如图 3-14 所示。

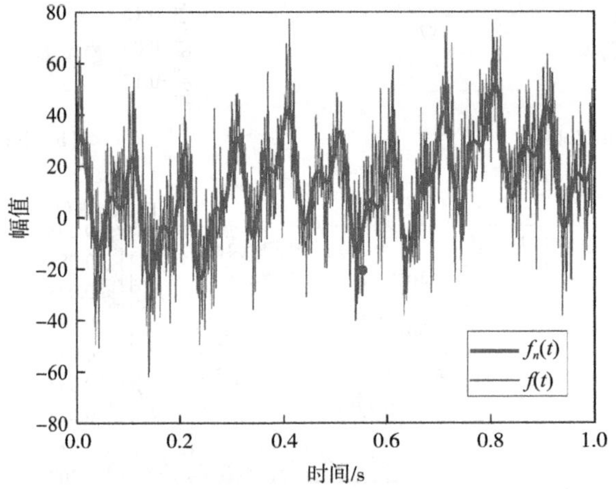

图 3-14 仿真信号$f(t)$及其加噪信号$f_n(t)$

分别采用 HHT 方法和改进小波包联合 HHT 方法对含噪信号$f_n(t)$进行 EMD 分解，分别如图 3-15 和图 3-16 所示。可以看出，未经改进小波包降噪处理的 EMD 分解，产生了 8 个 IMF 分量和一个残余分量 Res.。IMF1～IMF3 基本为噪声分量，其频率分布范围较广，没有突出的特征频率。从 IMF4 的频谱分布可以看出该分量主要含有 20 Hz 的谐波分量$x_4(t)$，但其他频率的幅值也相对较大，主频不明显。IMF5 和 IMF6 存在模态混叠现象，相当于将 10 Hz 的谐波分量$x_3(t)$分解成了两个 IMF 分量。IMF7 和 IMF8 同样存在模态混叠现象，相当于将2.5 Hz的谐波分量$x_2(t)$分解成了两个 IMF 分量。Res. 为趋势分量$x_1(t)$。

经过改进的小波包降噪处理后，EMD 分解的 IMF 分量大大减少，仅有 3 个 IMF 分量和 1 个Res. 分量，无意义的噪声分量没有出现，分量的波形周期性较好，分量间不存在模态混叠现象。IMF1 频率域主频突出，为 19.53 Hz，是$x_4(t)$分量；IMF2 的主频为 9.76 Hz，是$x_3(t)$分量；IMF3 的主频为 2.52 Hz，是$x_2(t)$分量；最后 Res. 趋势项是$x_1(t)$的分量。由此可见，本书提出的改进小波包联合 HHT 损伤识别方法相较于传统的 HHT 方法对仿真信号的分量分离效果较好，下面将从实测的加速度信号出发，验证改进的小波包联合 HHT 方法具有优于传统 HHT 方法的分量分离和识别效果。

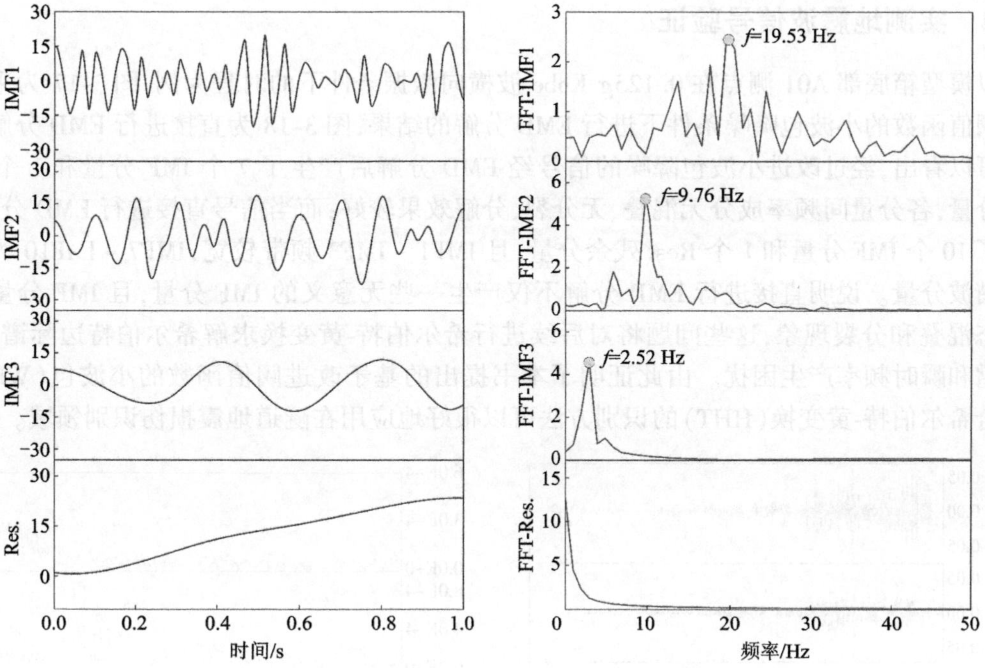

图 3-15　改进小波包联合 HHT 方法的 EMD 分解

图 3-16　传统 HHT 方法的 EMD 分解

3.3.2 实测地震波信号验证

以模型箱底部 A01 测点在 0.125g Kobe 波横向激振条件下的时程为例，图 3-17 为采用在改进阈值函数的小波包降噪条件下进行 EMD 分解的结果，图 3-18 为直接进行 EMD 分解的结果。可以看出，经过改进小波包降噪的信号经 EMD 分解后产生了 7 个 IMF 分量和 1 个 Res. 残余分量，各分量间频率成分无混叠、无分裂，分解效果较好；而当信号直接进行 EMD 分解时，产生了 10 个 IMF 分量和 1 个 Res. 残余分量，且 IMF1 ~ IMF3 频带较宽，IMF7 ~ IMF10 为无意义的谐波分量。说明直接进行 EMD 分解不仅产生一些无意义的 IMF 分量，且 IMF 分量间存在模态混叠和分裂现象，这些问题将对后续进行希尔伯特-黄变换求解希尔伯特边际谱、瞬时能量谱和瞬时频率产生困扰。由此证明了本书提出的基于改进阈值函数的小波包(WPT)变换联合希尔伯特-黄变换(HHT)的识别方法可以很好地应用在隧道地震损伤识别领域。

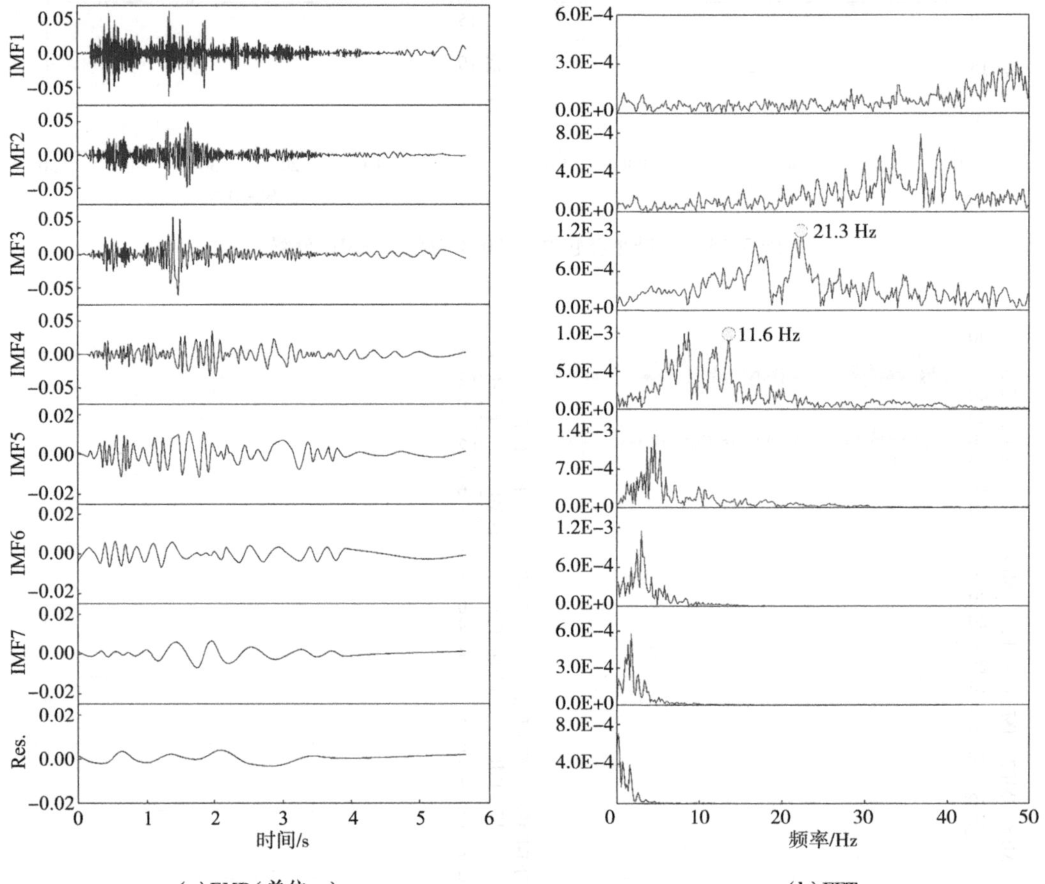

(a)EMD(单位：g)　　(b)FFT

图 3-17　采用新方法的 A01 测点 IMF 时程及 FFT

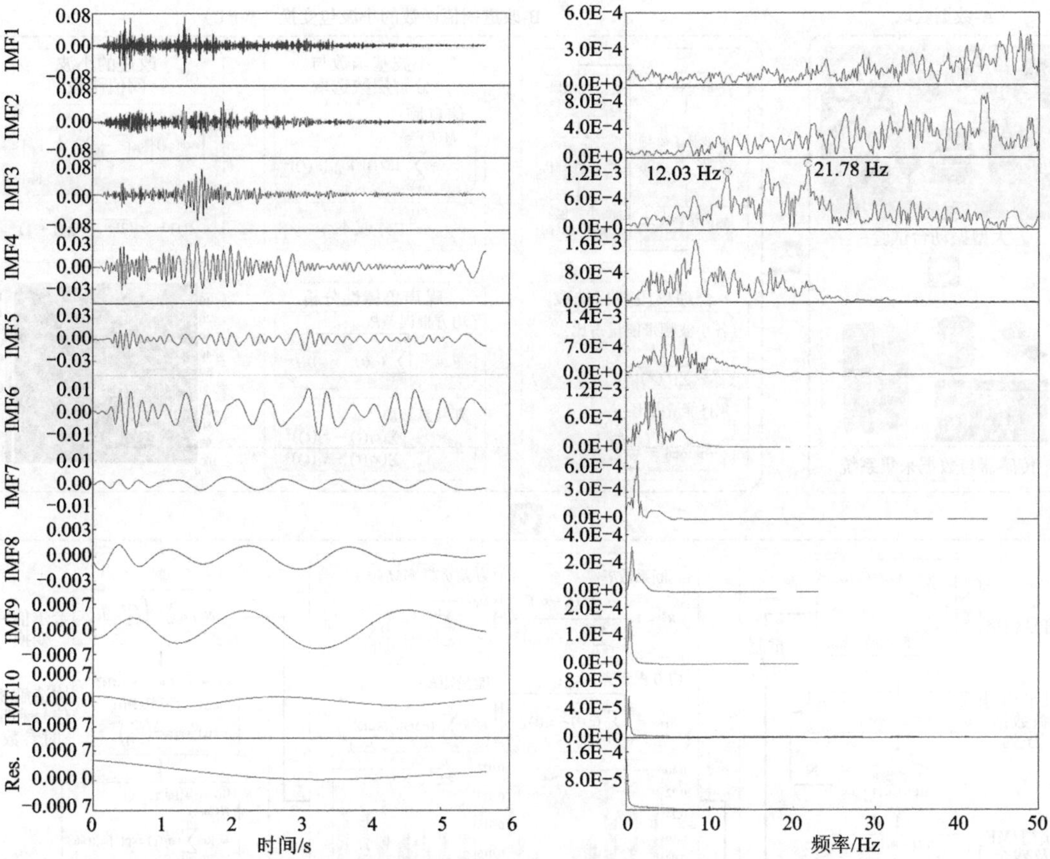

(a) EMD（单位：g）　　(b) FFT

图 3-18　采用传统 HHT 方法的 A01 测点 IMF 时程及 FFT

3.4节彩图

3.4　隧道地震损伤识别具体实施过程

图 3-19 为本书提出的改进小波包联合希尔伯特-黄变换的地震动态损伤识别方法的流程图。以隧道振动台试验为例，主要的实施过程分为以下部分：

（1）组织实施振动台试验，包括相似比设计、模型材料制作、模型箱设计制作、监测方案设计及传感器布设、输入地震动及工况设计等，针对本方法，主要获取衬砌和围岩的加速度响应数据。

（2）对获取的加速度时程数据进行本书提出的改进阈值函数的小波包变换，主要内容包括小波基函数与分解阶数厘定、改进阈值函数参数 a 的最优取值、小波包合理频段数选取和噪声鲁棒性分析。

（3）将小波包重构后的加速度时程数据进行希尔伯特-黄变换，主要包括 EMD 经验模态分解、本征模态分量 IMF 优选和希尔伯特变换，得到的损伤指标包括希尔伯特边际谱、瞬时能量谱和瞬时频率，通过分析不同测点处上述参数的幅值、时刻变化完成损伤识别。

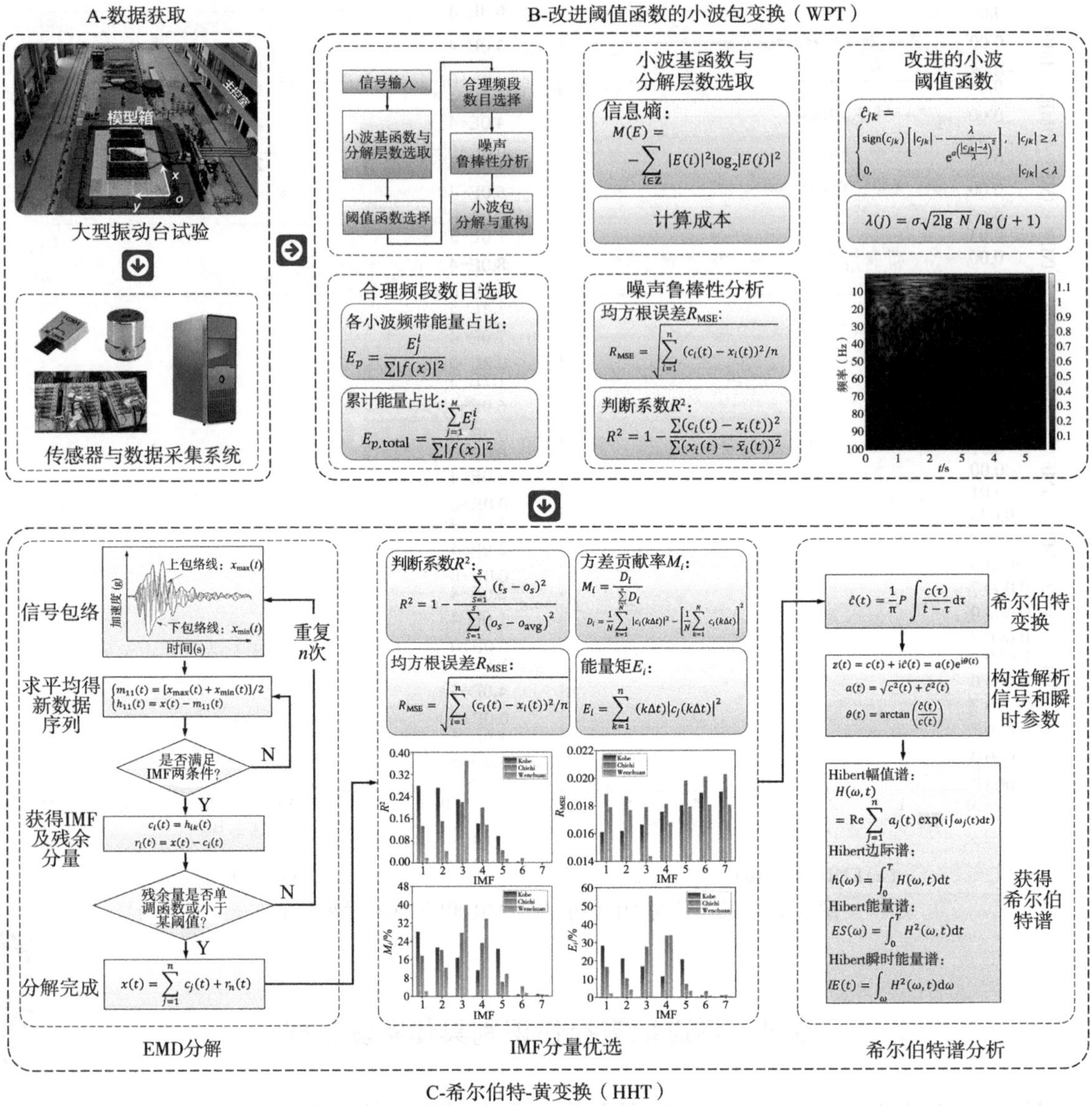

图 3-19　基于改进小波包联合希尔伯特-黄变换的损伤识别方法流程图

3.5 本章小结

本章详细介绍和研究了基于改进小波包联合希尔伯特-黄变换的地震动态损伤识别方法的关键步骤及指标。对小波包变换中的小波基函数和分解阶数的优选、小波阈值函数的改进、特征频带优选、噪声鲁棒性及希尔伯特-黄变换中的本征模态分量优选进行了系统研究，得到如下结论：

（1）对地震作用下隧道及围岩的动力响应数据进行小波包降噪时，根据信息熵和计算成本的综合评价，Sym6 小波基函数表现较为优异，且合理的分解层数为 8 层。

(2)通过分析传统软、硬阈值函数的不足，提出了新的阈值函数，通过专用降噪测试信号及大量参数分析，验证了采用新阈值函数的小波包降噪效果优于传统小波包；且针对地震信号，新的阈值函数的参数 a 建议取值为 10。

(3)通过分析各小波包频带的能量占比，发现能量主要集中在前 128 个子频带内（频率范围 0 ~ 50 Hz），累计能量比达到 97.5%，这些子频带的频率范围已经覆盖了本次试验模型的自振频率，将它们重构后进行基于振动台试验的隧道洞口段地震损伤分析是可行的，同时可以一定程度上降低计算成本。

(4)通过对改进的小波包进行噪声鲁棒性分析发现，本次试验重点关注的 0 ~ 50 Hz 频率范围内，原始信号与降噪信号的功率谱密度更为趋近，且低信噪比的工况（SNR = 2 dB）下，曲线仍较为一致，变化率不超过 13.51%。证明采用本书提出的改进小波包处理响应信号具有较强的噪声鲁棒性。

(5)对 Kobe、Chichi 和 Wenchuan 三条输入地震波进行经验模态分解，产生了 7 个 IMF 分量和一个残余项 Res.；采用判定系数 R^2、均方根误差 R_{MSE}、方差贡献率 M_i 和能量矩占比 E_i 四个指标对产生的 IMF 分量进行综合评价，发现 3 条地震波的 R^2、M_i 和 E_i 均随着 IMF 序号的增大而逐渐减小，且 IMF6、IMF7 与其他 IMF 分量相比，数值很小，但 R_{MSE} 值随着 IMF 序号的增大而增大。因此 IMF6 和 IMF7 与原始时程曲线差别很大，可以忽略；Res. 作为残余项，同样可以忽略。

(6)对经过改进小波包降噪后的信号进行经验模态分解，产生的 IMF 分量较少，且各分量间频率成分无混叠、无分裂，分解效果较好。而直接进行 EMD 分解的信号，IMF 数量多于降噪后分解的数量，且各分量间存在模态混叠和分裂现象。证明本书提出的改进小波包联合希尔伯特-黄变换的损伤识别方法相比传统的希尔伯特-黄变换，在 EMD 分解上可有效避免各 IMF 分量间的模态混叠和分裂现象，对后续瞬时参数的识别不会造成干扰。

第 4 章　基于振动台试验的隧道洞口段地震损伤识别

第 3 章详细介绍了基于改进阈值函数的小波包联合希尔伯特-黄变换的地震动态损伤识别方法，对其关键技术细节进行了系统深入的研究，并通过多种指标验证了提出的损伤识别方法比传统的希尔伯特-黄变换更为优越。本章以第 2 章介绍的大型振动台试验数据为基础，应用提出的损伤识别方法，在时频联合域内研究隧道洞口段衬砌—围岩体系的损伤位置定位、时刻定位和动态损伤演化过程，并将此方法与传统的振动台试验分析方法进行对比研究，以验证本书提出的方法具有良好的可靠性和先进性。

4.1　输入地震动及测试方案

4.1节彩图

4.1.1　输入地震动

从前文 2.4.2 节隧道洞口段模态分析结果可知，模型的一阶主频为 10.366 Hz。结合 2.5.3 节输入地震动的频谱分析，经相似比转换后的 Chichi 地震波主频为 11.59 Hz，二者的主频较为接近，认为是最不利激振工况。因此，为保证损伤识别过程的完整性和表现力，本章不进行多条地震波激励工况的横向比较，仅以经相似比换算后 Chichi 波作为输入地震波进行分析（见图 4-1）。试验以 PGA 为 0.125g、0.250g、0.375g、0.500g 和 0.700g 的Chichi 地震波沿隧道横向（x）逐级加载（见表 4-1），以便观察隧道渐变的响应特征和破坏形态，最终以隧道和仰坡产生明显的破坏形态但衬砌整体不坍塌为加载结束依据。在每次激振前和激振后，均采用 0.05g 的高斯白噪声进行扫频，用以分析衬砌—围岩体系频率的变化。

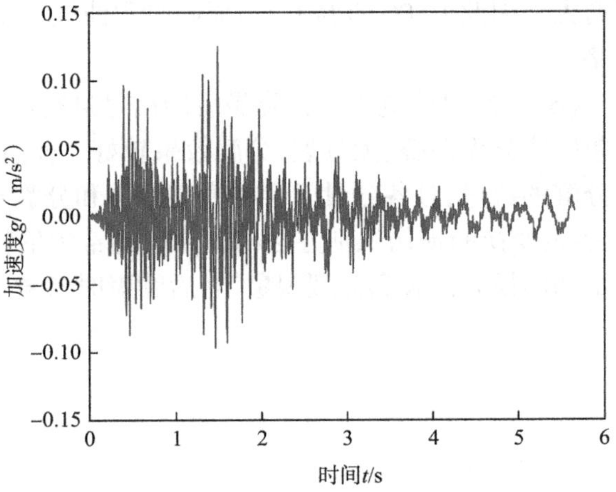

图 4-1　输入地震动加速度时程（以 0.125g 为例）

表 4-1　工况表

工况序号	输入地震动	激振方向	激振强度/g
1	高斯白噪声	横向（x）	0.050
2	Chichi	横向（x）	0.125
3	高斯白噪声	横向（x）	0.050

续表

工况序号	输入地震动	激振方向	激振强度/g
4	Chichi	横向(x)	0.250
5	高斯白噪声	横向(x)	0.050
6	Chichi	横向(x)	0.375
7	高斯白噪声	横向(x)	0.050
8	Chichi	横向(x)	0.500
9	高斯白噪声	横向(x)	0.050
10	Chichi	横向(x)	0.700
11	高斯白噪声	横向(x)	0.050

4.1.2　测点布置方案

本章主要研究的是隧道洞口段仰坡和衬砌的地震损伤识别，采用的原始数据为各测点加速度时程，测点编号如下：

(1)地震波传递检验(A00、A01)及边界效应验证测点(A02、A03)；

(2)仰坡围岩加速度测点(包括临坡面测点 A04、A06、A08 和坡内测点 A05、A07、A09)；

(3)隧道衬砌加速度测点(节段 B 的 A10、A11，节段 E 的 A12、A13 和节段 H 的 A14、A15)，测点布置见图 4-2。需要说明的是，由于加速度计有限，本章仅在地震波由下至上传播路径的衬砌仰拱和拱顶部位布设了加速度计，因此加速度响应研究仅对比分析仰拱和拱顶，且图 4-2 中测点编号仅在本章中适用。

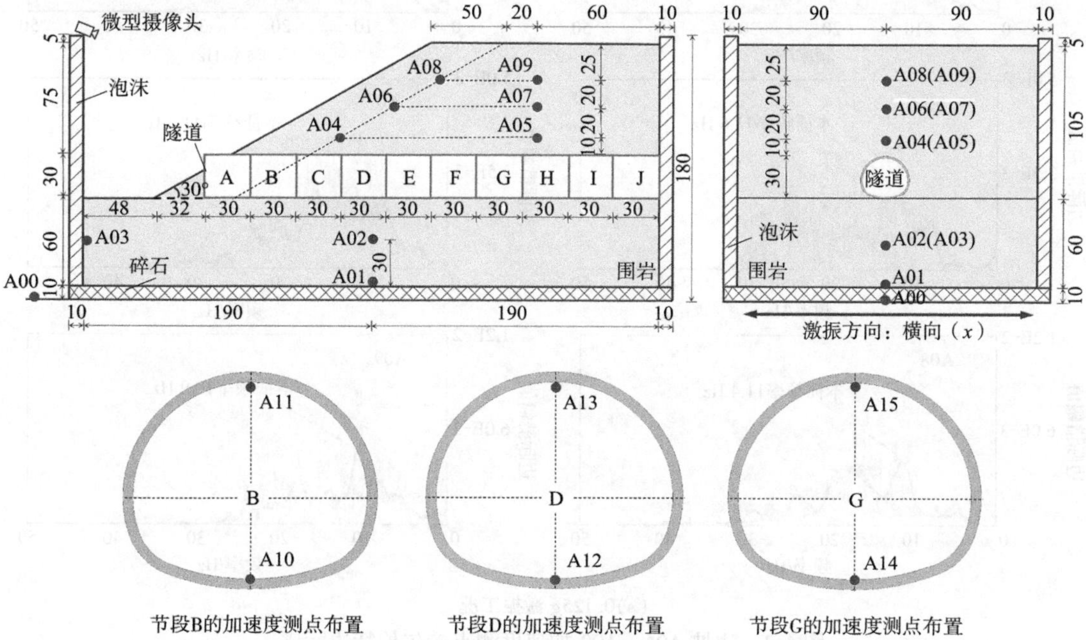

图 4-2　测点布置图

4.2 洞口段仰坡围岩的损伤识别

4.2节彩图

4.2.1 希尔伯特边际谱分布特征

根据洞口段围岩测点的高程位置，定义 A04 和 A05 为仰坡底部测点，A06 和 A07 为中部测点，A08 和 A09 为上部测点；根据测点距洞口距离，定义 A04、A06 和 A08 为近坡面测点，A05、A07、A09 为仰坡内部测点。

对测点 A04 ~ A09 在 0.125g 和 0.500g Chichi 地震波横向激振下的加速度时程进行 HHT 变换，得到各个测点的希尔伯特边际谱，如图 4-3 所示，其中蓝色线条为 Savitzky-Golay 方法平滑后的曲线。可以看出，在 0.125g 地震波作用下，希尔伯特边际谱在 10.0 Hz 以上，同时坡内和坡面各测点边际谱峰值随着高程的增大而增大，且峰值变化较为线性。说明小震条件下，洞口段仰坡尚未发生明显损伤，土体刚度未发生明显减小，围岩处于良好的工作状态。在 0.500g 地震波作用下，边际谱在 8.0 Hz 以下，边坡中部（A06、A07）和上部（A08、A09）测点具有相近的边际谱峰值，且均大于底部测点（A04、A05），希尔伯特边际谱出现如此差异，说明坡体中、上部已发生较为明显的震害损伤。

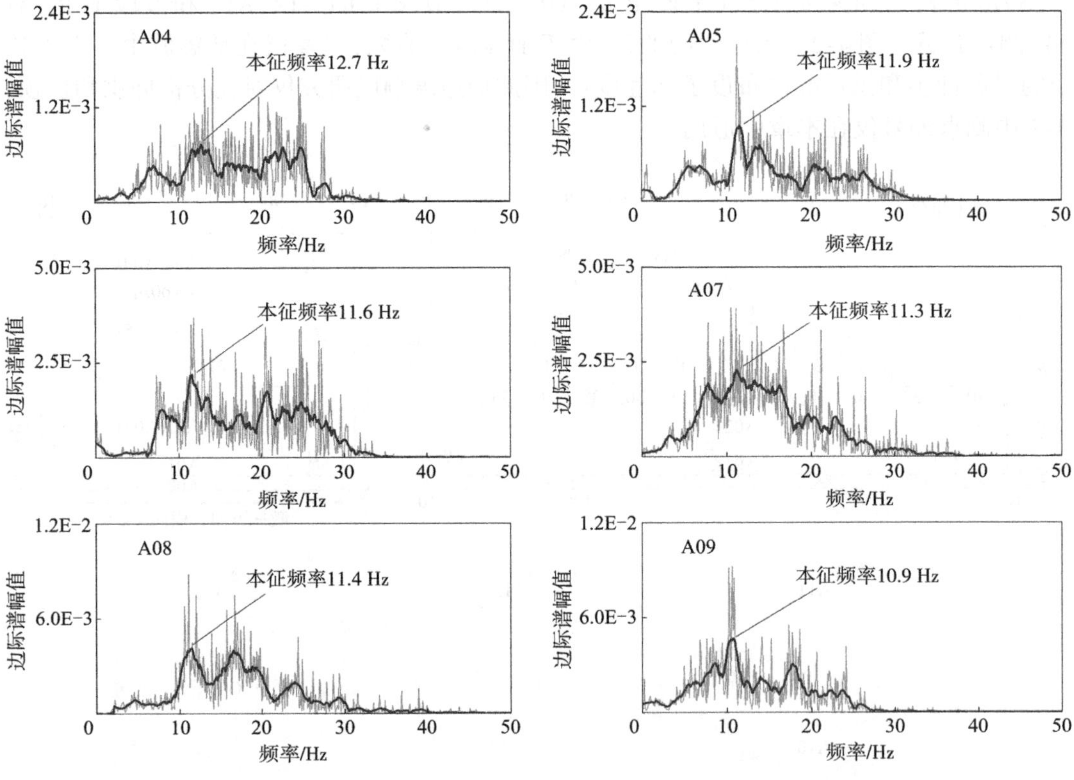

(a)0.125g 激振工况

图 4-3 边坡 A04 ~ A09 加速度测点希尔伯特边际谱

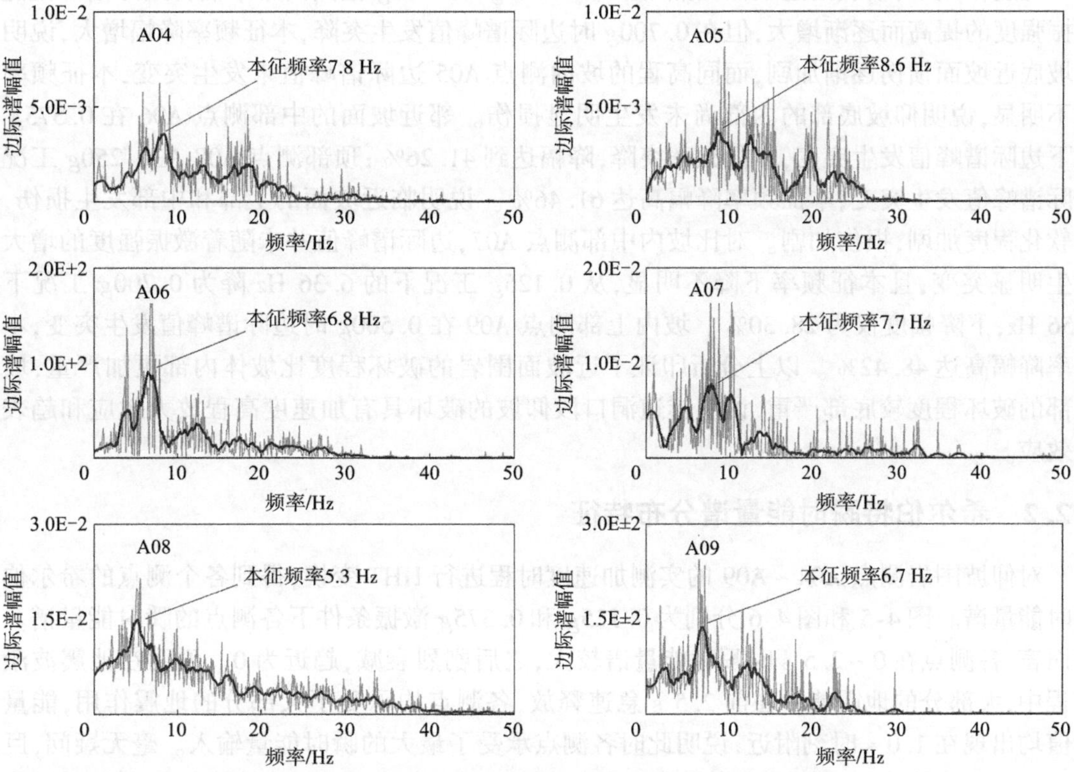

(b)0.500g 激振工况

图 4-3　边坡 A04～A09 加速度测点希尔伯特边际谱(续)

为了进一步地揭示隧道洞口仰坡的损伤发展过程，提取不同激振工况下各加速度测点的希尔伯特边际谱峰值和对应的本征频率，探究地震波在洞口段仰坡传播过程中频域内的能量变化特征，如图 4-4 所示。

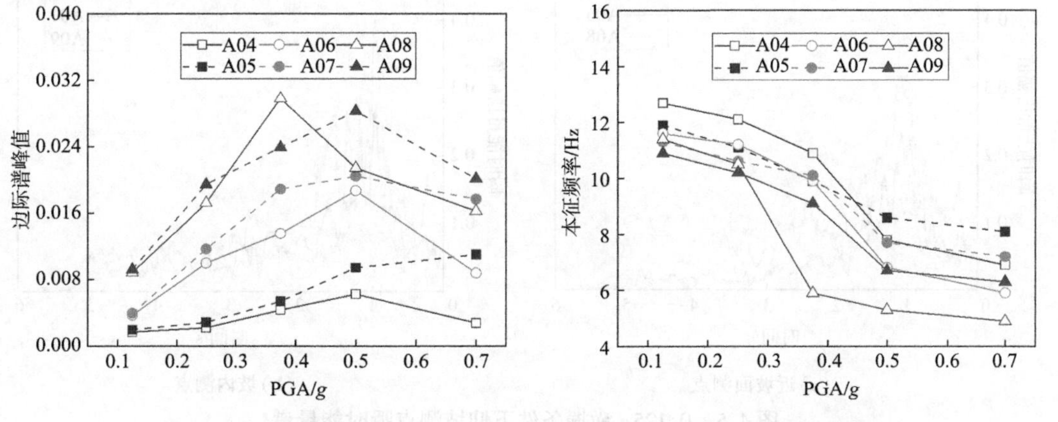

(a)边际谱峰值　　(b)本征频率

图 4-4　A04～A09 加速度测点希尔伯特边际谱峰值及本征频率分布

地震作用下,坡底的近坡面测点 A04 在0.125g ~0.500g 范围内希尔伯特边际谱峰值随着激振强度的提高而逐渐增大,但在0.700g 时边际谱峰值发生突降,本征频率降幅增大,说明此时坡底近坡面损伤逐渐加剧,而同高程的坡内测点 A05 边际谱峰值未发生突变,本征频率下降不明显,说明仰坡底部的内部尚未发生明显损伤。邻近坡面的中部测点 A06 在0.375g 工况下边际谱峰值发生突变,本征频率突降,降幅达到41.26%;顶部测点 A08 在0.250g 工况下边际谱峰值发生突变,本征频率降幅高达61.46%。说明临近坡面的上部和中部发生损伤,土体软化程度加剧,损伤加剧。对比坡内中部测点 A07,边际谱峰值并未随着激振强度的增大而发生明显突变,且本征频率下降不明显,从0.125g 工况下的6.36 Hz 降为0.700g 工况下的4.56 Hz,下降幅度仅为28.30%。坡内上部测点 A09 在0.500g 时边际谱峰值发生突变,本征频率降幅高达48.42%。以上分析印证了近坡面围岩的破坏程度比坡体内部更加严重,坡面上部的破坏程度较底部严重,说明隧道洞口段仰坡的破坏具有加速度高程放大效应和趋表放大效应。

4.2.2 希尔伯特瞬时能量谱分布特征

对仰坡围岩测点 A04 ~ A09 的实测加速度时程进行 HHT 变换,得到各个测点的希尔伯特瞬时能量谱。图4-5 和图4-6 分别为0.125g 和0.375g 激振条件下各测点的瞬时能量谱。总体而言,各测点在0 ~2.5 s时瞬时能量谱较大,之后剧烈衰减,趋近为0。说明在地震波激振过程中,大部分的地震能量在前2.5 s 急速释放,各测点均承受了大部分的地震作用,能量谱峰值均出现在1.0 s时刻附近,说明此时各测点承受了最大的瞬时能量输入。毫无疑问,巨大的瞬时能量峰值势必对仰坡围岩的安全产生不利影响。同时可见,仰坡上部测点的瞬时能量谱峰值小于中部测点小于坡底测点,说明地震波在自下而上的传播过程中,能量发生衰减,另外,对比同高程近坡面和坡内测点的瞬时能量谱峰值,近坡面测点的边际谱峰值小于坡内测点,说明坡面附近土体能量耗散大于坡内,坡面更加危险。上述分析再次印证了隧道洞口段仰坡具有加速度高程放大效应和趋表放大效应。

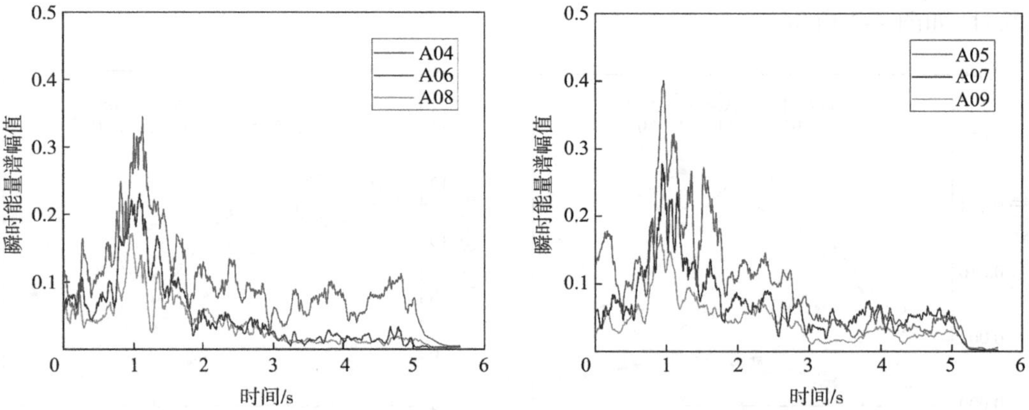

(a)近坡面测点　　(b)坡内测点

图4-5　0.125g 激振条件下仰坡测点瞬时能量谱

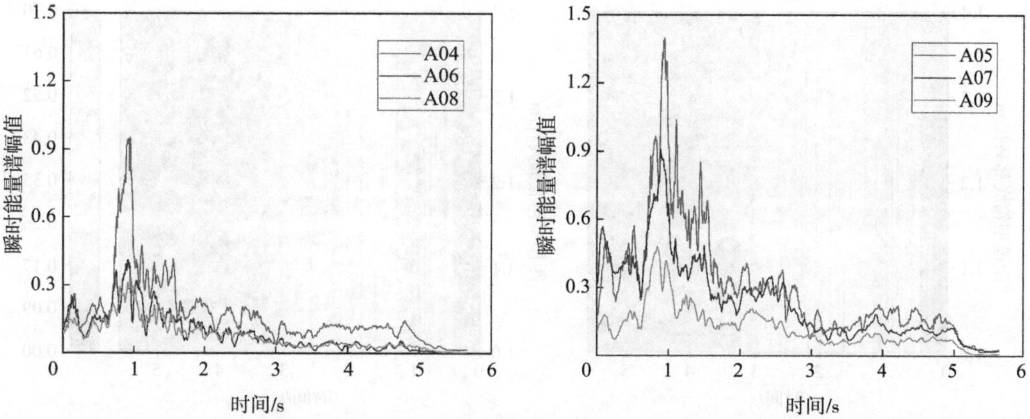

(a) 近坡面测点　　(b) 坡内测点

图 4-6　0.375g 激振条件下仰坡测点瞬时能量谱

以测点 A04、A06 和 A08 的数据绘制临坡面围岩的瞬时能量谱云图，以测点 A05、A07 和 A09 的数据绘制坡内围岩的瞬时能量谱云图，如图 4-7 所示。总体而言，在小振幅激振条件下，瞬时能量谱幅值随着激振强度的提高而增大，但邻近坡面测点的瞬时能量谱在 0.375g 发生突变，后续 0.500g ~ 0.700g 激振时虽略有增加，但未超过 0.375g 的工况，地震输入能量增大，测点瞬时能量却并未增大，说明此处土体已经发生非线性损伤，土体刚度降低，变形加大，耗散了大量的地震能量。而坡内测点在 0.500g 时发生突变，晚于邻近坡面测点，由此说明临坡面围岩地震损伤早于坡内，且损伤发展速度也快于坡内，这也证明了仰坡震害的趋表放大效应。同时，高程越大，瞬时能量谱幅值越小，说明仰坡中部和上部刚度较底部小，变形程度大，更易耗散能量，且更易发生损伤。

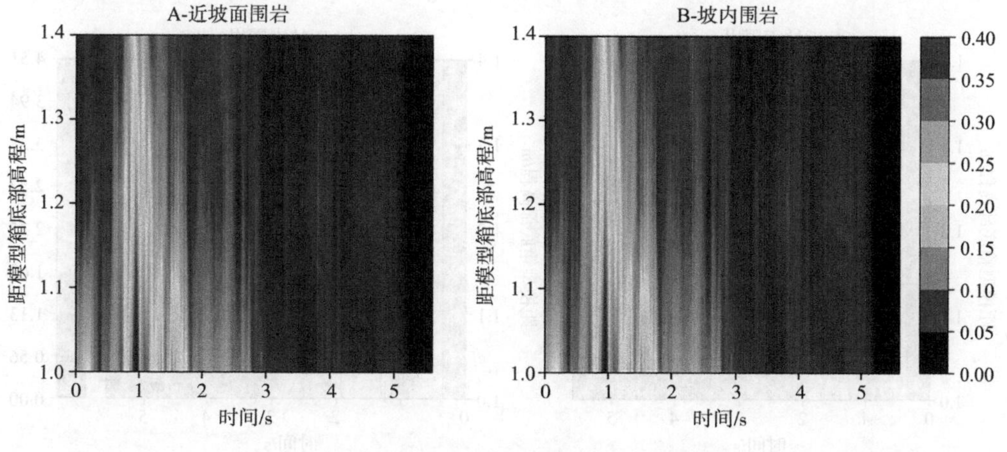

(a) PGA = 0.125g

图 4-7　仰坡围岩瞬时能量谱分布云图

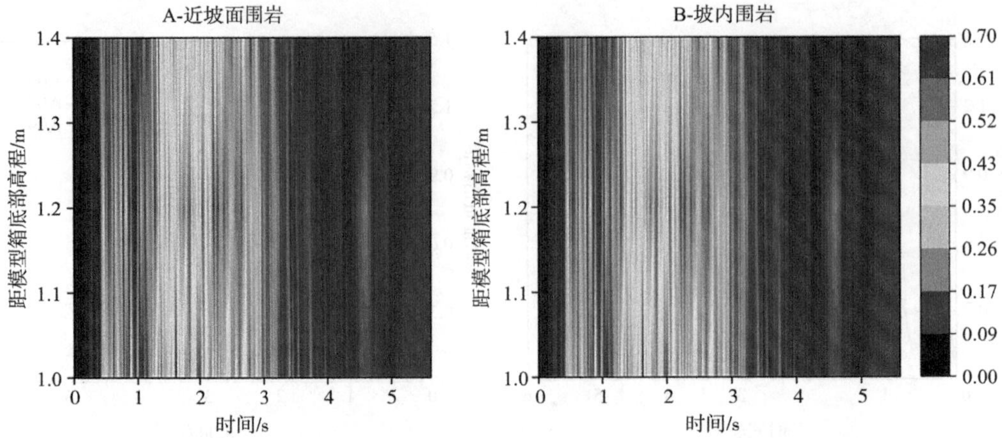

(b) PGA = 0. 250g

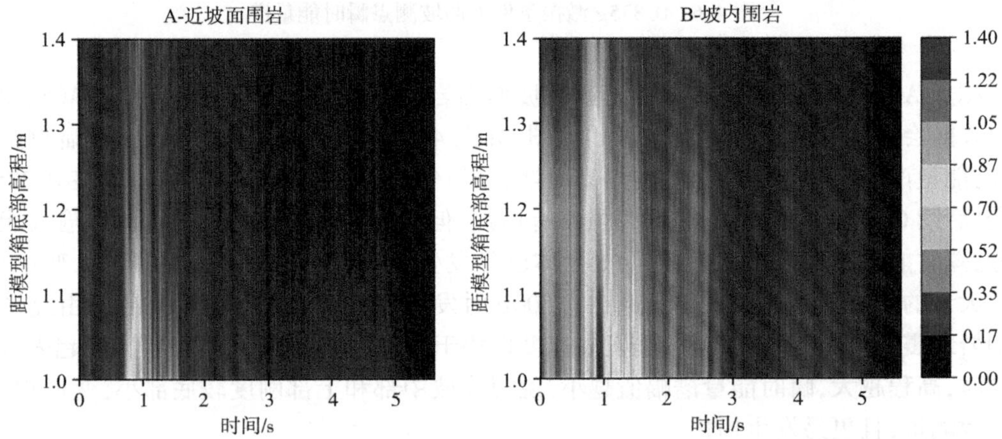

(c) PGA = 0. 375g

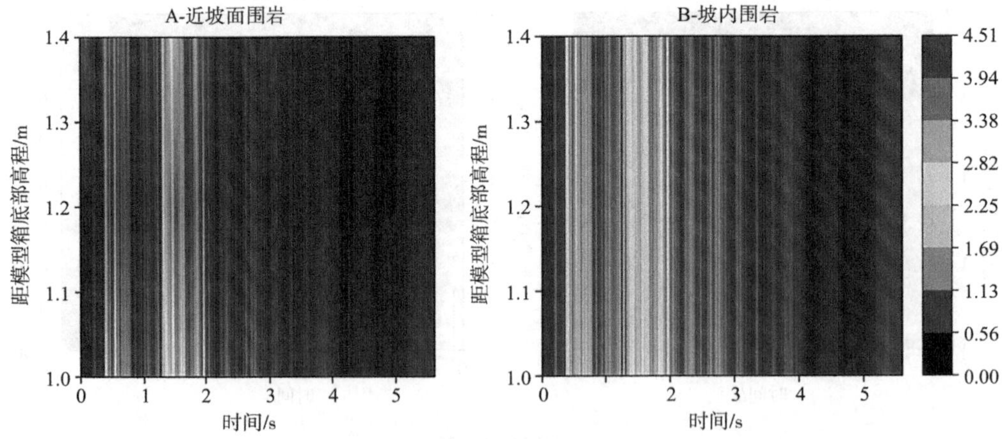

(d) PGA = 0. 500g

图 4-7　仰坡围岩瞬时能量谱分布云图(续)

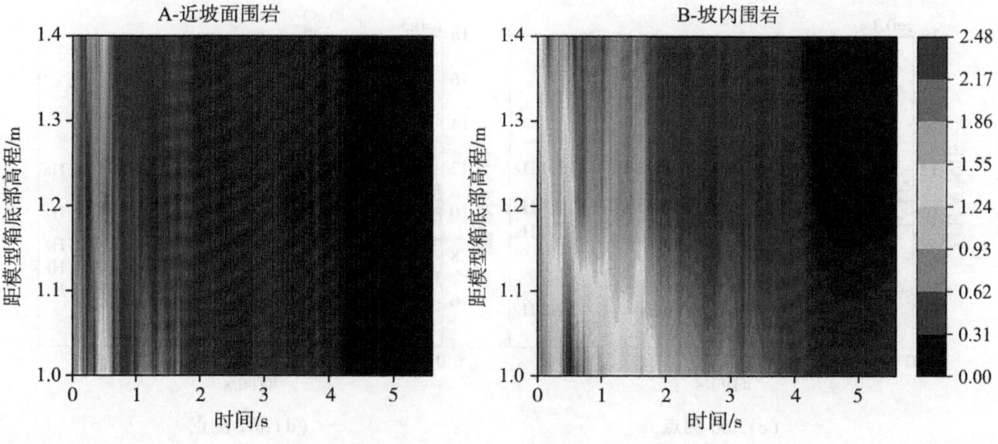

(e) PGA = 0.700*g*

图 4-7　仰坡围岩瞬时能量谱分布云图(续)

4.2.3　瞬时频率分布特征

提取 A04 ~ A09 测点的瞬时频率,如图 4-8 所示。小振幅条件下,边坡内各测点的瞬时频率随时间波动不大,基本在 12.0 Hz 左右。随着激振强度的提高,各测点的瞬时频率均在每个激振工况的 0.3 s 时刻发生了不同程度的下降,邻近坡面的测点(A04、A06、A08)的瞬时频率在 0.375*g* 时发生了明显的下降,且无法回升到初始频率,围岩发生明显不可逆转的损伤。而坡内测点(A05、A07、A09)则在 0.500*g* 时发生了此种现象,说明边坡破坏呈现趋表放大效应。同时不同高程处的测点瞬时频率下降幅度不同,仰坡底部(A04、A05)的瞬时频率最大下降幅度为 47.7%,中部(A06、A07)的最大下降幅度为 53.3%,上部(A08、A09)的最大下降幅度则为 60.1%。由此可见,边坡具有明显的加速度高程放大效应,高程越高,边坡在地震作用下越危险。本方法可以直接观测到各测点的瞬时频率变化及损伤发生的时刻,具有高效的损伤定时、定位优势。

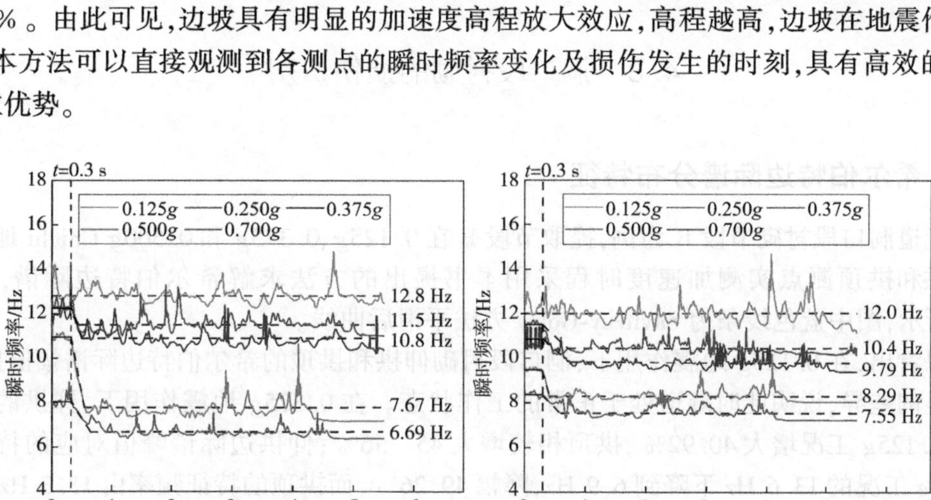

(a) A04 测点　　(b) A05 测点

图 4-8　边坡围岩测点瞬时频率

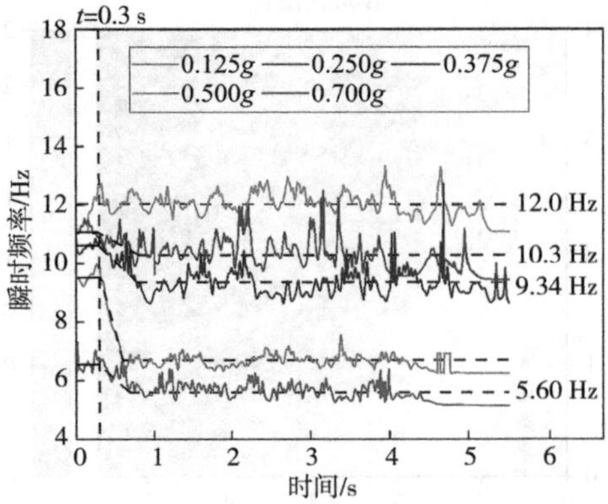

(c) A06 测点

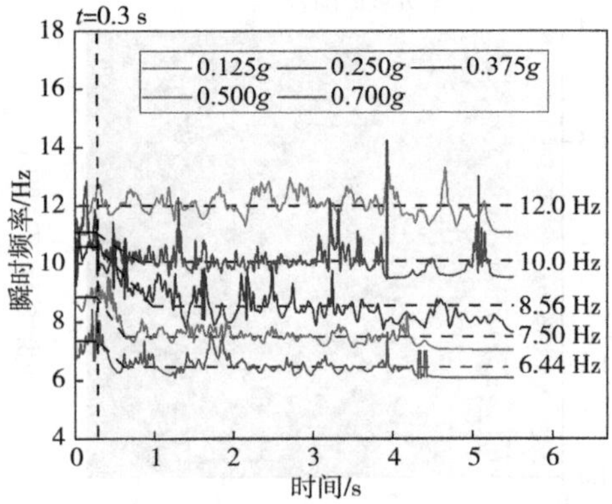

(d) A07 测点

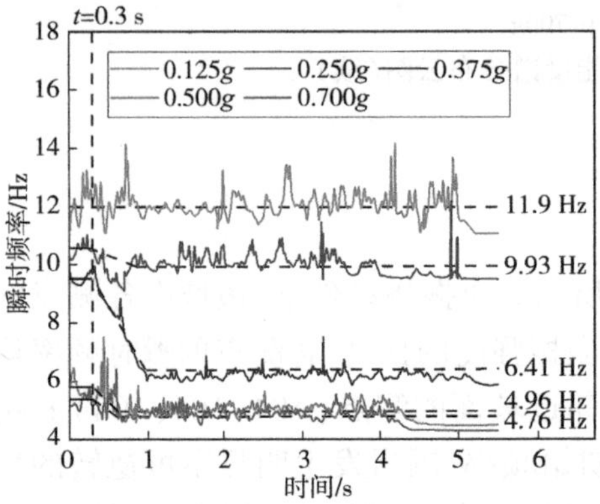

(e) A08 测点

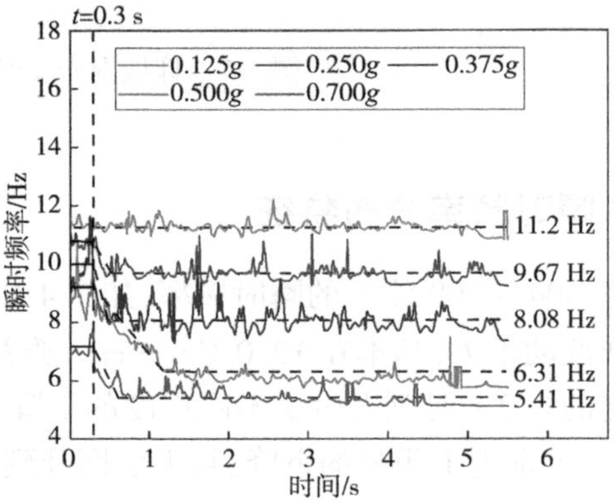

(f) A09 测点

图 4-8 边坡围岩测点瞬时频率(续)

4.3节彩图

4.3 洞口段衬砌的损伤识别

4.3.1 希尔伯特边际谱分布特征

以隧道洞口段衬砌节段 B 为例,提取节段 B 在 0.125g、0.375g 和 0.500g Chichi 地震波作用下仰拱和拱顶测点实测加速度时程采用本书提出的方法求解希尔伯特边际谱,分别如图 4-9 所示,图中蓝色线条为 Savitzky-Golay 方法平滑后曲线。

可以看出,在 0.125g 地震作用下,洞口段衬砌仰拱和拱顶的希尔伯特边际谱幅值接近,未出现明显的差异,说明此时隧道处于正常的工作状态。在 0.375g 地震作用下,仰拱的边际谱峰值较 0.125g 工况增大 40.92%,拱顶相较增大 457.56%;仰拱边际谱峰值对应的特征频率由 0.125g 工况的 13.6 Hz 下降到 6.9 Hz,降幅 49.26%,而拱顶的特征频率由 13.3 Hz 下降到 11.7 Hz,降幅 12.03%。在 0.500g 地震作用下,仰拱的边际谱峰值相较 0.375g 工况减小 29.03%,拱顶相较减小 78.87%;仰拱边际谱峰值对应的特征频率由 0.375g 工况的 6.9 Hz 下降到 5.6 Hz,降幅 18.84%,而拱顶的特征频率由 11.7 Hz 下降到 6.1 Hz,降幅为 47.86%。上述分析，初步表征仰拱在 0.375g 工况前已经发生了损伤，而拱顶在 0.500g 工况发生损伤，仰拱发生的损伤早于拱顶。

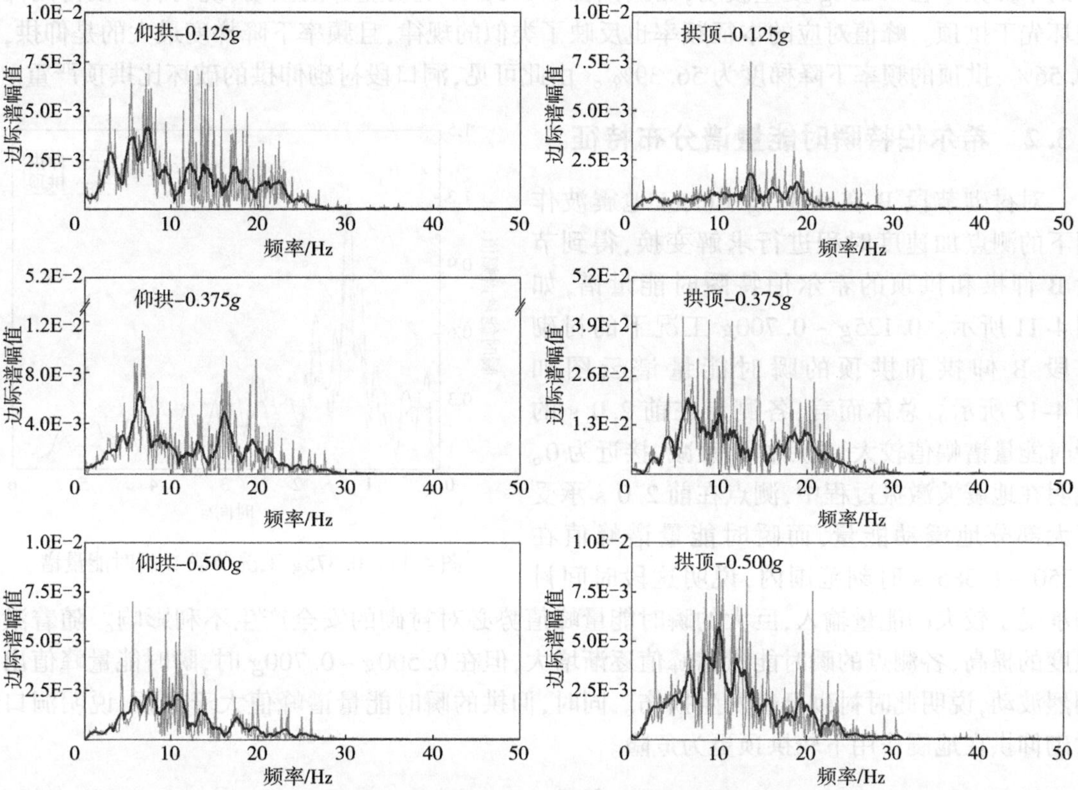

图 4-9　衬砌节段 B 的希尔伯特边际谱

为进一步全面揭示衬砌节段 B 的损伤发展过程，提取 0.125g～0.700g 激振强度下衬砌的仰拱和拱顶部位测点希尔伯特边际谱峰值和峰值对应的本征频率进行分析，探究地震波在洞口段围岩内部自下而上传播过程中洞口段衬砌节段在频域内的变化特征，如图 4-10 所示。

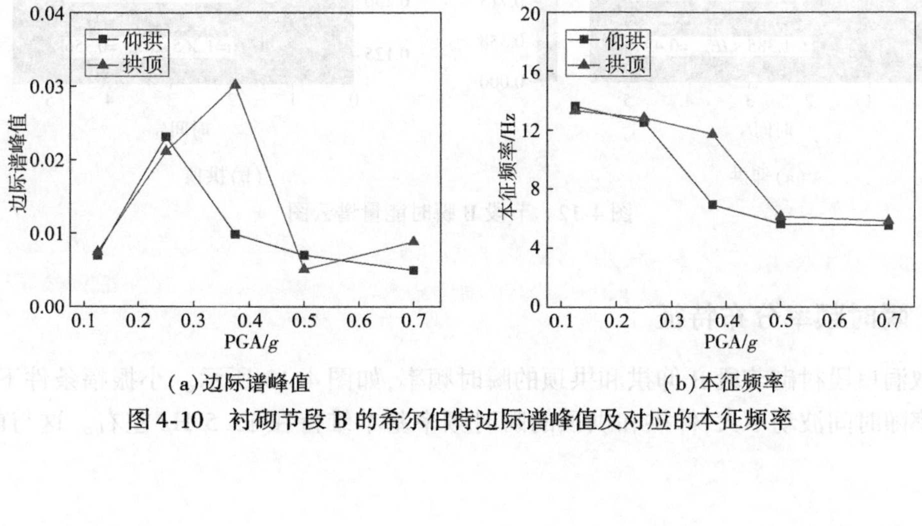

(a) 边际谱峰值　　(b) 本征频率

图 4-10　衬砌节段 B 的希尔伯特边际谱峰值及对应的本征频率

在地震波作用下，洞口段衬砌仰拱部位的边际谱峰值在 0.250g 出现明显峰值波动，由 0.125g ~0.250g 工况的逐渐增大转变为 0.250g ~0.700g 的逐渐减小，与之对应的是峰值对应的本征频率在 0.250g 发生波动；而拱顶在 0.375g 出现明显峰值波动，说明洞口段衬砌仰拱破坏先于拱顶。峰值对应的本征频率也反映了类似的规律，且频率下降梯度最大的是仰拱，为 59.56%，拱顶的频率下降梯度为 56.39%。由此可见，洞口段衬砌仰拱的破坏比拱顶严重。

4.3.2 希尔伯特瞬时能量谱分布特征

对衬砌节段 B 在 0.375g Chichi 地震波作用下的测点加速度时程进行求解变换，得到节段 B 仰拱和拱顶的希尔伯特瞬时能量谱，如图 4-11 所示。0.125g ~0.700g 工况下的衬砌节段 B 仰拱和拱顶的瞬时能量谱云图如图 4-12 所示。总体而言，各测点在前 2.0 s 的瞬时能量谱幅值较大，之后剧烈衰减，接近为 0。说明在地震波激振过程中，测点在前 2.0 s 承受了大部分地震动能量，而瞬时能量谱峰值在 1.250 ~1.385 s 时刻范围内，说明这段时间衬砌承受了较大的能量输入，巨大的瞬时能量峰值势必对衬砌的安全产生不利影响。随着激振强度的提高，各测点的瞬时能量谱峰值逐渐增大，但在 0.500g ~0.700g 时，瞬时能量峰值出现剧烈波动，说明此时衬砌已经发生损伤。同时，仰拱的瞬时能量谱峰值大于拱顶，说明洞口段衬砌仰拱在地震作用下较拱顶更为危险。

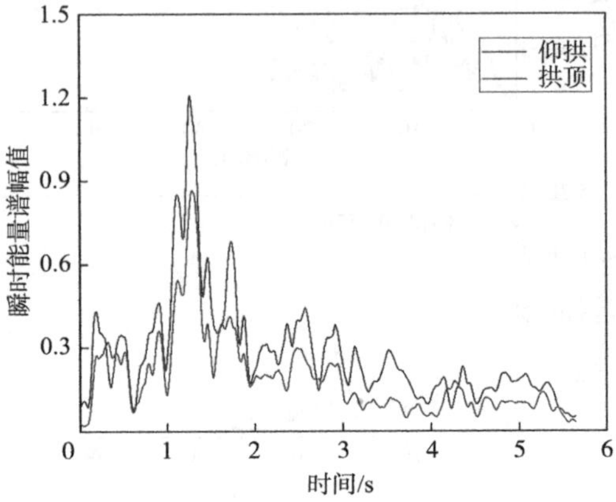

图 4-11 0.375g 工况节段 B 瞬时能量谱

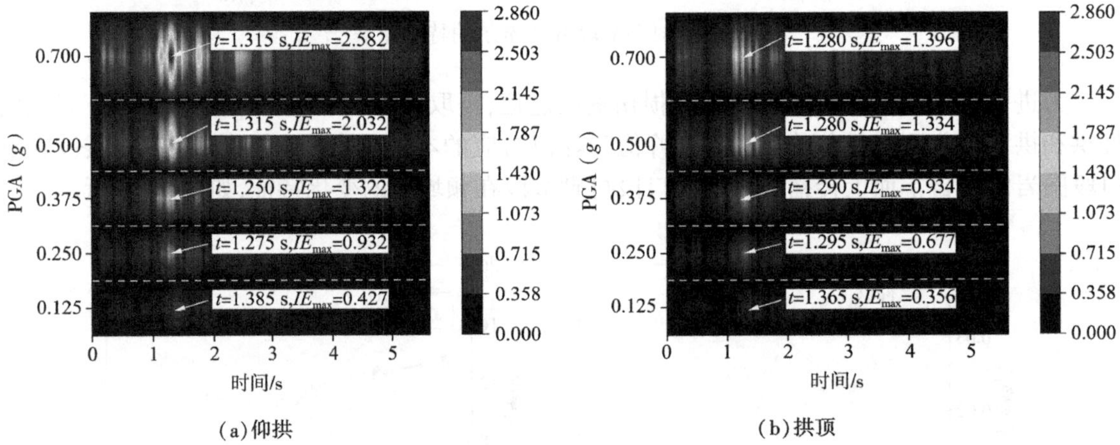

图 4-12 节段 B 瞬时能量谱云图

4.3.3 瞬时频率分布特征

提取洞口段衬砌节段 B 仰拱和拱顶的瞬时频率，如图 4-13 所示。小振幅条件下，衬砌的瞬时频率随时间波动不大，仰拱和拱顶的瞬时频率基本维持在 13.5 Hz 左右。这与前述边际谱特征频率基本一致。仰拱在 0.250g 之后瞬时频率突降，从 12.5 Hz 降至 6.99 Hz，降幅达 44.08%。拱顶在 0.375g 之后瞬时频率突降，从 11.1 Hz 降至 6.05 Hz，降幅达 45.49%；同时，各测点的频率突降时刻均在每个激振工况的 0.3 s 左右。以上分析，说明本方法不仅可以识别宏观上产生的损伤，也可对衬砌的瞬时频率变化和损伤时刻进行精确定位。

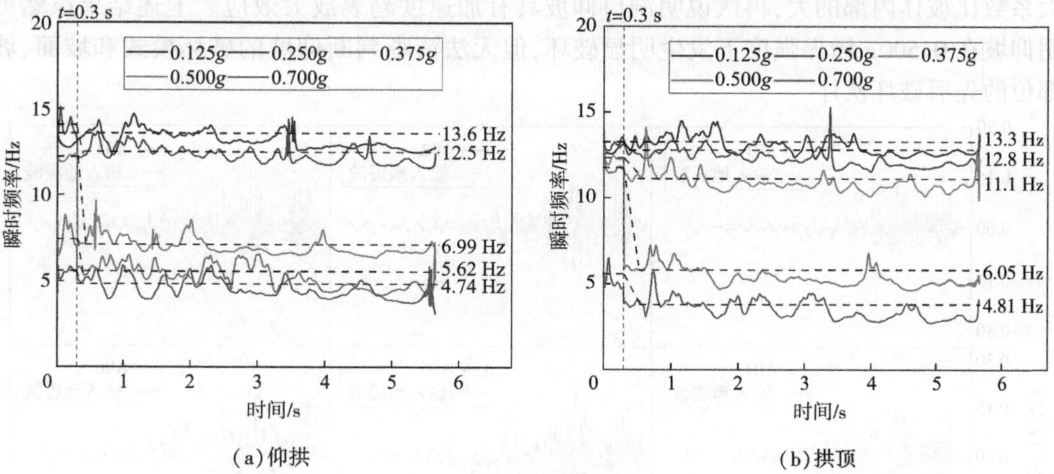

图 4-13　节段 B 瞬时频率

4.4节彩图

4.4　传统的振动台试验分析方法

传统的隧道振动台试验分析方法主要是通过多种不同规格、不同类型的传感器采集各类数据，然后从加速度时程及放大系数、白噪声扫频、应变分布和最终破坏实景等方面对隧道或围岩的地震响应进行分析，得到一些较为宏观的认识。

4.4.1　洞口段仰坡的动力响应特征

4.4.1.1　加速度时程分布特征

图 4-14 列举了仰坡围岩加速度测点 A01 ~ A09 在 0.125g 激振条件下的滤波降噪后的时程曲线。可以看出，处于模型箱底部 A01 测点的时程曲线与输入地震波的时程曲线基本一致，说明模型箱底部黏结的碎石可有效控制激振时模型围岩与模型箱底板间的相对滑移，地震波可有效地作用在围岩之中。再对比围岩中心的 A02 测点与处于同一高程的模型箱边缘 A03 测点，可以观察到二者与输入地震波相比，均有一定的放大，但二者的时程曲线基本一致，说明模型箱的边界效应抑制得较好。

总体来看，测点所在的高程越高，加速度峰值相对输入地震动越大，说明隧道洞口段仰坡存在明显的加速度高程放大效应。同时相同高程的两个测点，越接近仰坡表面，加速度幅值越大，说明洞口段仰坡存在加速度趋表放大效应。

为进一步量化各测点在不同激振强度下的加速度响应，图 4-15 给出了 A01 ~ A09 测点加速度峰值相对输入地震动的放大系数。可以看出，A01 测点的放大系数为 1.0，说明模型箱底部的地震波传递条件较好。A02～A08 测点总体上随着激振强度的提高,呈现先增大后减小的趋势,但均大于1.0。由此说明,不同高程处的围岩加速度均呈现一定的放大效应,但在持续的激振后,尤其是0.500g工况后,围岩内部阻尼增大,软化加剧,围岩非线性特征愈加明显,围岩对输入地震波的滤波效应增强,导致放大系数降低。同时,同高程处的临坡面测点加速度放大系数比坡体内部的大,再次说明洞口仰坡具有加速度趋表放大效应。上述结果虽然可以证明仰坡在0.500g激振强度下发生明显破坏,但无法清晰判断仰坡的破坏模式和坡面、坡体各部位的先后破坏次序。

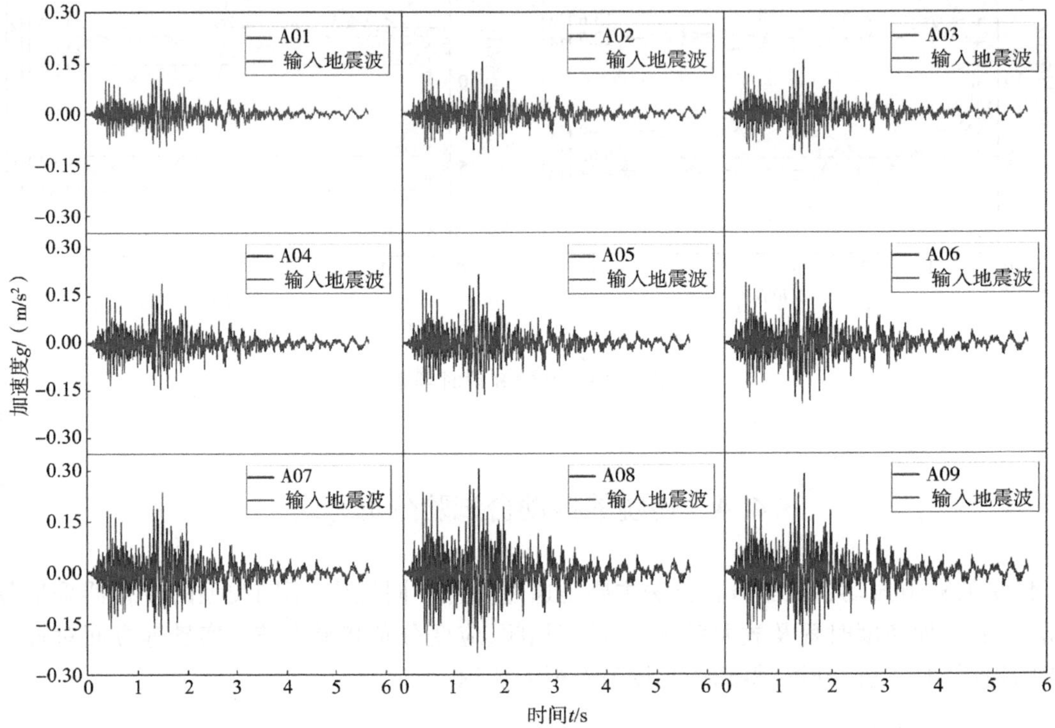

图 4-14　0.125g 激振时围岩中测点时程曲线

4.4.1.2　傅里叶谱分布特征

采用0.05g高斯白噪声(white Gaussian noise)获得激振前后的衬砌—围岩系统的频率特性,以测点A02、A04、A06和A08在工况1下采集到的数据进行傅里叶变换,它们的频谱特征如图4-16所示。其中灰线是实际频谱曲线,蓝线是经Savitzky-Golay平滑后的曲线。输入白噪声的频率组分在0～40 Hz内均匀分布,但当白噪声经过A02测点时,12.0 Hz左右频率分量显著增大,其他频率分量被显著抑制。当白噪声继续依次通过A04、A06和A08测点时,12.0 Hz和20.0 Hz左右的频率组分被显著放

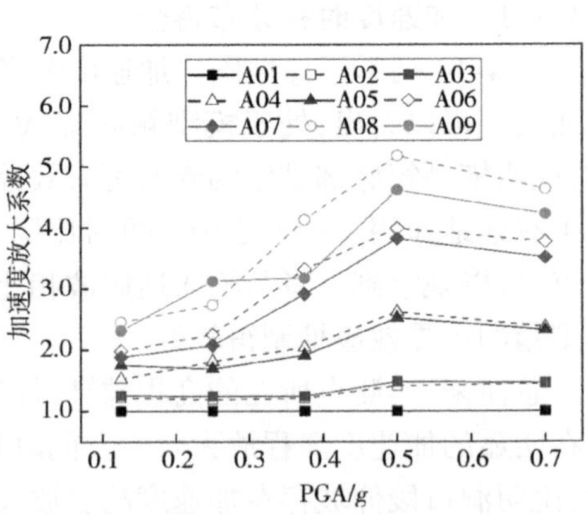

图 4-15　仰坡围岩加速度放大系数

大,其他频率组分被显著抑制。通过平滑曲线可以精确地确定洞口段围岩—隧道体系的一阶主频为 12.0 Hz,二阶主频为 20.9 Hz。由此说明,一阶、二阶主频分别反映了围岩的自振特性和隧道的频率特性,大断面隧道的存在会对洞口段的局部产生影响。

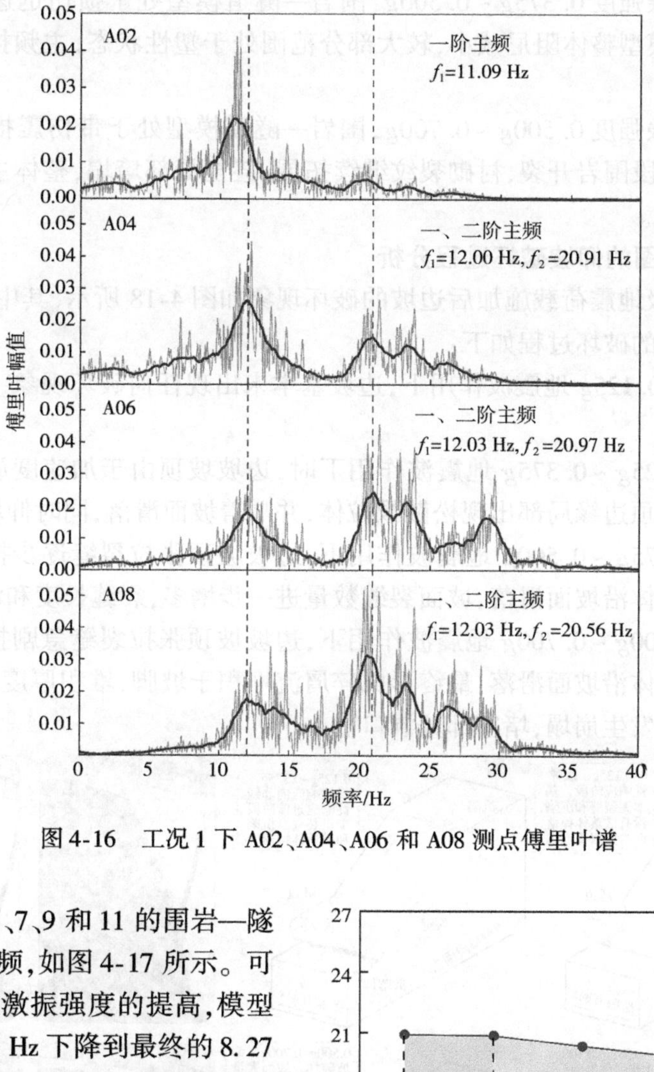

图 4-16　工况 1 下 A02、A04、A06 和 A08 测点傅里叶谱

提取工况 1、3、5、7、9 和 11 的围岩—隧道体系第一、第二主频,如图 4-17 所示。可以看出,随着地震波激振强度的提高,模型的第一主频从 12.00 Hz 下降到最终的 8.27 Hz,损失率达 31.08%,第二主频从 20.90 Hz 下降到 15.26 Hz,损失率达 26.98%。说明在地震波逐渐增大的激励下,围岩塑型发展及衬砌开裂,围岩—隧道体系的整体阻尼减小。

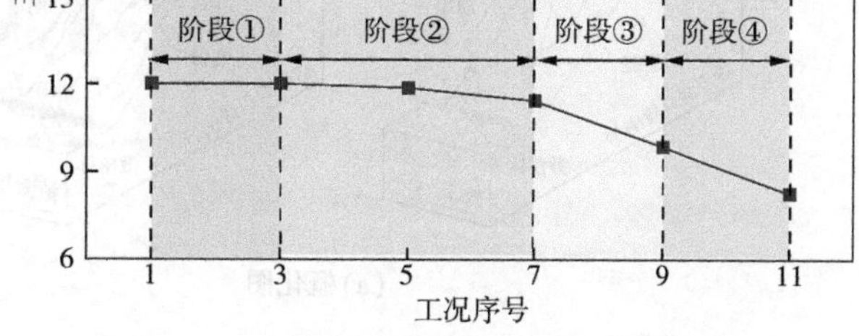

图 4-17　模型主频随着激振过程的下降趋势

根据主频的下降过程可将模型的破坏过程分为 4 个阶段:

阶段①——激振强度 0 ~ 0.125g,隧道围岩模型处于良好工作状态,处于线弹

性响应范围；

阶段②——激振强度 0. 125g ~ 0. 375g，围岩—隧道模型整体处于良好工作状态，为仅局部或小范围进入塑性状态，主频降低不明显，一、二阶主频最大损失率仅 4. 93%；

阶段③——激振强度 0. 375g ~ 0. 500g，围岩—隧道模型处于损伤迅速发展阶段，围岩软化加剧，衬砌开裂，模型整体阻尼减小，较大部分范围处于塑性状态，主频损伤强烈，最大降低率达 13. 65%；

阶段④——激振强度 0. 500g ~ 0. 700g，围岩—隧道模型处于带伤震损阶段，模型大部分处于塑性状态，洞口段围岩开裂，衬砌裂纹继续拓展，甚至局部垮塌，整体主频进一步降低，最大损失率达 16. 21%。

4. 4. 1. 3 基于实拍图的仰坡破坏过程分析

对试验中每一级地震荷载施加后边坡的破坏现象如图 4-18 所示，其中(a)为概化图，(b)为实拍图，概括边坡的破坏过程如下：

(1)阶段 1：0 ~0. 125g 地震波作用下，边坡基本未出现任何破坏现象，模型处于线弹性响应状态；

(2)阶段 2：0. 125g ~ 0. 375g 地震波作用下时，边坡坡顶由于加速度放大效应，开始出现明显的张拉裂缝，坡顶边缘局部出现松散颗粒体，并顺着坡面滑落，同时仰坡坡面出现裂缝；

(3)阶段 3：0. 375g ~ 0. 500g 地震波作用下，边坡坡顶张拉裂缝逐步扩大，坡肩局部出现沉陷，较多松散颗粒体沿坡面滑落，坡面裂缝数量进一步增多，裂缝长度和深度增加；

(4)阶段 4：0. 500g ~ 0. 700g 地震波作用下，边坡坡顶张拉裂缝急剧扩大，坡肩沉陷范围增大，大量松散颗粒体沿坡面滑落，最终形成碎屑流堆积于坡脚，堆积厚度约为 5. 0 cm。同时衬砌附近土体失稳，发生崩塌，堵塞部分洞口。

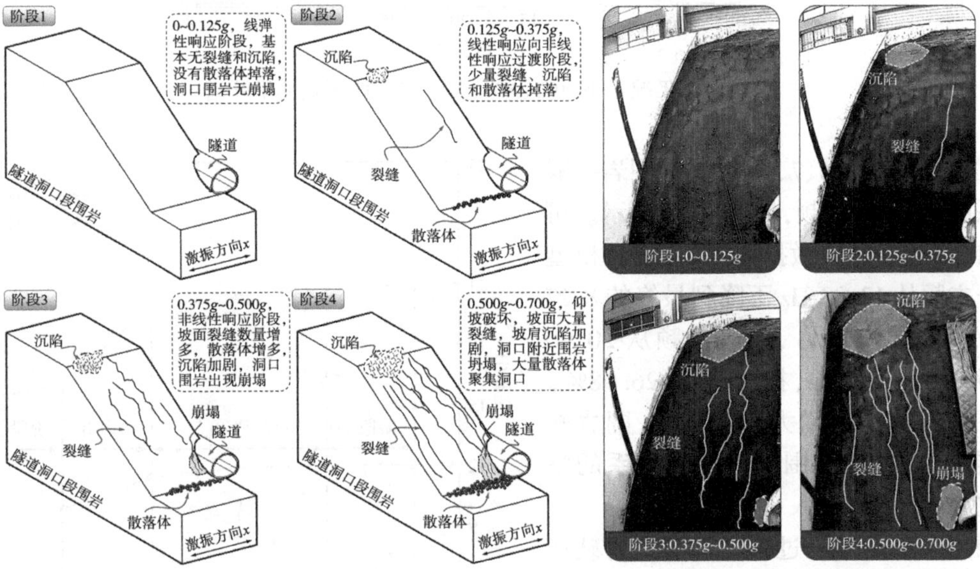

(a)概化图　　　　(b)实拍图

图 4-18　地震作用下隧道洞口段仰坡破坏过程

4.4.2　洞口段衬砌的动力响应特征

为清晰展示改进小波包联合希尔伯特-黄变换的损伤识别方法与传统分析方法的对比，本节仅分析洞口段衬砌节段 B 的动力响应。

4.4.2.1　加速度时程分布特征

提取衬砌节段 B 在 0.125g 激振条件下的加速度时程和输入地震动如图 4-19 所示。可以发现，在相同的地震波激励下，同一断面处衬砌的仰拱和拱顶加速度响应不完全一致，洞口段隧道呈现非一致地震响应，结构应力状态复杂。

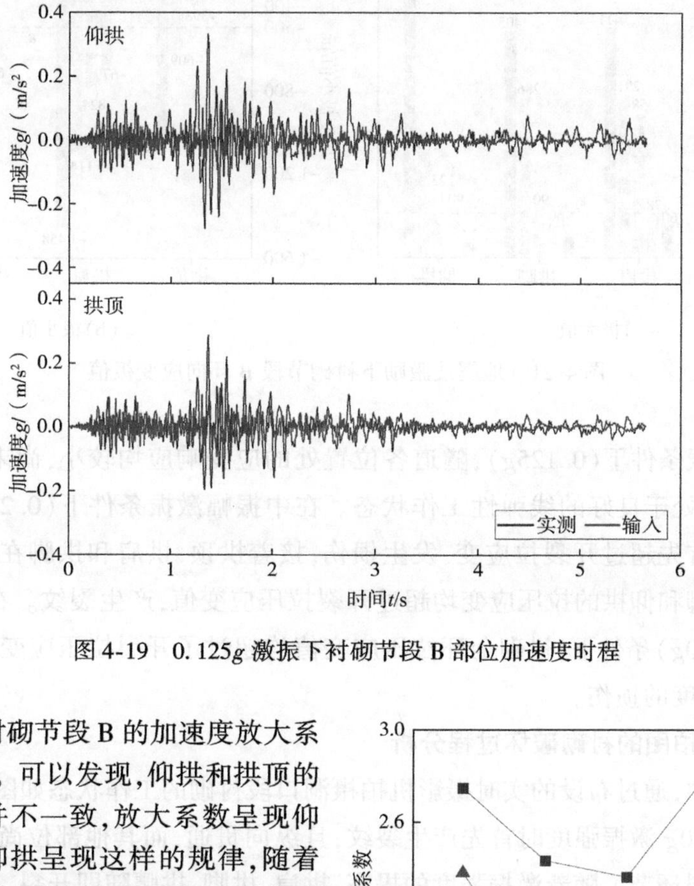

图 4-19　0.125g 激振下衬砌节段 B 部位加速度时程

提取洞口段衬砌节段 B 的加速度放大系数如图 4-20 所示。可以发现，仰拱和拱顶的加速度放大效应并不一致，放大系数呈现仰拱 > 拱顶。其中仰拱呈现这样的规律，随着激振强度的提高，加速度放大系数呈现先减小后增大再减小的规律，而拱顶的放大系数则呈现先急剧减小后缓慢减小的规律，即 L 型。由此可见，隧道洞口段衬砌处于围岩弱约束的作用下，衬砌各部位的加速度响应复杂，衬砌处于复杂危险的受力状态。

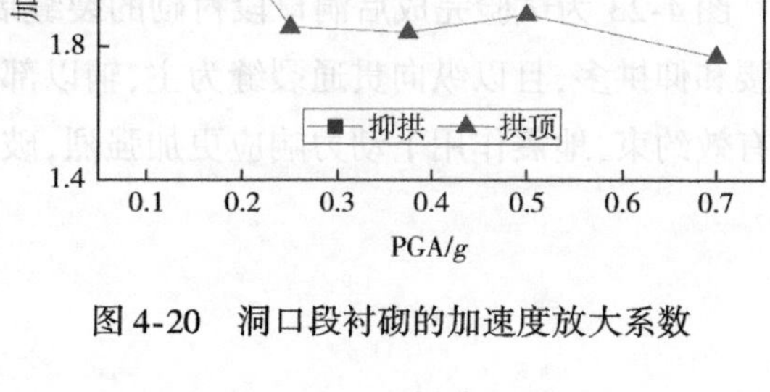

图 4-20　洞口段衬砌的加速度放大系数

4.4.2.2 动应变分布特征

选取洞口段衬砌节段 B 的地震动应变为主要研究对象,应变极值随着加载 Chichi 地震波的变化见图 4-21,其中正值表示拉应变,负值表示压应变。由于本次试验采用的石膏模拟隧道衬砌,经多次抗拉压测试,测得石膏模型在受拉 80 με 时发生开裂,在受压 500 με 时发生开裂。

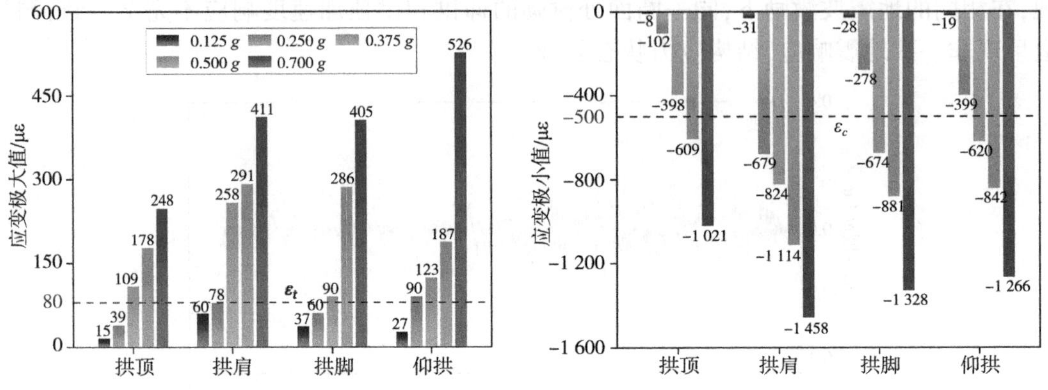

(a)极大值　　(b)极小值

图 4-21 地震波激励下衬砌节段 B 环向应变极值

在小振幅激振条件下(0.125g),隧道各位置处的应变响应均较小,尚未产生明显的受拉或受压应变,结构处于良好的线弹性工作状态。在中振幅激振条件下(0.250g~0.375g),仰拱部位的拉应变首先超过开裂拉应变,发生损伤,接着拱顶、拱肩和拱脚在 0.375g 时发生损伤,其中拱肩、拱脚和仰拱的拉压应变均超过开裂拉压应变值,产生裂纹。在大振幅激振条件下(0.500g~0.700g)条件下,衬砌全环拉压应变值均超过了开裂拉压应变值,多处部位产生裂缝,发生较大程度的损伤。

4.4.2.3 基于实拍图的衬砌破坏过程分析

在试验过程中,通过布设的实时摄影机拍摄洞口段衬砌的工作状态如图 4-22 所示。可以发现,仰拱在 0.250g 激振强度时首先产生裂纹,且纵向贯通,而其他部位尚未开裂,可见仰拱是隧道受力的薄弱环节。随着激振强度的提高,拱肩、拱脚、拱腰随即开裂,且裂纹数量越来越多,开裂方向复杂多样,隧道损伤越来越重。

图 4-23 为试验完成后洞口段衬砌的裂缝展开图,同样可以发现,仰拱附近的裂纹数量较拱腰和仰拱多,且以纵向贯通裂缝为主,辅以部分斜向和环向裂缝。由此说明,洞口段缺少围岩有效约束,地震作用下动力响应更加强烈,破坏相比洞身段更加严重。

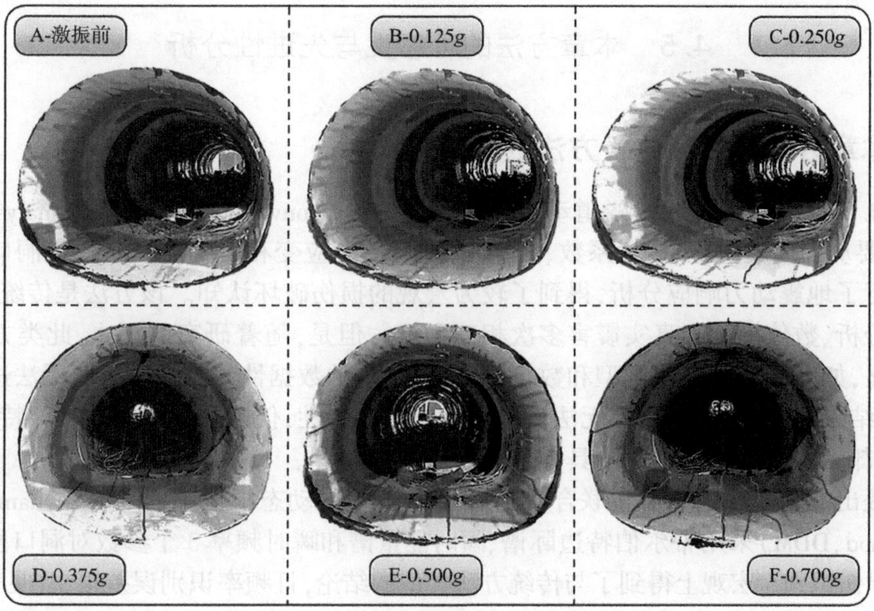

图 4-22　洞口段衬砌开裂过程实拍

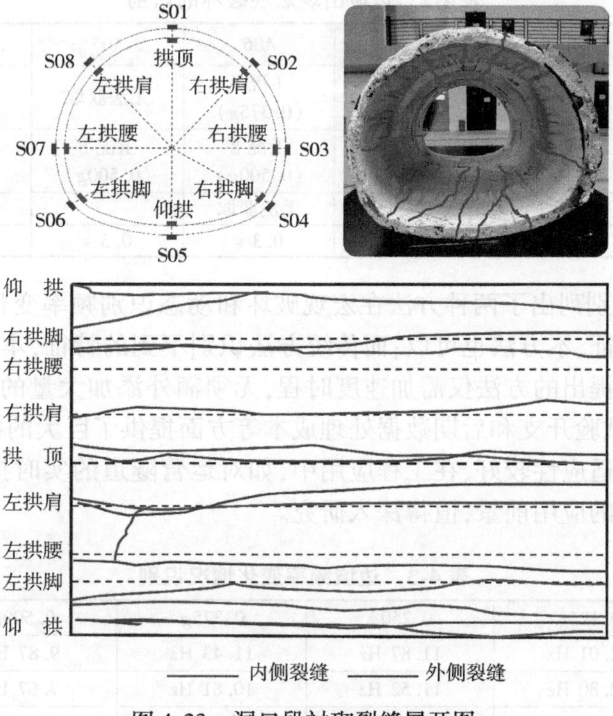

图 4-23　洞口段衬砌裂缝展开图

4.5 本章方法的可靠性与先进性分析

4.5.1 本章方法与传统分析方法的对比

本书 4.4 节采用了传统的隧道动力响应分析方法(conventional response analysis method, CRAM)主要从加速度时程、放大系数、白噪声扫频、动态应变和实况图景对隧道洞口段的边坡和衬砌进行了地震动力响应分析,得到了较为宏观的损伤破坏认知。该方法是传统而经典的,也与理论分析、数值模拟和真实震害多次相互印证。但是,随着研究的深入,此类方法的不足也逐渐凸显,如需要的传感器类型和数量较多;采集到的数据性质、维度不同,无法进行批量处理;获得的结果多是时域范围的,无法反映频域的响应特性;仅能获得宏观的破坏特征,如裂缝分布情况,却无法获得损伤发生的具体位置和具体时刻等。

本书提出的基于改进小波包联合希尔伯特-黄变换的动态损伤识别方法(dynamic discrimination method, DDM)采用希尔伯特边际谱、瞬时能量谱和瞬时频率 3 个参数对洞口段边坡和衬砌进行了损伤识别。宏观上得到了与传统方法类似的结论,且频率识别误差很小(见表 4-2),说明本书提出方法值得信赖。同时,本书方法也可从局部角度,分别对边坡和衬砌的损伤进行位置定位和时间定位,能更好地掌握隧道损伤破坏的动态过程,这个过程与传统方法相比是真正动态的,而非准动态或伪动态的。

表 4-2 边坡出现宏观破坏的识别

对比指标	方法	A04	A05	A06	A07	A08	A09
损伤工况	CRAM	工况 8 (0.500g)	无法获取	工况 6 (0.375g)	无法获取	工况 6 (0.375g)	无法获取
	DDM	工况 8 (0.500g)	工况 10 (0.700g)	工况 8 (0.500g)	工况 8 (0.500g)	工况 6 (0.375g)	工况 8 (0.500g)
损伤时刻	CRAM			无法获取			
	DDM	0.3 s	0.3 s	0.3 s	0.3 s	0.3 s	0.3 s

表 4-3、表 4-4 分别列出了两种方法在宏观破坏和动态识别频率变化上的表现力,传统方法可识别到的损伤特征,本方法也可以;而传统方法识别不到的特征,本方法依旧可以给出具体的结果。并且本书提出的方法仅需加速度时程,无须额外添加大量的应变片及其他类型的传感器件,这对减轻试验开支和后期数据处理成本等方面提供了巨大的帮助。实际上,不仅在振动台试验上本方法适应性较好,在工程应用中,如对运营隧道的实时损伤监测等方面,本方法仍然具有非常广阔的应用前景,值得深入研究。

表 4-3 边坡频率变化情况识别

方法	0.125g	0.250g	0.375g	0.500g	0.700g
CRAM	12.01 Hz	11.87 Hz	11.43 Hz	9.87 Hz	8.27 Hz
DDM	12.80 Hz	11.52 Hz	10.81 Hz	7.67 Hz	6.69 Hz
相对误差	6.57%	2.95%	5.42%	22.29%	19.10%

注:相对误差 = $\left|\dfrac{\text{CRAM}-\text{DDM}}{\text{CRAM}}\right| \times 100\%$。

表 4-4　衬砌出现宏观破坏的识别

对比指标	方　法	仰　拱	拱　脚	拱　肩	拱　顶
损伤工况	CRAM	工况 4 (0.250g)	工况 6 (0.375g)	工况 4 (0.250g)	工况 6 (0.375g)
	DDM	工况 4 (0.250g)	无法获取	无法获取	工况 8 (0.500g)
损伤时刻	CRAM	无法获取			
	DDM	0.3 s	无法获取	无法获取	0.3 s

4.5.2　本方法与现有研究的对比

为展示本书提出动态损伤识别方法相比于其他现有技术的优越性，将隋传毅等(2017)、范刚等(2016)和 Yang 等(2021)中展示的方法与本书方法进行了对比，见表 4-5。需要说明的是，由于目前小波包(WPT)和希尔伯特-黄变换(HHT)在隧道与岩土工程领域应用相对较少，暂时没有与本书研究背景一致的，且不同研究对应的试验对象和试验目的也是不同的。因此仅能就得到的主要结论进行定性对比分析。

表 4-5　本书方法与现有部分技术的对比

相关研究	方　法	应　用	得到的主要结论
隋传毅等 (2017)	小波变换 (WT)	数据滤波及降噪	高陡岩质边坡在地震作用下会发生坍塌，危及隧道入口结构的安全和运行可靠性
范刚等 (2016)	希尔伯特-黄变换 (HHT)	软弱地层顺层岩质边坡的动力破坏模式识别	希尔伯特边际谱的峰值和本征频率可以清晰地反映岩石边坡的动态损伤发展过程； 坡面附近的动力破坏程度比边坡内部更严重
Yang T. 等 (2021)	小波包变换 (WPT)	两条隧道交会处的地震能量和频谱特征分析	小波包能量结果表明，上跨隧道和下跨隧道的能量特征分布并不一致，上跨隧道拱顶和下穿隧道仰拱的能量特征值最大，在抗震设计中应考虑为薄弱环节； 对隧道顶部和仰拱的主要影响在第一频带(0.2～6.27 Hz)和第二频带(6.27～12.52 Hz)地震波
本书方法	改进小波包变换联合希尔伯特-黄变换 (IWPT－HHT)	隧道洞口段地震动态损伤识别	希尔伯特边际谱、瞬时能谱和瞬时频率可以清晰地反映隧道洞口的动态损伤发展过程； 坡面附近的动力破坏程度比边坡内部更严重。在高强度地震中，边坡会坍塌，堵塞洞口，危及隧道洞口结构的安全； 纵向贯穿裂纹是衬里劣化的最常见来源。在相同的激励条件下，仰拱损伤比拱腹和拱腋损伤更早发生，且仰拱损伤更严重； 在宏观结论方面，本书提出的方法与 CRAM 及现有研究结论一致

从表中可以看出，小波(小波包)和 HHT 技术在隧道与岩土工程领域进行损伤识别是非常有效的。但是，暂时未见小波包和 HHT 进行联合损伤识别。小波或小波包多用于数据降噪，HHT 虽然用于损伤识别，但是没有进行前期数据降噪，识别精度有限。而本书提出的动态识别方法，结合了小波包和 HHT 的优势，在对小波包进行合理改进的基础上进行数据降噪，然后采用 HHT 提取希尔伯特边际谱、瞬时能量谱和瞬时频率等参数，分析得到的结论与传统分析方法和现有技术的部分结论是一致的，证明了本书提出的动态损伤识别方法的可靠性与先进性。

4.6 本章小结

以振动台试验结果为基础，首先采用基于改进小波包(WPT)联合希尔伯特-黄变换(HHT)的识别方法对地震作用下隧道洞口段仰坡围岩和衬砌进行了动态损伤识别，详细分析了洞口仰坡围岩和衬砌的希尔伯特边际谱、瞬时能量谱和瞬时频率的分布特征。同时，也采用传统的振动台试验分析方法，从加速度时程、加速度放大系数、白噪声扫频、应变分布和最终破坏实景等方面对地震作用下隧道洞口段的动力响应进行分析。然后对上述两种方法获得的结果进行对比，得到结论如下：

(1)提出的基于改进小波包联合希尔伯特-黄变换的动态损伤识别方法与传统的振动台试验分析方法在宏观结论上是一致的，即洞口段仰坡围岩的破坏主要是坡顶张拉裂缝发展，坡肩松散颗粒体掉落、坡面裂缝发展及洞口附近土体失稳坍塌，堵塞洞口等。洞口衬砌的破坏主要以纵向贯通裂缝为主，同等激振条件下，仰拱的损伤早于拱顶，仰拱部位的破坏更为严重。

(2)提出的基于改进小波包联合希尔伯特-黄变换的动态损伤识别方法相比传统的动力响应分析方法，在瞬时参数上的识别上效果更优，希尔伯特边际谱识别出的特征频率与传统分析方法中的白噪声扫频得到的频率非常接近，而希尔伯特瞬时能量谱和瞬时频率可以观测到结构在何处、何时受到巨大的能量输入和频率变化，能更好地掌握损伤的动态过程。

(3)提出的损伤识别方法实际上不仅仅适用于振动台试验数据分析，它的数据来源可以是多方面的，可以是预先埋设在隧道内部的传感器采集的数据，也可以是行驶在运营隧道里的列车振动数据，通过环境激励或人工激励，采用本书提出的损伤识别方法进行全天候实时安全监测。

第5章　地震作用下隧道洞口段合理设防分区研究

本书第3、4章通过振动台试验和数据驱动方法研究了隧道洞口段地震响应和损伤识别，发现隧道洞口段由于埋深较浅、围岩条件较差、仰坡天然存在临空面等，导致了地震作用下隧道洞口段仰坡和衬砌的损伤非常严重。显然，隧道洞口段是隧道抗震的薄弱环节。为提高隧道洞口段的抗减震能力，首先需要确定合理的洞口段设防范围。目前关于隧道洞口段设防范围暂无定论，相关规范也仅以应根据地形、地质条件确定设防范围缺乏定量标准和实际操作性。

本章着眼于隧道洞口段的合理设防分区，根据波动力学原理，考虑地震波的反射效应，采用射线理论推导SH波垂直入射下隧道洞口段位移波场，然后建立弹性地基梁模型，考虑隧道与围岩的相互作用，获得隧道各处的应变解析表达式，并通过参数分析、振动台试验和与现有成果对比，提出并验证合理的隧道洞口段设防分区范围。

5.1　基于射线理论的洞口段边坡位移场

5.1节彩图

5.1.1　剪切波基本介绍

地震波传播过程中，按照振动方向的不同可以分为剪切波(S波)和压缩波(P波)。本书展示了一般情况下，剪切波(S波)在相对于隧道纵轴随机方向传播的基本处理方法和研究结果(见图5-1)。剪切波(S波)可按矢量分解为：

(a)1个SV波，质点运动垂直于由波传播方向和纵向结构轴所形成的平面；

(b)1个SH波，质点运动平行于上述平面。

可以发现，SH波的波形较为简单，传播路径较为明确，研究SH波作用下的隧道动力响应一方面较为简单，一方面也可为其他波作用下的隧道动力响应研究提供参考，因此本书仅考虑SH波垂直入射时隧道轴线上的位移场分布。

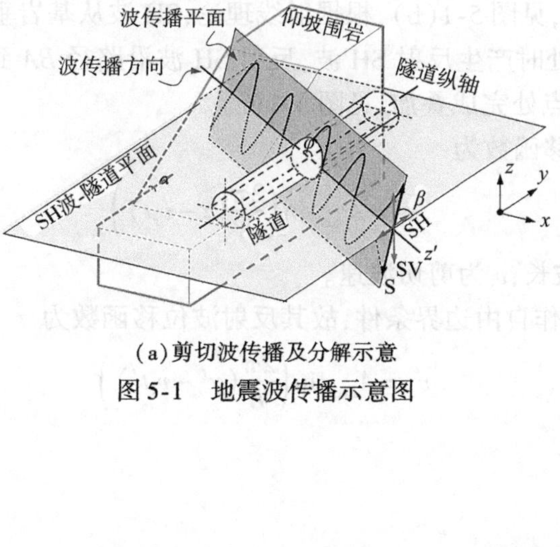

(a)剪切波传播及分解示意

图5-1　地震波传播示意图

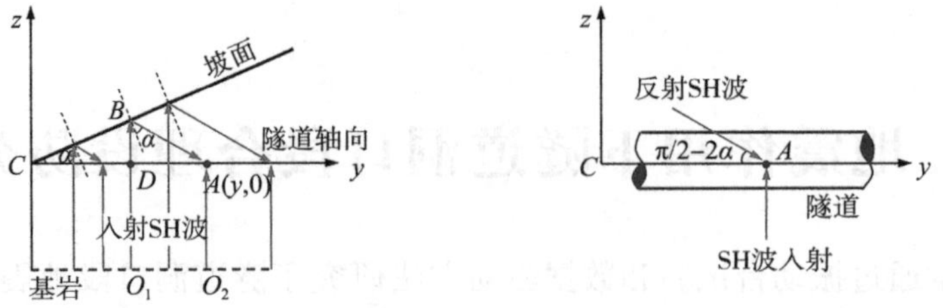

(b)垂直入射 SH 波在单面坡中的传播示意　　(c)隧道轴向 A 点的波场叠加示意

图 5-1　地震波传播示意图(续)

5.1.2　理论推导的基本假设

隧道处于围岩包覆中,地震作用下,隧道位移对地层位移具有追随性,故隧道的动力响应分析主要考虑围岩的地震位移场求解和围岩与隧道的相互作用两方面。由于地震作用下,隧道并不表现自身的振动特性,在对围岩进行位移场求解时,可忽略隧道的存在对围岩动力响应的影响。

因此,地震作用下隧道洞口段的动力响应分析可首先假定隧道结构不存在,考虑地震波在仰坡坡面的反射效应,求解隧道轴线处的位移场分布;然后建立隧道与围岩相互作用的弹性地基梁模型求解隧道的动力响应。理论推导过程中,作如下合理假设:

(1)忽略隧道对围岩动力响应的影响;

(2)山岭隧道洞口段仰坡为无限延伸的单面坡模型,坡角小于45°;

(3)围岩与隧道均为各向同性均质弹性材料;

(4)仅考虑单面坡对地震波的反射效应,不考虑散射效应。

5.1.3　隧道洞口段边坡位移场解析表达

射线理论是计算地震波传播规律的有效方法。它起源于物理中的几何光学,射线被定义为光的传播路径,其几何形状由费马原理确定,后来 Keller 将这一理论推广应用到地震学中。与光在非均匀介质中传播一样,当应力波遇到弹性性质突变界面时,将会在分界面上产生反射和折射现象,发生能量分异。

对于单面边坡模型,见图 5-1(b),根据射线理论,SH 波从基岩垂直入射后,沿路径 O_1B 传播,到达坡面上的 B 点处时产生反射 SH 波,反射 SH 波沿路径 BA 到达 A 点,并与沿路径 O_2A 传播的入射 SH 波在 A 点处完成叠加,见图 5-1(c)。

设入射 SH 波的位移函数为

$$u_x = A_{\max}\sin\left(\frac{2\pi}{L}(z - v_s t)\right) \tag{5-1}$$

式中,$A_{\max}$为振幅;L 为波长;v_s为剪切波速。

单面坡的坡面可看作自由边界条件,故其反射波位移函数为

$$u_x = A_{\max}\sin\left(\frac{2\pi}{L}(y' - v_s t')\right) \tag{5-2}$$

式中，$t'=t-t_0$；t_0 为入射波由点 D 经坡面反射到达点 A 的时间。

设点 C 为坐标原点，点 A 的坐标为 $(y,\ 0)$，则反射 SH 波到达点 A 的时间延迟为

$$t_0=\frac{y\sin 2\alpha}{v_S} \tag{5-3}$$

根据 T. R. KueSelde(1969)的研究可知，与隧道轴向成 $\pi/2-2\alpha$ 入射的反射 SH 波可以等效为如下两条波：

(a)沿 y 向(隧道轴向)传播的 SH 波，其波长为 $\dfrac{L}{\cos\left(\dfrac{\pi}{2}-2\alpha\right)}$，波速为 $\dfrac{v_s}{\cos\left(\dfrac{\pi}{2}-2\alpha\right)}$，振幅为 $A_{\max}$。

(b)沿 z 向(横截面方向)传播的 SH 波，其波长为 $\dfrac{L}{\sin\left(\dfrac{\pi}{2}-2\alpha\right)}$，波速为 $\dfrac{v_s}{\sin\left(\dfrac{\pi}{2}-2\alpha\right)}$，振幅为 $A_{\max}$。

所以隧道 A 点处的位移波场可以分为三类：沿隧道轴向(y 向)传播的反射 SH 波，沿 z 向传播的反射 SH 波和沿 z 向传播的入射 SH 波。

(1)沿隧道轴向(y 向)传播的反射 SH 波：

$$u_x=A_{\max}\sin\left(\frac{2\pi}{\dfrac{L}{\cos\left(\dfrac{\pi}{2}-2\alpha\right)}}\left(y-\frac{v_s t'}{\cos\left(\dfrac{\pi}{2}-2\alpha\right)}\right)\right) \tag{5-4}$$

(2)沿 z 向传播的反射 SH 波：

$$u_x=A_{\max}\sin\left(\frac{2\pi}{\dfrac{L}{\sin\left(\dfrac{\pi}{2}-2\alpha\right)}}\left(-z-\frac{v_s t'}{\sin\left(\dfrac{\pi}{2}-2\alpha\right)}\right)\right) \tag{5-5}$$

(3)沿 z 向传播的入射 SH 波：

$$u_x=A_{\max}\sin\left(\frac{2\pi}{L}(z-v_s t)\right) \tag{5-6}$$

将上述 3 条 SH 波引起的地层位移进行叠加，得到隧道 A 点处的位移场为

$$u_x=A_{\max}\left\{\begin{aligned}&\sin\left(\frac{2\pi}{\dfrac{L}{\cos\left(\dfrac{\pi}{2}-2\alpha\right)}}\left(y-\frac{v_s t'}{\cos\left(\dfrac{\pi}{2}-2\alpha\right)}\right)\right)+\\&\sin\left(\frac{2\pi}{\dfrac{L}{\sin\left(\dfrac{\pi}{2}-2\alpha\right)}}\left(-z-\frac{v_s t'}{\sin\left(\dfrac{\pi}{2}-2\alpha\right)}\right)\right)+\sin\left(\frac{2\pi}{L}(z-v_s t)\right)\end{aligned}\right\} \tag{5-7}$$

令$\mathbb{E}=\dfrac{2\pi}{L}$，$\mathbb{F}=v_s t'$，$\mathbb{G}=z\sin 2\alpha$，$\mathbb{H}=y\cos 2\alpha$，在$\alpha<\dfrac{\pi}{4}$条件下，式(5-7)可化简为

$$u_x=A_{\max}\left(\sin(\mathbb{E}(\mathbb{H}\sec(2\alpha)+\mathbb{F}+\mathbb{G}))-2\cos\frac{\mathbb{E}(\mathbb{H}+\mathbb{G})}{2}\sin\frac{\mathbb{E}(\mathbb{H}-\mathbb{G}+2\mathbb{F})}{2}\right)\tag{5-8}$$

5.1.4 考虑弹性波幅值衰减的位移场修正

地震波在地层介质中常常发生振幅衰减的现象，主要是反映地层内在属性的地层本征衰减。大量研究表明，地震波衰减的主要物理机制是地震作用下，干燥岩石中颗粒间的相对摩擦及基质矿物固有的黏滞性产生的损耗造成地震波的衰减，其他还包括地层的不可逆热传导作用、岩石晶体不完整性、电化学及毛细管作用、液体流动影响等。地震波在地层传播过程中发生衰减常用 Knopoff(1964)提出的介质品质因子 Q 表示：

$$Q=\frac{2\pi E}{\Delta E}\tag{5-9}$$

式中，ΔE 为每振荡一个周期内耗散的能量；E 为最大应力和应变状态下的弹性能峰值。介质品质因子 Q 表征了地震波在传播一个周期内的储能与耗能的比值。Knopoff 给出了岩石的品质因子 Q 介于 10 到 1 000 之间。Barton(2007)研究指出对于松散破碎、节理发育的围岩品质因子 Q 可取 5 到 15 之间。

对于隧道洞口段而言，地形突变和松散破碎围岩带来复杂的物理状态，地震波衰减实质上是多种衰减机制的共同作用。但本书侧重点在于地震波幅值衰减对隧道洞口段位移波场的影响，且隧道洞口段属于小范围地震波场，因此忽略不同衰减机制引起的品质因子 Q 空间变化，采用统一的衰减因子 ζ 表示地震波的幅值衰减。目前常用的衰减模型是指数衰减模型，式(5-8)可表示为

$$u'_x=\mathrm{e}^{-\zeta r}A_{\max}\left(\sin(\mathbb{E}(\mathbb{H}\sec(2\alpha)+\mathbb{F}+\mathbb{G}))-2\cos\frac{\mathbb{E}(\mathbb{H}+\mathbb{G})}{2}\sin\frac{\mathbb{E}(\mathbb{H}-\mathbb{G}+2\mathbb{F})}{2}\right)\tag{5-10}$$

式中，ζ 为统一衰减因子；r 为波前基准点与计算点之间沿着波传播和反射路径的旅行长度；$A_{\max}$为入射波振幅；其他参数同上。

统一衰减因子 ζ 的确定常用单位波长衰减量 δ、品质因子 Q、频率 f、波长 λ 和剪切波速 v_s 表征：

$$\delta=\zeta\lambda=\frac{\zeta v_s}{f}=\frac{\pi}{Q}\tag{5-11}$$

即

$$\zeta=\frac{\pi f}{Q v_s}\tag{5-12}$$

5.2节彩图

5.2 基于弹性地基梁的洞口段隧道动力响应

5.2.1 隧道横向振动运动方程

从弹性地基梁上取出长度为 dy 的单元体进行分析，如图 5-2 所示。已知：E 为隧道的弹

性模量；I 为梁截面的惯性矩；ρ 为隧道梁密度；A 为梁的横截面积；Q_s 为梁截面剪力；M 为梁弯矩；K_w 为地基梁横向弹簧系数；K_a 为地基梁纵向弹簧系数；$g_w(y, t)$ 为地震作用下地基土的横向位移；$v(y, t)$ 为地震作用下隧道梁的横向位移；$g_a(y, t)$ 为地震作用下地基土的纵向位移；$u(y, t)$ 为地震作用下隧道梁的纵向位移。

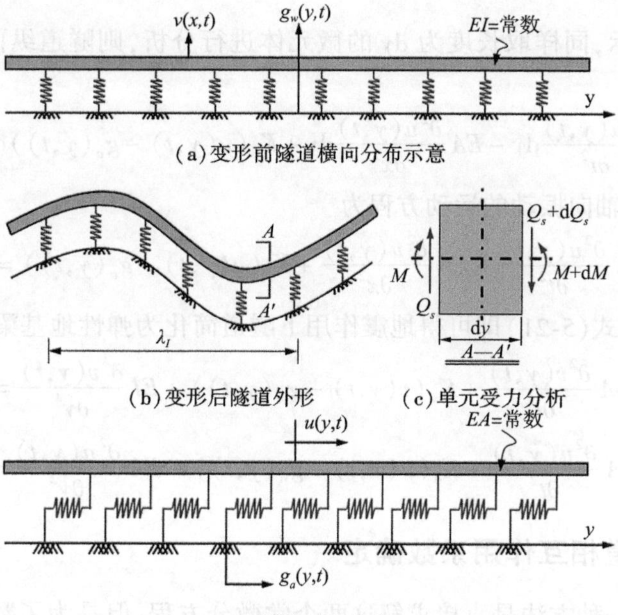

图 5-2　基于弹性地基梁的围岩—隧道体系

对于梁单元体，由动力平衡条件可得

$$\frac{\partial Q_s}{\partial y}\mathrm{d}y + K_w\left(v(y,t) - g_w(y,t)\right)\mathrm{d}y + \rho A\mathrm{d}y\,\frac{\partial^2 v(y,t)}{\partial t^2} = 0 \tag{5-13}$$

由力矩平衡条件可得

$$-Q_s\mathrm{d}y + \frac{\partial M}{\partial y}\mathrm{d}y + K_w\left(v(y,t) - g_w(y,t)\right)\mathrm{d}y\,\frac{\mathrm{d}y}{2} + \rho A\mathrm{d}y\,\frac{\partial^2 v(y,t)}{\partial t^2}\frac{\mathrm{d}y}{2} = 0 \tag{5-14}$$

上式(5-14)可近似简化为

$$-Q_s\mathrm{d}y + \frac{\partial M}{\partial y}\mathrm{d}y = 0 \tag{5-15}$$

将式(5-15)代入式(5-13)，可得

$$\frac{\partial^2 M}{\partial y^2}\mathrm{d}y + K_w\left[v(y,t) - g_w(y,t)\right]\mathrm{d}y + \rho A\mathrm{d}y\,\frac{\partial^2 v(y,t)}{\partial t^2} = 0 \tag{5-16}$$

根据初等弯曲理论：

$$M = EIv''(y,t) = EI\,\frac{\partial^2 v(y,t)}{\partial y^2} \tag{5-17}$$

那么，式(5-16)变为

$$\frac{\partial^2}{\partial y^2}\left[EI\,\frac{\partial^2 v(y,t)}{\partial y^2}\right] + K_w\left(v(y,t) - g_w(y,t)\right) + \rho A\,\frac{\partial^2 v(y,t)}{\partial t^2} = 0 \tag{5-18}$$

对于弹性地基上的梁，弯曲刚度 EI 不随 z 变化，故隧道横向振动的运动方程为

$$\rho A\frac{\partial^2 v(y,t)}{\partial t^2}+K_w(v(y,t)-g_w(y,t))+EI\frac{\partial^4 v(y,t)}{\partial y^4}=0 \tag{5-19}$$

5.2.2 隧道纵向振动的运动方程

如图 5-1(d)所示，同样取长度为 dy 的微元体进行分析，则隧道纵向振动的运动微分方程为

$$\rho A\frac{\partial^2 u(y,t)}{\partial t^2}dy-EA\frac{\partial^2 u(y,t)}{\partial x^2}dy+K_a(u(y,t)-g_a(y,t))dy=0 \tag{5-20}$$

经转换可得隧道轴向振动的运动方程为

$$\rho A\frac{\partial^2 u(y,t)}{\partial t^2}-EA\frac{\partial^2 u(y,t)}{\partial x^2}+K_a(u(y,t)-g_a(y,t))=0 \tag{5-21}$$

联立式(5-19)和式(5-21)即可得地震作用下隧道简化为弹性地基梁二维振动运动方程：

$$\begin{cases}\rho A\dfrac{\partial^2 v(y,t)}{\partial t^2}+K_w(v(y,t)-g_w(y,t))+EI\dfrac{\partial^4 v(y,t)}{\partial y^4}=0\\ \rho A\dfrac{\partial^2 u(y,t)}{\partial t^2}+K_a(u(y,t)-g_a(y,t))-EA\dfrac{\partial^2 u(y,t)}{\partial y^2}=0\end{cases} \tag{5-22}$$

5.2.3 围岩—隧道相互作用系数确定

对于式(5-22)，一种方法是直接求解这两个常微分方程，但是为了数学上求解的方便，对边界条件和求解过程进行了一定简化。现有研究表明，隧道的响应对围岩变形具有依赖性和追随性，所以另一种较合理的处理方式是利用隧道与围岩的相互作用原理，引入了位移传递系数的概念，求解上述常微分方程组。

为便于分析计算，根据地震波动力学理论，围岩在地震波作用下的运动可以看成以下简谐平面波，其波动形状位移函数为

$$w(y,t)=A_0\sin\left(\omega t-\frac{2\pi y}{L}\right) \tag{5-23}$$

式中，ω 为地震波的圆频率；L 为地震波长；A_0为地基土的变位振幅。

假设入射方向与隧道的轴线成 φ 角，剪切波对隧道轴线方向的波动产生影响，剪切波的位移使地基土产生的横向位移 $g_w(y',t)$ 和轴向位移 $g_a(y',t)$ 分别为

$$\begin{cases}g_w(y',t)=A_0\cos\varphi\cdot\sin\left(\omega t-\dfrac{2\pi y'}{L'}\right)\\ g_a(y',t)=A_0\sin\varphi\cdot\sin\left(\omega t-\dfrac{2\pi y'}{L'}\right)\end{cases} \tag{5-24}$$

式中，y'为隧道纵向的坐标；L'为剪切波在隧道上的视波长，$L'=\dfrac{L}{\cos\varphi}$。

根据相对变形理论，考虑围岩与隧道之间的相互作用。假设围岩与隧道之间的横向和轴向变形传递系数分别为ξ_w和ξ_a，则由式(5-24)得隧道的横向 $v(y',t)$ 和轴向 $u(y',t)$ 振动时的位移分别为

$$\begin{cases} v(y',t)=\xi_w \cdot g_w(y',t) \\ u(y',t)=\xi_a \cdot g_a(y',t) \end{cases} \tag{5-25}$$

将式(5-25)代入式(5-22),并结合式(5-24),可得考虑隧道地震惯性力的位移传递系数 ξ_w 和 ξ_a 为

$$\begin{cases} \xi_w = \dfrac{1}{1+\dfrac{EI}{K_w}\left(\dfrac{2\pi\cos\varphi}{L}\right)^4 - \Theta(K_w)} \\ \xi_a = \dfrac{1}{1+\dfrac{EA}{K_a}\left(\dfrac{2\pi\cos\varphi}{L}\right)^2 - \Theta(K_a)} \end{cases} \tag{5-26}$$

式中,$\Theta(K)=\dfrac{\rho A\omega^2}{K}$;$K$ 为弹性地基系数,对应于横向为 K_w;纵向为 K_a。当不考虑结构自重时,$\Theta(K)$ 可取为 0。

5.3　地震作用下隧道洞口段衬砌环向应变封闭解

由 5.1 节推导可得,SH 垂直入射时,洞口段仰坡仅在隧道横断面方向(x)产生位移,见式(5-8)。结合式(5-26)可以得到考虑围岩—隧道相互作用下的隧道产生的横向位移,见式(5-27)。

$$\begin{aligned} v(y,t) &= e^{-\zeta r}\xi_w g_w(y,t) \\ &= e^{-\zeta r}\frac{A_{\max}\left(\sin(\mathbb{E}(\mathbb{H}\sec(2\alpha)+\mathbb{F}+\mathbb{G})) - 2\cos\dfrac{\mathbb{E}(\mathbb{H}+\mathbb{G})}{2}\sin\dfrac{\mathbb{E}(\mathbb{H}-\mathbb{G}+2\mathbb{F})}{2}\right)}{1+\dfrac{EI}{K_w}\left(\dfrac{2\pi\cos\varphi}{L}\right)^4 - \Theta(K_w)} \end{aligned} \tag{5-27}$$

对式(5-27)求二阶偏导,并略去高阶小量后,得曲率,见式(5-28)。

$$\frac{1}{\beta} = \frac{\partial^2 v(y,t)}{\partial y^2} = \frac{e^{-\zeta r}A_{\max}\mathbb{E}^2\sin^2 2\alpha}{1+\dfrac{EI}{K_w}\left(\dfrac{2\pi\cos\varphi}{L}\right)^4 - \Theta(K_w)} \cdot \left[\sin(\mathbb{E}\mathbb{F} - z\cdot\mathbb{E}\sin 2\alpha) - \sin(\mathbb{E}\mathbb{F} + z\cdot\mathbb{E}\sin 2\alpha + \mathbb{E}y)\right] \tag{5-28}$$

由初等弯曲理论可以推导得到隧道的环向应变为

$$\varepsilon_w = \frac{l}{\beta} = \frac{e^{-\zeta r}4lA_{\max}\pi^2\sin^2 2\alpha}{L^2\left(1+\dfrac{EI}{K_w}\left(\dfrac{2\pi\cos\varphi}{L}\right)^4 - \dfrac{\rho A\omega^2}{K_w}\right)} \cdot \left[\sin\left(\frac{2\pi}{L}(v_s t - 2y\cdot\sin 2\alpha)\right) - \sin\left(\frac{2\pi}{L}\left(v_s t + \frac{y}{\cot\alpha + \tan 2\alpha}\right)\right)\right] \tag{5-29}$$

其中 l 为横截面上点到中性轴的距离。另外,横向弹性地基系数 K_w 根据 St John 等人(1987)的研究成果:

$$K_w = \frac{16\pi G(1-\mu)}{3-4\mu}\cdot\frac{d_0}{L} \tag{5-30}$$

式中，μ 为围岩泊松比；d_0 为隧道当量直径，对于非圆形隧道，可按如下取值：$d_0 = \frac{\left[\left(\frac{D}{2}\right)^2 + H^2\right]}{H}$，其中 D 为隧道断面跨度，H 为隧道断面高度；L 为地震波波长；G 为岩土体动剪切模量，可表示为围岩密度 ρ_s 与地层剪切波速 v_s 平方的乘积，即 $G = \rho_s v_s^2$。

5.4 基于参数化分析的隧道洞口段合理抗震设防分区

5.4节彩图

通过5.1~5.3节的推导，发现隧道洞口段的动力响应与很多参数有关，式(5-25)直观地展示了以下3类参数会对隧道的动力响应产生影响：

(1)A类：围岩的参数，包括洞口段的仰坡坡度 α、围岩的密度 ρ、变形模量 E_0、泊松比 μ 等；

(2)B类：地震波参数，包括振幅 A_{max}、频率 f、波长 L 等；

(3)C类：衬砌参数，包括衬砌弹性模量 E、衬砌密度 ρ_s、隧道断面跨度 D、隧道断面高度 H 和衬砌厚度 t_s 等。下面就上述参数变化对隧道环向应变 ε_w 的影响进行详细探讨，明确SH波作用下隧道洞口段的合理设防分区范围。

5.4.1 仰坡坡角的影响

通过对基于射线理论的边坡位移波场进行分析，发现坡角会影响SH波的反射路径，因此首先对不同坡角 $\alpha = 10°$、$20°$、$30°$和$40°$情况下的环向应变 ε_w 进行分析。需要说明的是，采用位移波函数 $u(t) = A_{max}\sin(2\pi ft)$，$t \in [0\ s, 1.0\ s]$ 作为基底入射SH波函数，其中地震波振幅 $A_{max} = 0.05$ m，频率 $f = 2.0$ Hz，波长 $L = 90$ m。其他参数为：围岩品质因子 $Q = 10$，密度 $\rho = 1\ 700$ kg/m^3，变形模量 $E_0 = 0.8$ GPa，泊松比 $\mu = 0.4$，衬砌采用C30混凝土，弹性模量 $E = 30$ GPa，密度2 500 kg/m^3，衬砌厚度0.55 m，隧道断面跨度13.26 m，隧道断面高度11.43 m。

图5-3为隧道拱脚在距洞口不同距离和不同坡角下的应变分布云图。可以看出不同坡角下衬砌的应变云图不尽相同，但展现了类似的规律：从时间轴看，应变 ε_w 呈现周期性的幅值变化，应变极大值和极小值交替出现；从隧道纵轴（距洞口处距离）看，应变均呈现先增大后减小，最后稳定的特征。对它们分别进行时间轴切片（$t = 0.20$ s、0.50 s和0.80 s）和纵轴切片（$z = 20$ m、50 m和100 m），可以发现不同时刻隧道纵轴的 ε_w 应变分布不同，坡角 $\alpha = 10°$时，应变呈现单峰值的特点，即先增大后减小再到稳定的过程，而坡角 $\alpha = 20° \sim 40°$时，应变呈现双峰值特点。另外，距洞口处不同距离，应变 ε_w 均呈现周期性变化，但应变峰值不同。不能忽视的一点是，距隧道洞口不同距离的应变峰值并不出现在相同时刻，距离洞口越近，峰值出现越早，这体现了SH波在隧道纵轴上存在明显的时滞效应。从峰值的大小来看，随着坡角 α 的增大，应变 ε_w 峰值也增大，这提示隧道洞口处边仰坡角度不宜过大，应尽量选择缓坡入洞。

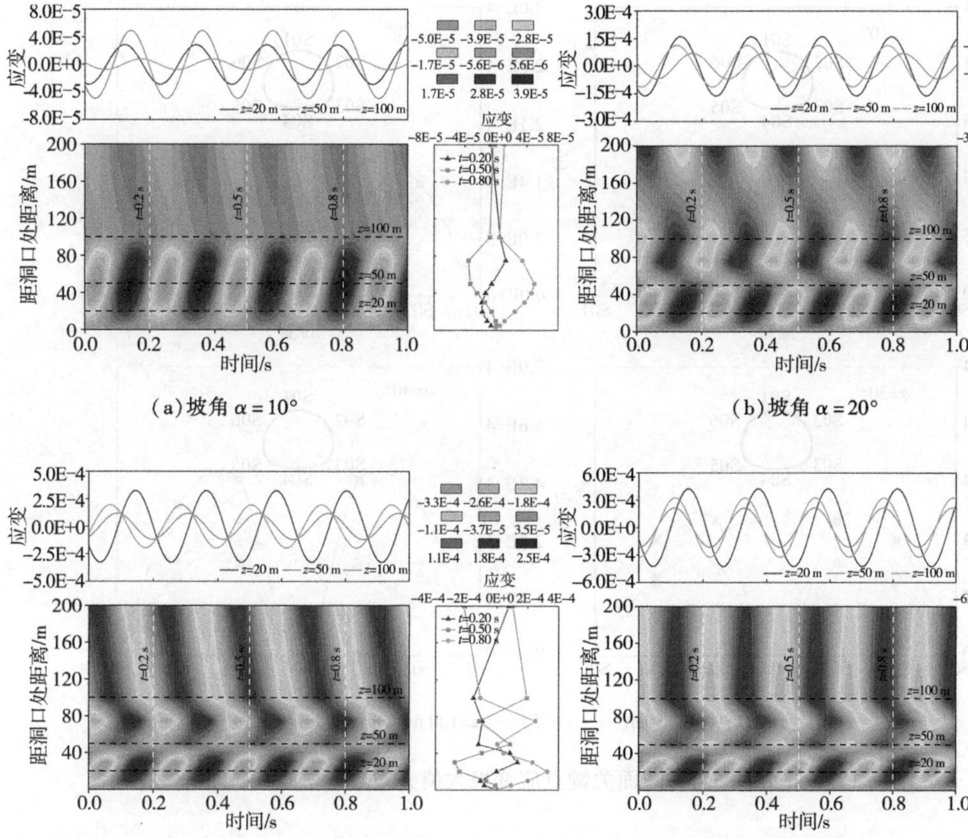

(a) 坡角 $\alpha=10°$　(b) 坡角 $\alpha=20°$

(c) 坡角 $\alpha=30°$　(d) 坡角 $\alpha=40°$

图 5-3　距洞口不同距离处隧道拱脚应变分布云图

提取距洞口不同距离处衬砌断面关键点的应变极大值分布，如图 5-4 所示。S01 ~ S06 分别代表拱顶、左拱肩(进洞方向)、左拱脚、仰拱、右拱脚和右拱肩。可以发现，环向应变ε_w主要集中在两侧的拱肩和拱脚部位，且拱脚略大于拱肩。分析原因可知，拱脚环向应变大于拱肩实际上与隧道断面形状有关，本书采用的隧道断面为马蹄形，拱脚处易发生应力集中。相同坡度时，距隧道洞口距离不同，应变值不同，但并非随着 y 的增大而单调增大或减小，由此说明洞口段不同位置处的动力响应差异较大，需要给出合理的抗震设防分区范围。另外，坡度越大，相同位置处的应变极值越大，这说明陡坡不利于隧道洞口段的抗震。

提取不同坡度下拱肩、拱脚的应变极大值随纵向距离的分布，如图 5-5 所示。它很好地表征了隧道洞口段不同位置处在 SH 波激励下的峰值分布。可以发现，坡度越高，拱肩和拱脚的应变峰值越大，且拱脚略大于拱肩。虽然峰值不同，但它们都呈现了较为相似的规律：在距隧道洞口的 200 m 范围内，1.5D(D 为隧道断面跨度)位置处出现最大的应变峰值，然后快速下降，在 3.0D 处出现最小的应变值。这跟相关研究的洞口段设防长度为 3 倍洞径的结论是相符的。

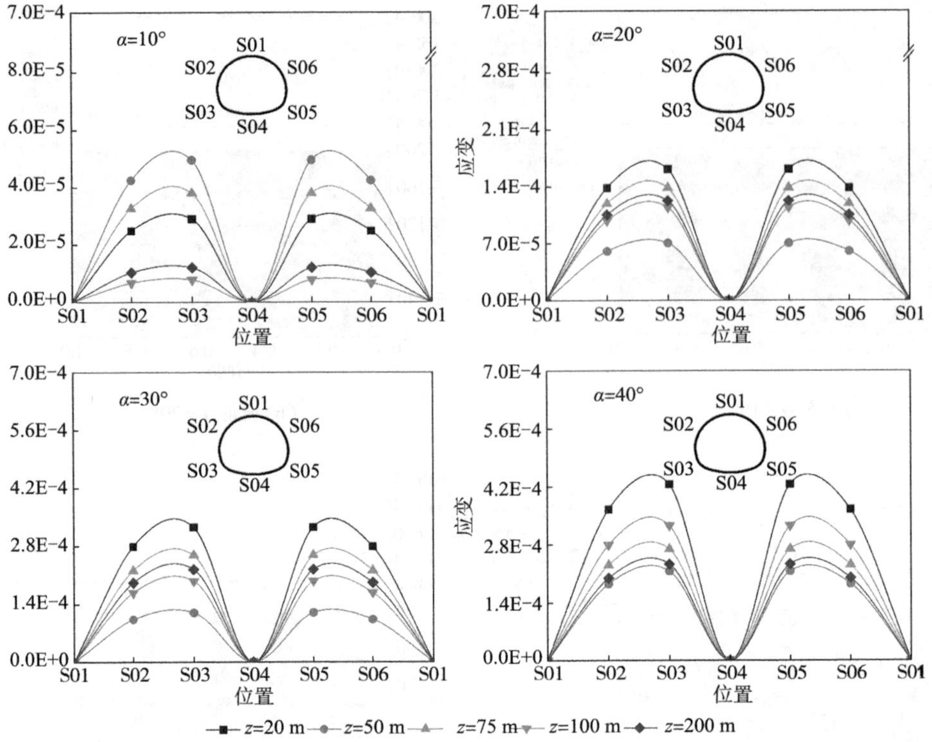

图 5-4　断面关键点应变极大值分布

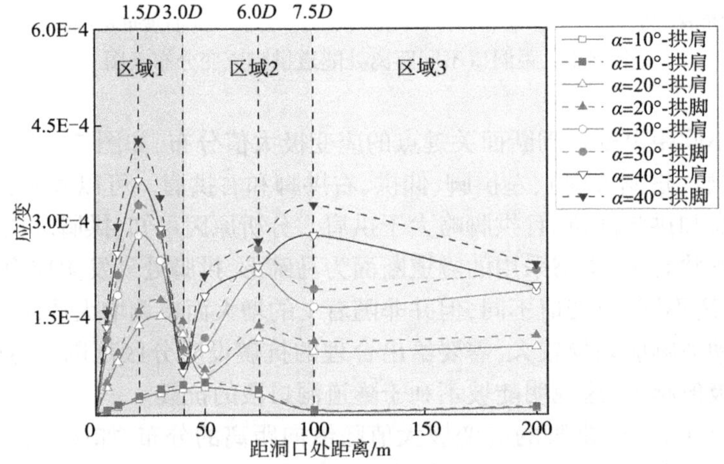

区域1—第一峰值波动区；区域2—第二峰值波动区；区域3—平稳区。

图 5-5　坡角变化时拱肩和拱脚的应变极大值随洞口纵向距离的分布

另外,距离洞口 3 倍洞径后,在 6 倍洞径处出现第二峰值,并在 7.5 倍洞径下降至稳定值,所以把洞口段隧道受地震影响的区域划分为 3 个:区域 1(0 ~ 3.0D)——第一峰值波动区;区域 2(3.0D ~ 7.5D)——第二峰值波动区和区域 3(>7.5D)——平稳区。从涵盖环向应变双峰值的角度考虑，SH 波垂直入射时，洞口段的抗震设防范围可到 7.5D。

5.4.2　地震波长的影响

接下来讨论 SH 波的波长变化对隧道环向应变ε_w的影响。本节的地震波长 L 取值为 20、50、75、100、150、200、300 和 500 m，其他计算参数为坡角 $\alpha=30°$，地震波频率 $f=2.0$ Hz，地震波最大振幅 $A_{max}=0.05$ m，围岩品质因子 $Q=10$，密度 $\rho=1\ 700\ kg/m^3$，变形模量 $E_0=0.8$ GPa，泊松比 $\mu=0.4$，衬砌采用 C30 混凝土，弹性模量 $E=30$ GPa，密度 $\rho_s=2\ 500\ kg/m^3$，衬砌厚度 0.55 m，隧道断面跨度 13.26 m，隧道断面高度 11.43 m。

图 5-6 为拱肩距洞口不同距离和不同地震波长下的应变分布云图。可以看出，不同波长下衬砌的应变云图不尽相同，总体而言，随着入射波长的增大，应变ε_w的极值（包括极大值和极小值）先增大后减小。在上述计算工况中，波长 $L=150$ m 时，应变极值的量值最大。从时间轴看，应变ε_w呈现周期性的幅值变化，应变极大值和极小值交替出现，且波长越长，1.0 s 时间内完整周期的数目越少；从隧道纵轴（距洞口的距离）看，应变均呈现先增大后减小，最后趋于稳定的特征。

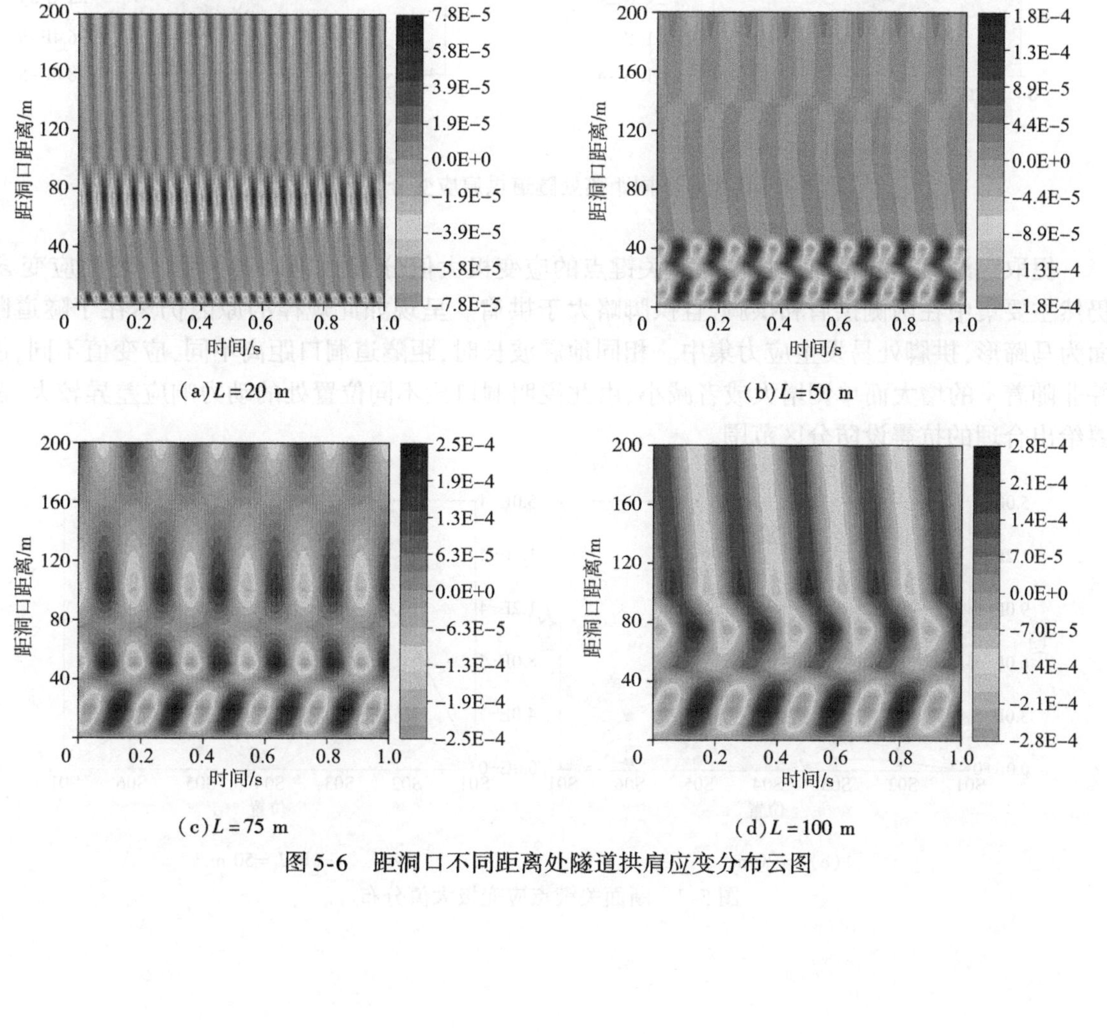

图 5-6　距洞口不同距离处隧道拱肩应变分布云图

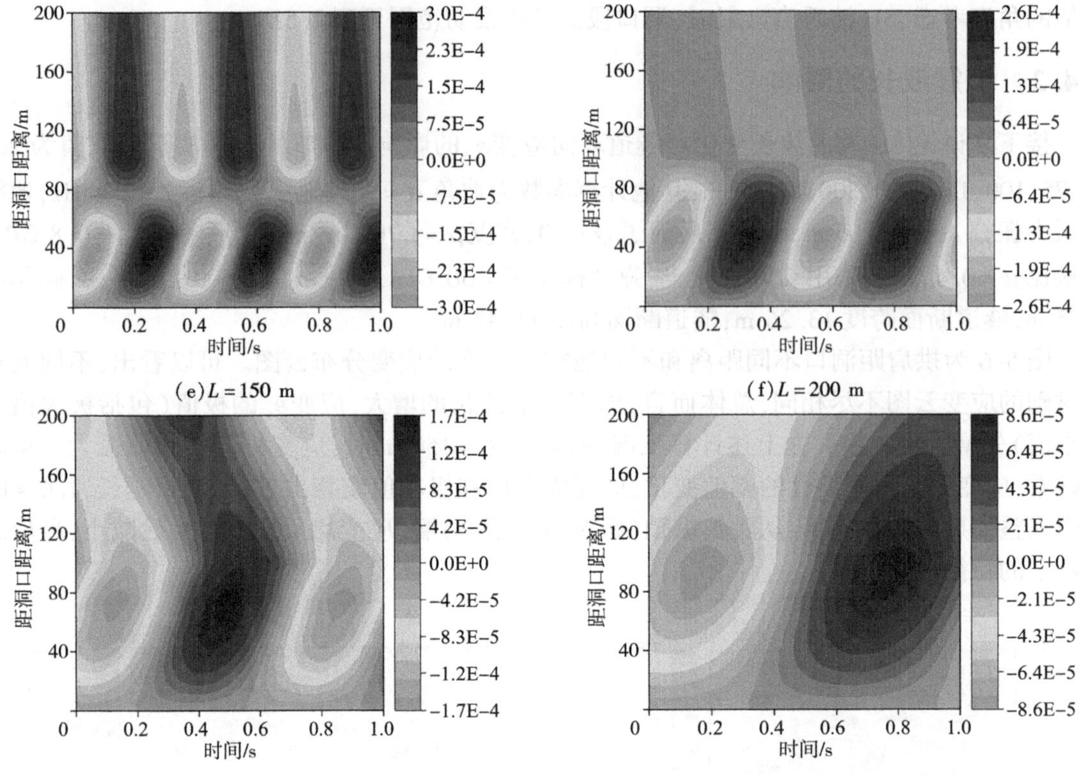

(e) $L=150$ m (f) $L=200$ m

(g) $L=300$ m (h) $L=500$ m

图 5-6 距洞口不同距离处隧道拱肩应变分布云图(续)

提取距洞口不同距离处衬砌断面关键点的应变极大值分布,如图 5-7 所示。环向应变 ε_w 仍然主要集中在两侧拱肩和拱脚,且拱脚略大于拱肩。呈现如此规律的原因仍然在于隧道断面为马蹄形,拱脚处易发生应力集中。相同地震波长时,距隧道洞口距离不同,应变值不同,但并非随着 γ 的增大而单调增大或者减小,由此说明洞口段不同位置处的动力响应差异较大,需要给出合理的抗震设防分区范围。

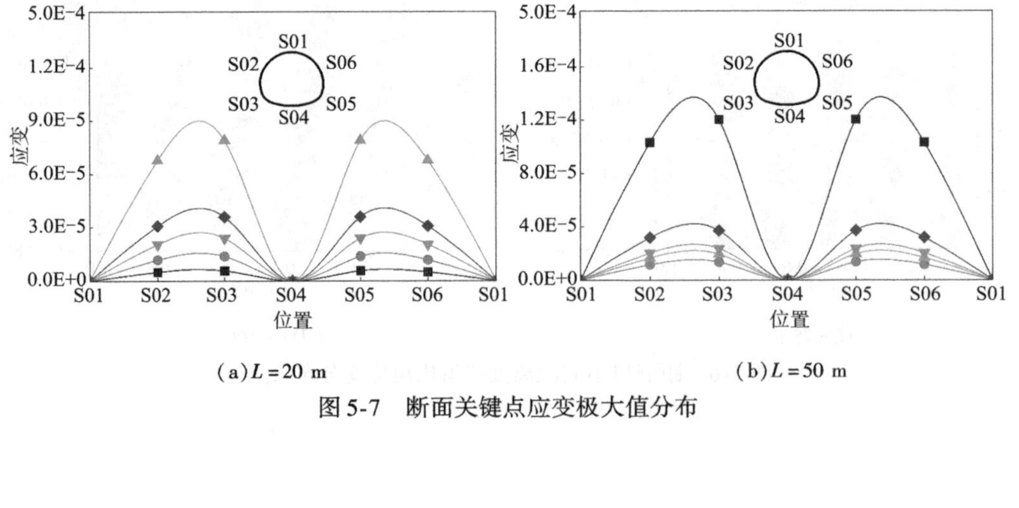

(a) $L=20$ m (b) $L=50$ m

图 5-7 断面关键点应变极大值分布

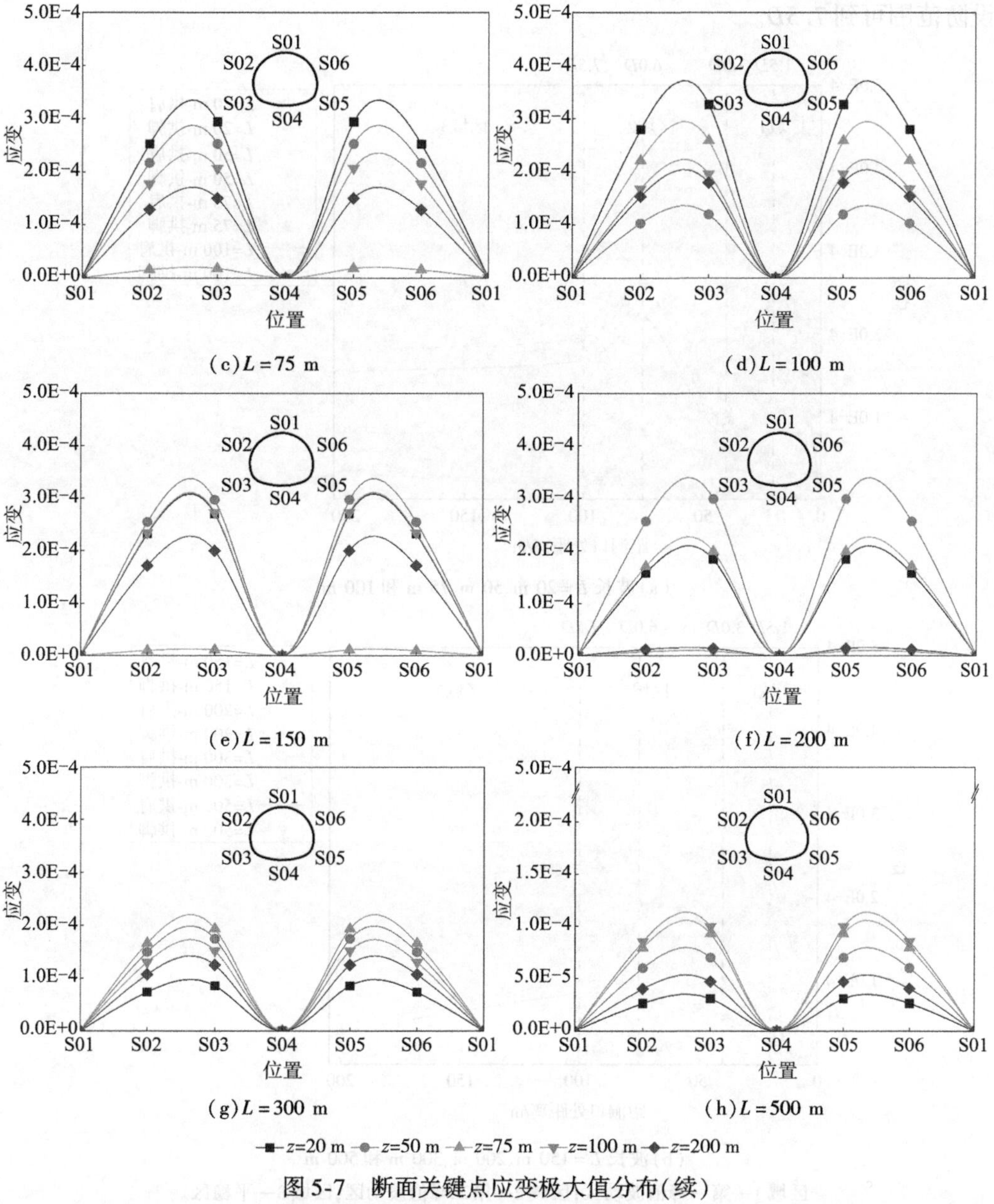

图 5-7 断面关键点应变极大值分布(续)

提取不同地震波长下拱肩、拱脚的应变极大值随洞口纵向距离的分布,如图 5-8 所示。它清晰地表征了隧道洞口段不同位置处在 SH 波激励下的峰值分布:随着波长增大,拱肩和拱脚的应变峰值先增大,后减小;在波长 $L=150$ m 时应变峰值的量值最大。另外,随着地震波波长增大,图中应变峰值出现的位置在“右移”,即波长 $L=20$ m 时,峰值出现在距洞口约 $0.5D$ 位置处,波长 $L=100$ m 时,峰值出现在距洞口 $1.5D$ 位置处,波长 $L=300$ m 时,峰值出现在距洞口 $6.0D$ 位置处。总体而言,$7.5D$ 之后幅值趋于稳定。所以前节划分的 3 个影响区仍然是适用的:区域 1($0\sim3.0D$)——第一峰值波动区;区域 2($3.0D\sim7.5D$)——第二峰值波动区和区域 3($>7.5D$)——平稳区。从涵盖环向应变双峰值的角度考虑,SH 波垂直入射时,洞口段的抗震设防范围可到7.5*D*。

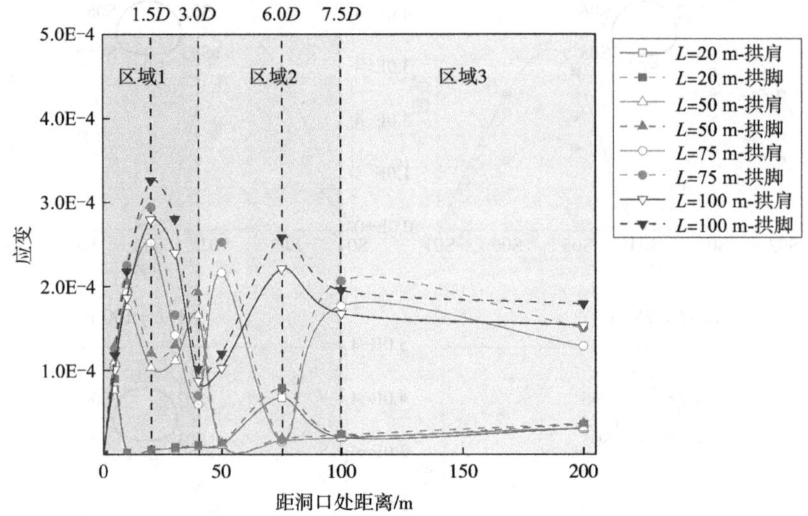

(a)波长 $L=20$ m、50 m、75 m 和 100 m

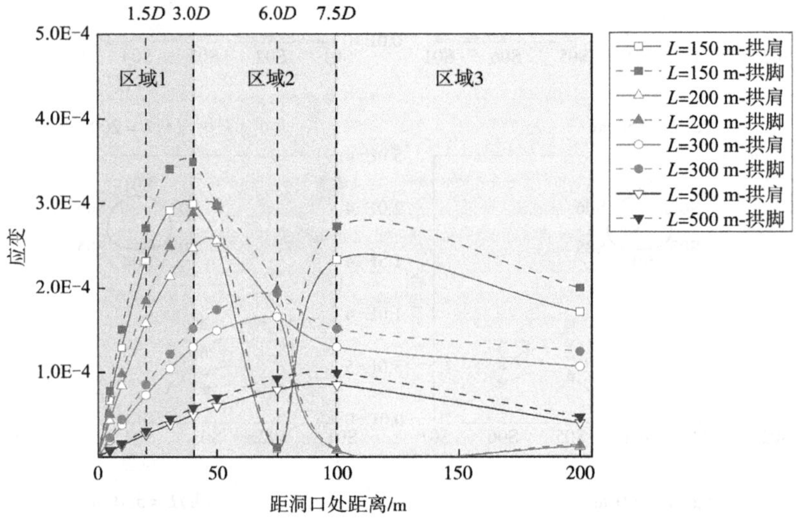

(b)波长 $L=150$ m、200 m、300 m 和 500 m

区域1—第一峰值波动区;区域2—第二峰值波动区;区域3—平稳区。

图5-8　地震波长变化时拱肩和拱脚的应变极大值随洞口纵向距离的分布

5.4.3　地震波频率的影响

SH波的频率变化也会对隧道环向应变ε_w产生影响。本节的频率f取值为1.0、2.0、5.0和10.0 Hz,其他计算参数为仰坡坡角$\alpha=30°$,地震波波长$L=90$ m,地震波最大振幅$A_{max}=0.05$ m,围岩密度$\rho=1\ 700\ kg/m^3$,变形模量$E_0=0.8$ GPa,泊松比$\mu=0.4$,衬砌采用C30混凝土,弹性模量$E=30$ GPa,密度$\rho_s=2\ 500\ kg/m^3$,衬砌厚度0.55 m,隧道断面跨度13.26 m,隧道断面高度11.43 m。

图 5-9 为隧道拱脚在距洞口不同距离和不同地震波频率下的应变分布云图。可以看出，不同频率下衬砌的应变云图基本相同，总体而言，随着地震波频率的增大，应变 ε_w 的极值（包括极大值和极小值）也逐步增大。从时间轴看，应变 ε_w 呈现周期性的幅值变化，应变极大值和极小值交替出现，但频率变化对 1.0 s 时间段内产生的周期个数基本无影响；从隧道纵轴（距洞口的距离）看，环向应变均呈现先增大后减小，最后趋于稳定的特征。

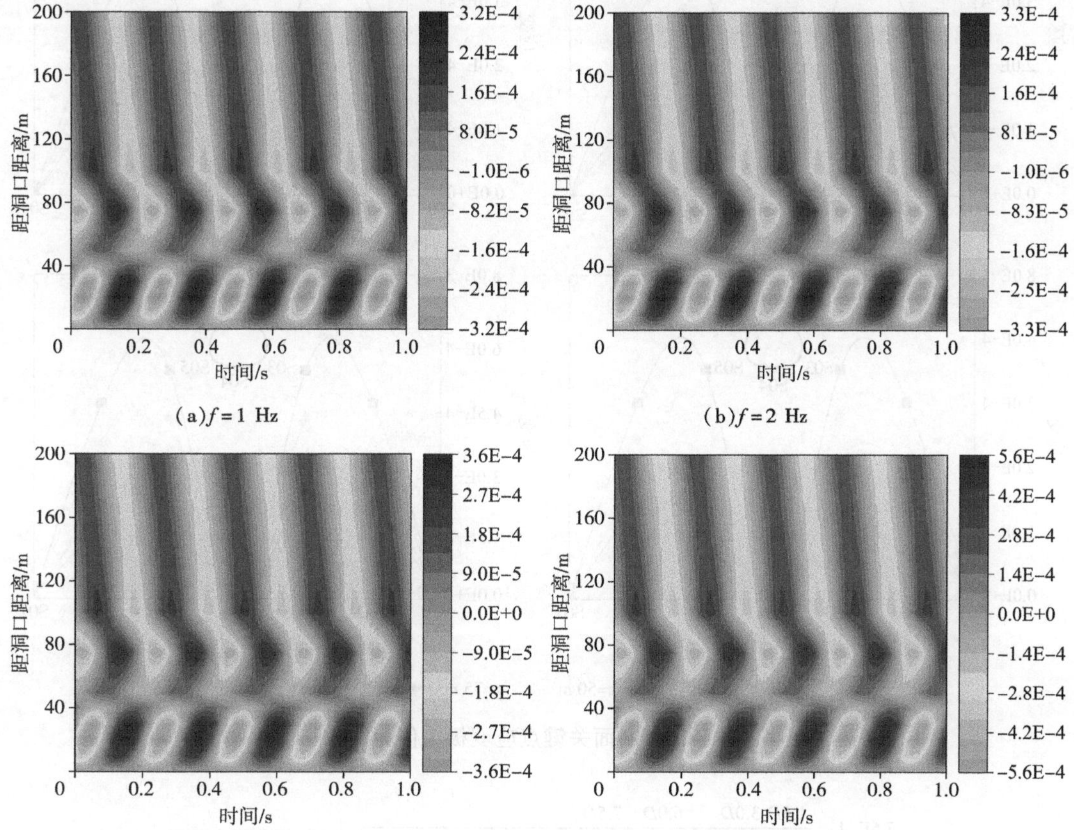

(a) $f=1$ Hz　(b) $f=2$ Hz　(c) $f=5$ Hz　(d) $f=10$ Hz

图 5-9　距洞口不同距离处隧道拱脚应变分布云图

提取距洞口不同距离处衬砌断面关键点的应变极大值分布，如图 5-10 所示。可以发现，环向应变 ε_w 仍然主要集中在两侧拱肩和拱脚，且拱脚略大于拱肩。这种情况仍然与隧道断面为马蹄形有关。相同地震波频率时，距隧道洞口距离不同，应变值不同，但并非随着 y 的增大而单调增大或者减小，由此说明洞口段不同位置处的动力响应差异较大，需要给出合理的抗震设防分区范围。

提取不同地震波频率下拱肩、拱脚的应变极大值随洞口纵向距离的分布，如图 5-11 所示。它清晰地表征了隧道洞口段不同位置处在 SH 波激励下的“双峰双谷”分布特征。随着频率增大，拱肩、拱脚的应变峰值量值也在逐步增大。不同频率下产生第一峰值的位置相同，均在距洞口 1.5D 处；第二峰值产生在距洞口 6.0D 位置处。所以前节划分的 3 个影响区仍然是适用的：区域 1（0～3.0D）——第一峰值波动区；区域 2（3.0D～7.5D）——第二峰值波动区和区域 3(>7.5D)——平稳区。从涵盖环向应变双峰值的角度考虑，SH 波垂直入射时，洞口段的抗震设防范围可到 7.5D。

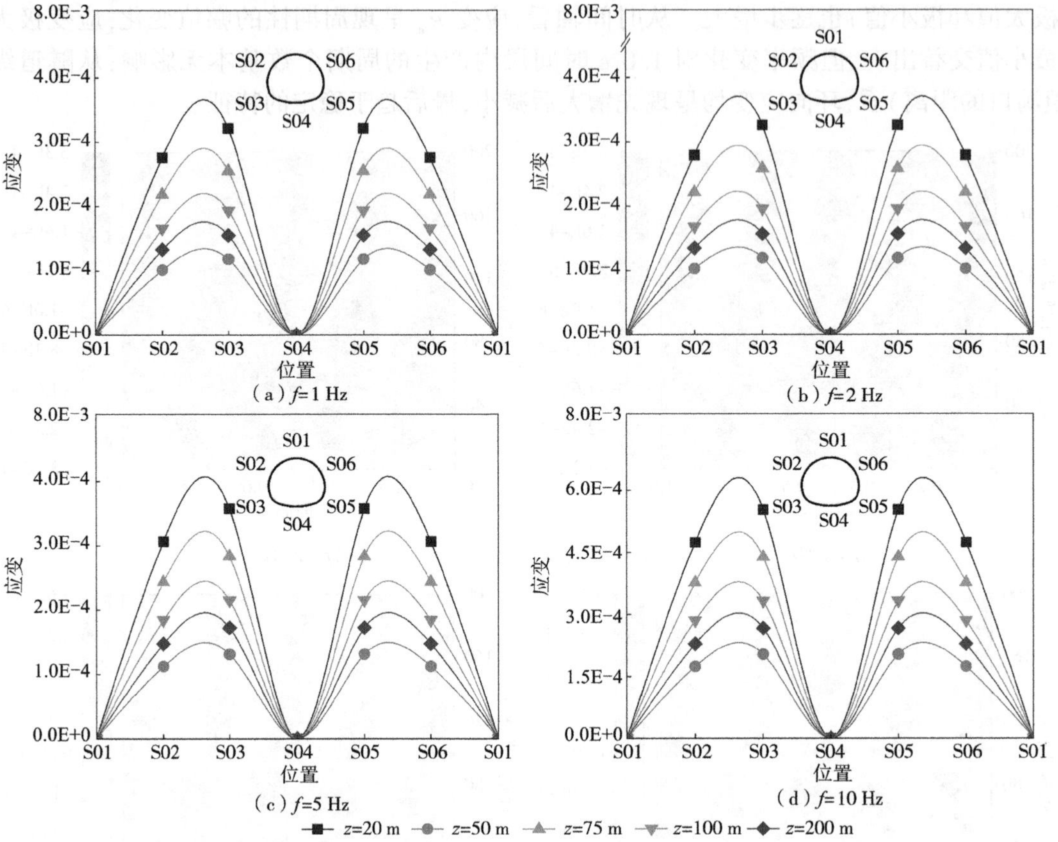

图 5-10　断面关键点应变极大值分布

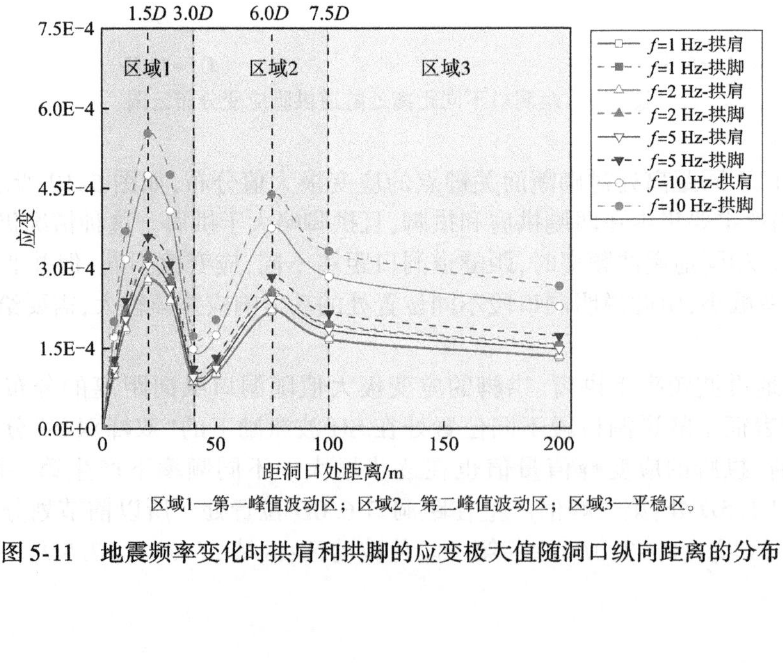

区域1—第一峰值波动区；区域2—第二峰值波动区；区域3—平稳区。

图 5-11　地震频率变化时拱肩和拱脚的应变极大值随洞口纵向距离的分布

5.4.4 弹性地基系数的影响

围岩与隧道之间存在相互作用,不同围岩参数对隧道的动力响应同样影响巨大。本节考虑不同的弹性地基系数 K_w 对隧道环向应变 ε_w 的影响。K_w 取值为 500 MPa、250 MPa、150 MPa、100 MPa、50 MPa 和 25 MPa。需要说明的是,K_w 的取值与围岩其他参数息息相关,相互关系见式(5-26)。表 5-1 列出了 K_w 与其他围岩参数的对应关系。其他参数取值如下:仰坡坡角 $\alpha=30°$,地震波波长 $L=90$ m,地震波最大振幅 $A_{max}=0.05$ m,地震波频率 $f=2.0$ Hz。衬砌采用 C30 混凝土,弹性模量 $E=30$ GPa,密度 $\rho_s=2\ 500$ kg/m^3,衬砌厚度 0.55 m,隧道断面跨度 13.26 m,隧道断面高度 11.43 m。

表 5-1　弹性地基系数 K_w 与其他围岩参数的对应关系

弹性地基系数	密度 ρ/(kg/m^3)	变形模量 E_0/GPa	泊松比 μ	剪切模量 G/GPa
$K_w=500$ MPa	2 000	3.92	0.30	1.51
$K_w=250$ MPa	1 980	1.95	0.33	0.73
$K_w=150$ MPa	1 900	1.17	0.35	0.43
$K_w=100$ MPa	1 700	0.77	0.40	0.27
$K_w=50$ MPa	1 500	0.36	0.47	0.12
$K_w=25$ MPa	1 300	0.18	0.48	0.06

图 5-12 为隧道拱肩在距洞口不同距离和不同弹性地基系数 K_w 下的应变分布云图。可以看出不同 K_w 下衬砌的应变云图不尽相同,总体而言,随着 K_w 的减小,应变 ε_w 的极值(包括极大值和极小值)逐渐减小。从时间轴看,应变 ε_w 呈现周期性的幅值变化,应变极大值和极小值交替出现,且 K_w 越小,1.0 s 时间内周期的个数越少;从隧道纵轴(距洞口的距离)看,应变均呈现先增大后减小,最后趋于稳定的特征。

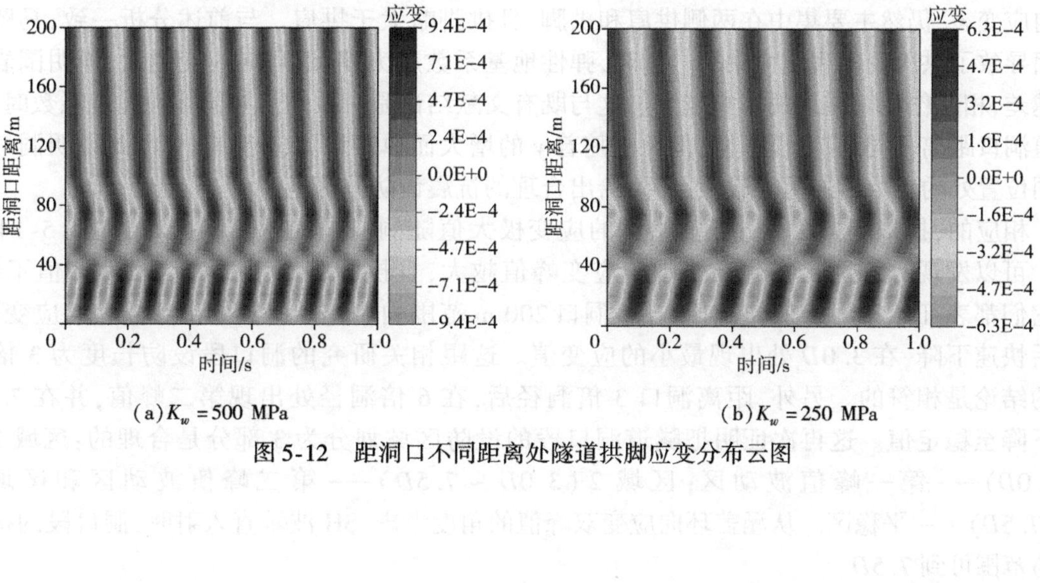

(a) $K_w=500$ MPa　　(b) $K_w=250$ MPa

图 5-12　距洞口不同距离处隧道拱脚应变分布云图

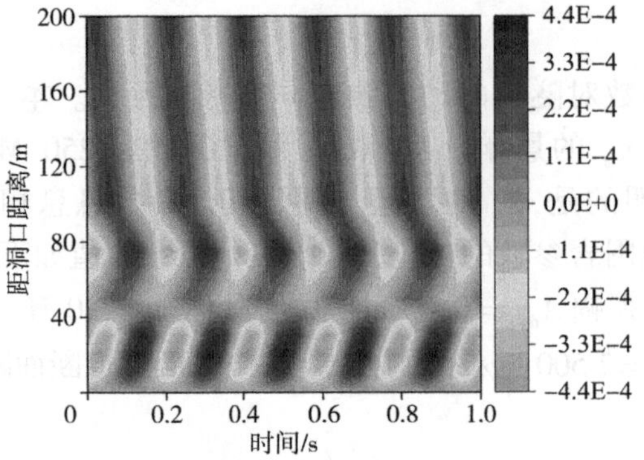

(c) K_w = 150 MPa

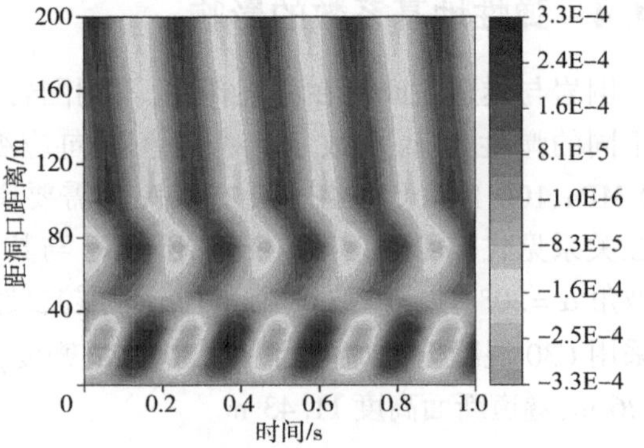

(d) K_w = 100 MPa

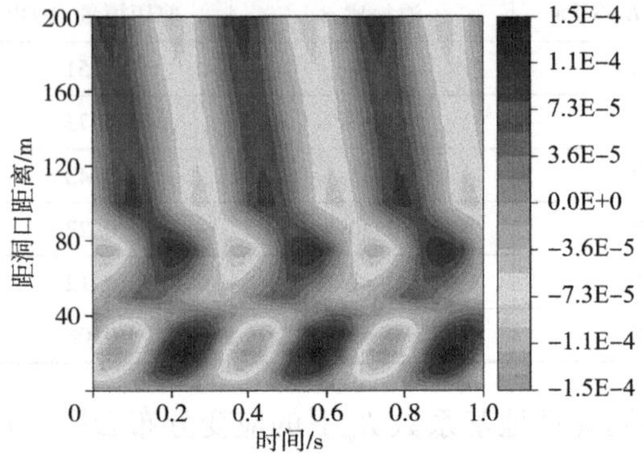

(e) K_w = 50 MPa

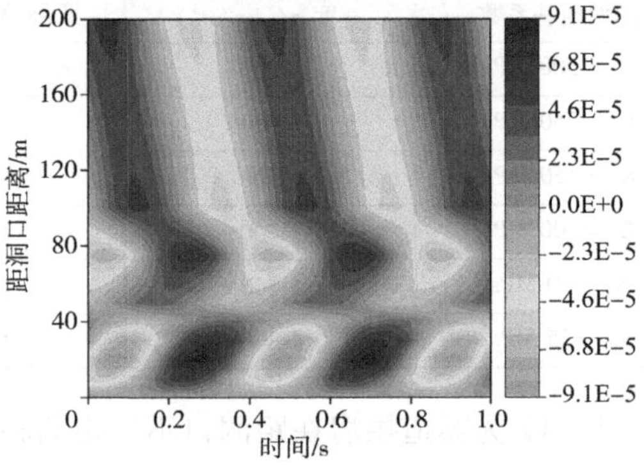

(f) K_w = 25 MPa

图 5-12　距洞口不同距离处隧道拱脚应变分布云图(续)

提取距洞口不同位置处衬砌断面关键点的应变极大值分布,如图 5-13 所示。可以发现,环向应变 ε_w 仍然主要集中在两侧拱肩和拱脚,且拱脚略大于拱肩。与前述分析一致,马蹄形断面导致了拱脚处出现应力集中。同时,弹性地基系数越大,隧道环向应变越大,说明围岩条件越差,相互作用对隧道的影响越大。这与既有文献结论是一致的。相同弹性地基系数时,距隧道洞口距离不同,应变值不同,但并非随着 y 的增大而单调增大或者减小,由此说明洞口段不同位置处的动力响应差异较大,需要给出合理的抗震设防分区范围。

相应的,提取不同 K_w 下拱肩、拱脚的应变极大值随洞口纵向距离的分布,如图 5-14 所示。可以发现,K_w 越大,拱肩和拱脚的应变峰值越大,且拱脚略大于拱肩。虽然峰值不同,但它们都表征了较为相似的规律:在距洞口 200 m 范围内,1.5D 位置处出现最大的应变值,然后快速下降,在 3.0D 处出现最小的应变值。这跟相关研究的洞口段设防长度为 3 倍洞径的结论是相符的。另外,距离洞口 3 倍洞径后,在 6 倍洞径处出现第二峰值,并在 7.5D 时下降至稳定值。这再次证明把隧道洞口段的设防区域划分为 3 部分是合理的:区域 1(0 ~3.0D)——第一峰值波动区;区域 2(3.0D ~ 7.5D)——第二峰值波动区和区域 3(>7.5D)——平稳区。从涵盖环向应变双峰值的角度考虑,SH 波垂直入射时,洞口段的抗震设防范围可到 7.5D。

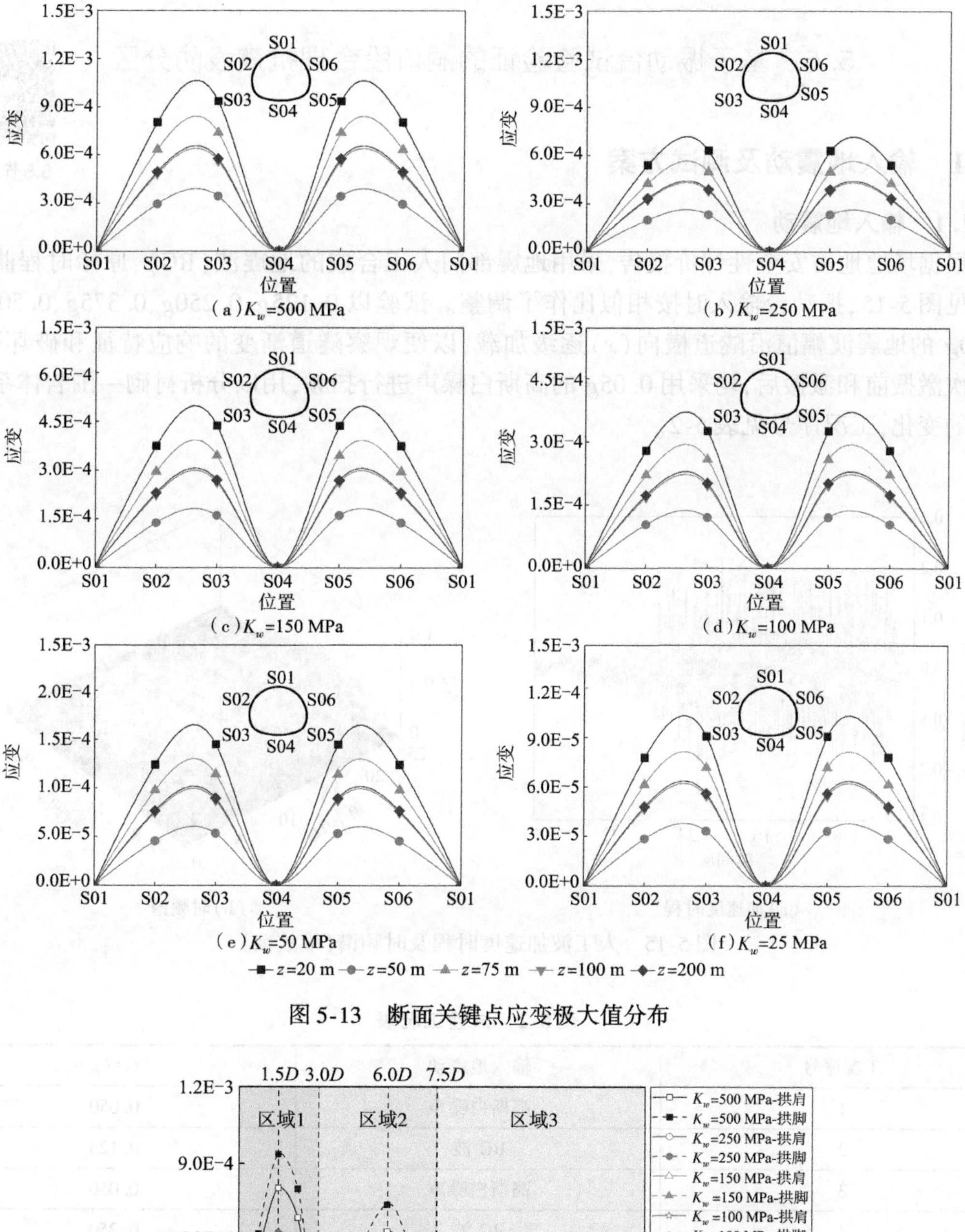

图 5-13　断面关键点应变极大值分布

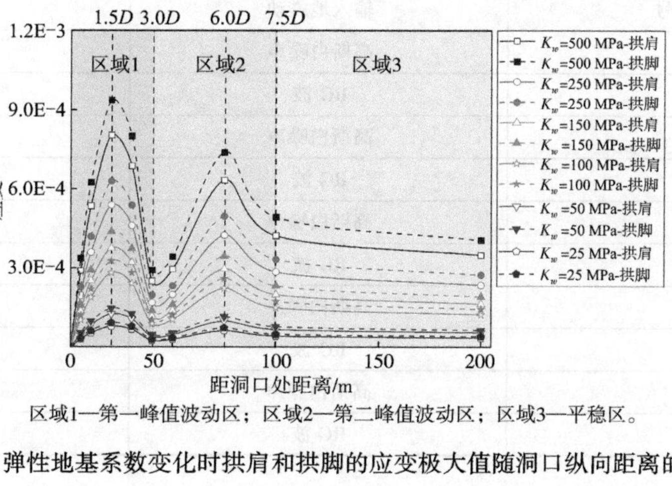

区域1—第一峰值波动区；区域2—第二峰值波动区；区域3—平稳区。

图 5-14　弹性地基系数变化时拱肩和拱脚的应变极大值随洞口纵向距离的分布

5.5 基于振动台试验验证的洞口段合理抗震设防分区

5.5节彩图

5.5.1 输入地震动及测试方案

5.5.1.1 输入地震动

根据场地地震安全性评价报告,采用地震部门人工合成的地震波(RG),原始时程曲线及频谱见图5-15,振动台输入时按相似比作了调整。试验以0.125g、0.250g、0.375g、0.500g和0.700g的地震波幅值沿隧道横向(x)逐级加载,以便观察隧道渐变的响应特征和破坏形态。在每次激振前和激振后,均采用0.05g的高斯白噪声进行扫频,用以分析衬砌—围岩体系自身频率的变化,工况序号见表5-2。

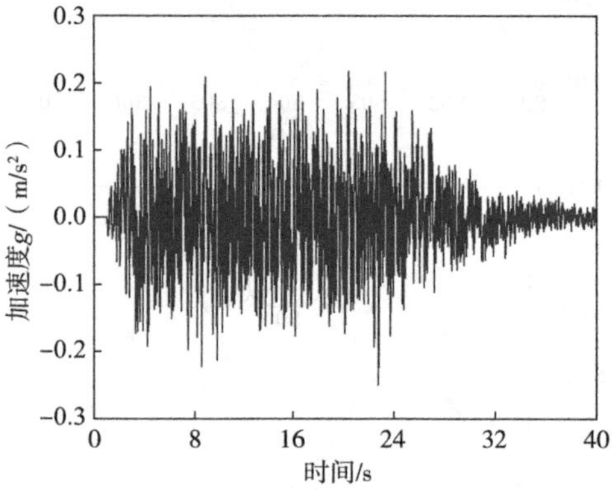

(a)加速度时程

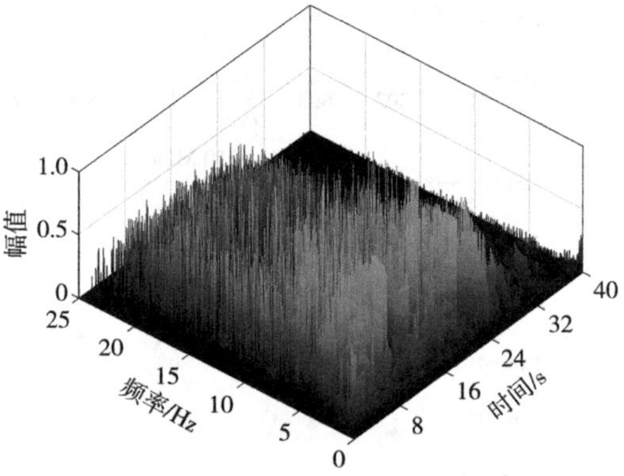

(b)时频谱

图5-15 人工波加速度时程及时频谱(缩放前)

表5-2 试验工况表

工况序号	输入地震动	PGA(g)
1	高斯白噪声	0.050
2	RG波	0.125
3	高斯白噪声	0.050
4	RG波	0.250
5	高斯白噪声	0.050
6	RG波	0.375
7	高斯白噪声	0.050
8	RG波	0.500
9	高斯白噪声	0.050
10	RG波	0.700

5.5.1.2　测点布置方案

由于理论推导的最终形式是隧道衬砌环向应变,为与理论解对应,振动台试验仅选取应变测点进行分析,其中全环布设的衬砌节段为 B、E 和 H,每环均在拱顶 S01、左拱肩 S02(面向洞内方向)、左拱脚 S03、仰拱 S04、右拱脚 S05 和右拱肩 S06 外侧布设环向和纵向应变片,每环共计 12 片。半环布设的衬砌节段为 C、F 和 I,每环均在拱顶 S01、左拱肩 S02(面向洞内方向)、左拱脚 S03、仰拱 S04 外侧布设环向和纵向应变片,每环共计 8 片,测点布置见图 5-16。

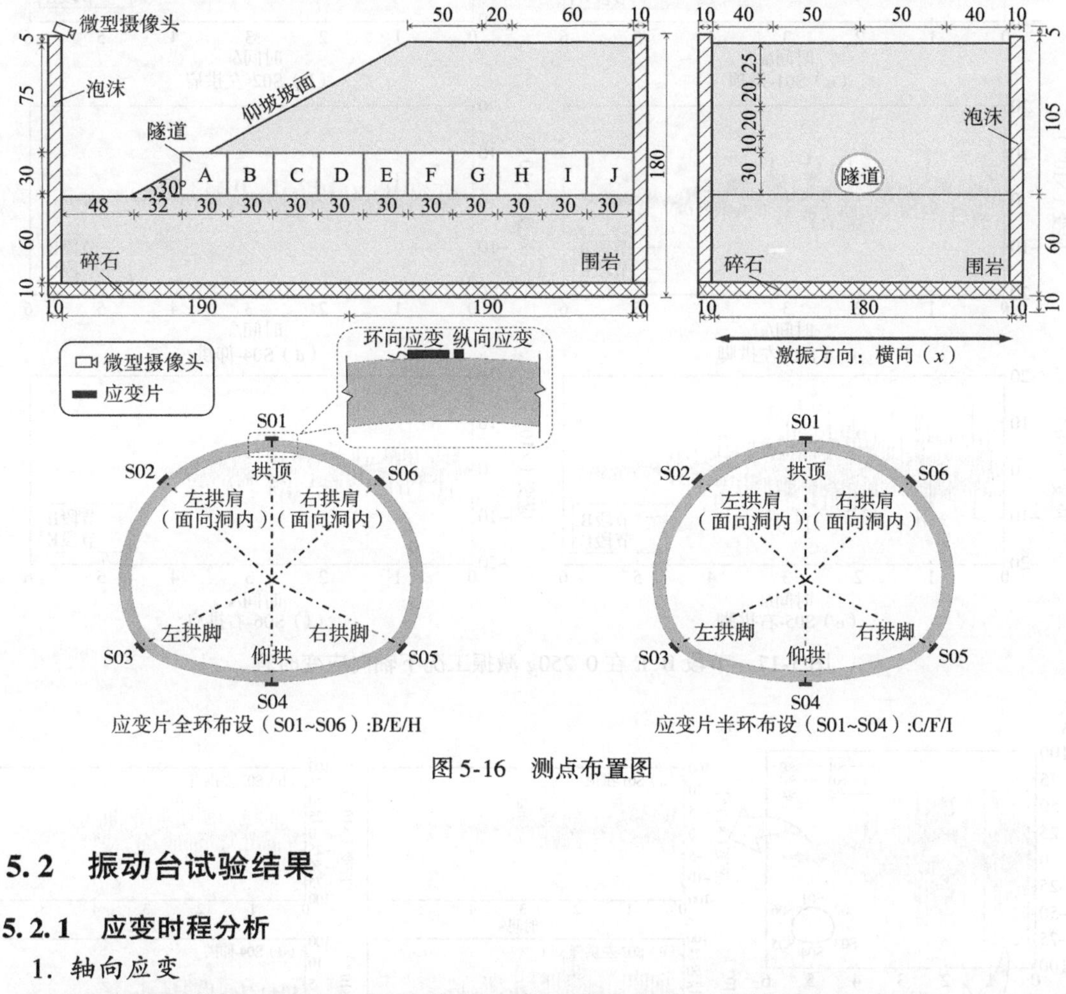

图 5-16　测点布置图

5.5.2　振动台试验结果

5.5.2.1　应变时程分析

1. 轴向应变

以隧道衬砌节段 B、E 为例,提取其在 0.250g 激振条件下的轴向应变,如图 5-17 所示。总体而言,S01 ~ S06 各测点的轴向应变值均较小,基本为 0,这与理论推导认为 SH 垂直入射不产生轴向应变的认识是一致的,证明了理论推导的正确性。从相对量值上来看,拱肩和拱脚的轴向应变值较拱顶和仰拱大,说明地震作用下,拱肩和拱脚是需要特别关注的部位。

2. 环向应变 ε_w

图 5-18 是节段 B 在 0.125g 激振工况下的环向应变 ε_w 响应。子图 A 为节段 S01 ~ S06 的环向应变时程集合,可以看出波形与激振输入的人工波形较为一致,说明振动台的台面输入有效地通过地层传递到隧道上。子图 B 为测点 S01 ~ S06 在 1.0 s 内的应变时程,可以看出各测

点的应变值均围绕0值交替变化，周期性较好，与理论分析得到的规律一致。子图C单独展示了S01～S06的应变时程，同样地，拱顶和仰拱的环向应变响应小于拱肩和拱脚。

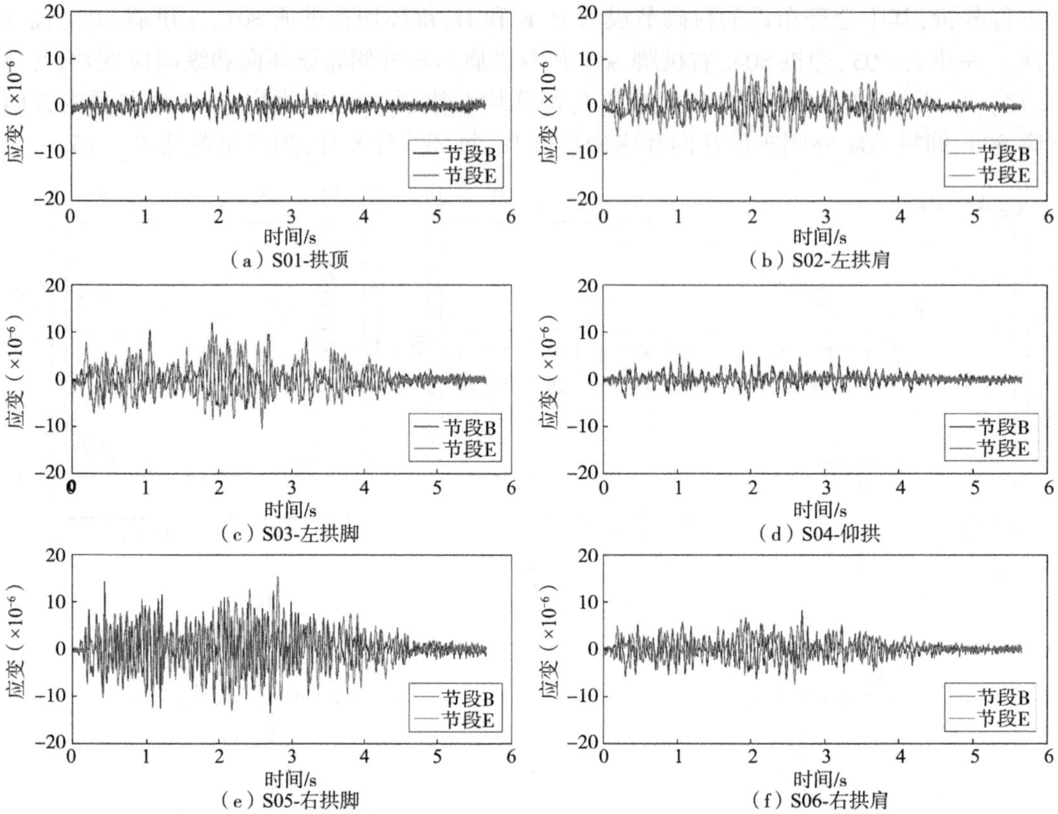

图5-17　节段B、E在0.250g激振工况下轴向应变时程

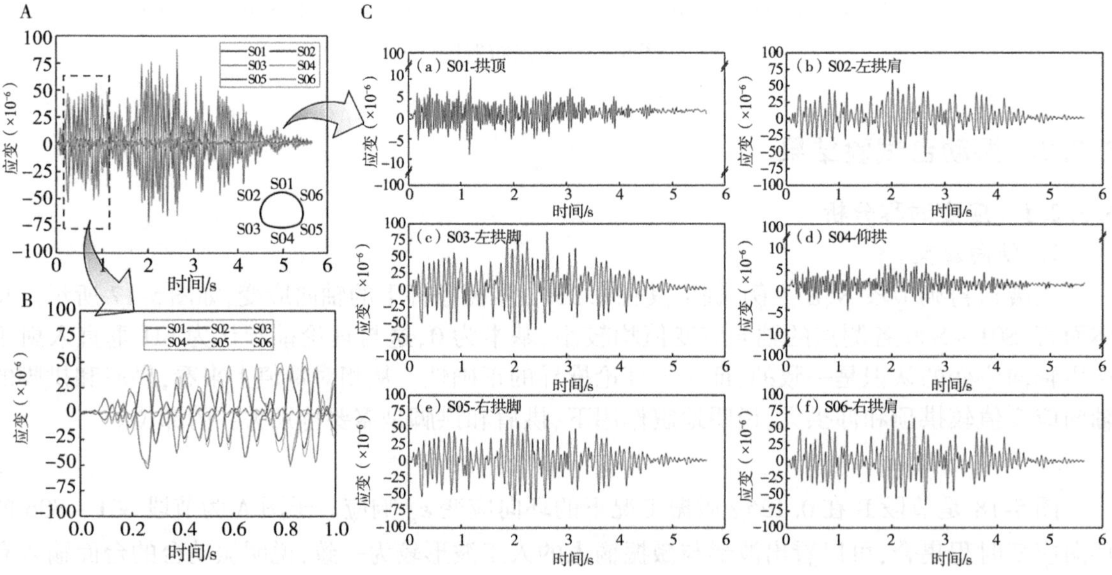

图5-18　节段B在0.125g激振工况下的应变响应

为了进一步展示不同截面上各测点的应变响应峰值，提取节段 B、E 和 H 在 0.125g、0.250g、0.375g、0.500g 和 0.700g 激振时测点 S01 ~ S06 的应变峰值(包含极大值和极小值)，如图 5-19 所示。总体而言，激振强度越大，隧道的环向应变值越大，说明输入的地震能量越大，隧道承受的地震作用越多，结构也就越危险。同时，拱肩和拱脚的应变值大于拱顶和仰拱部位，且拱脚略大于拱肩。这种情况与隧道为马蹄形断面有关，结构断面形状在拱脚处发生突变而使得此处产生应变集中现象。此处振动台试验得到的结论与理论分析的申明是一致的，再次证明了理论的正确性与合理性。

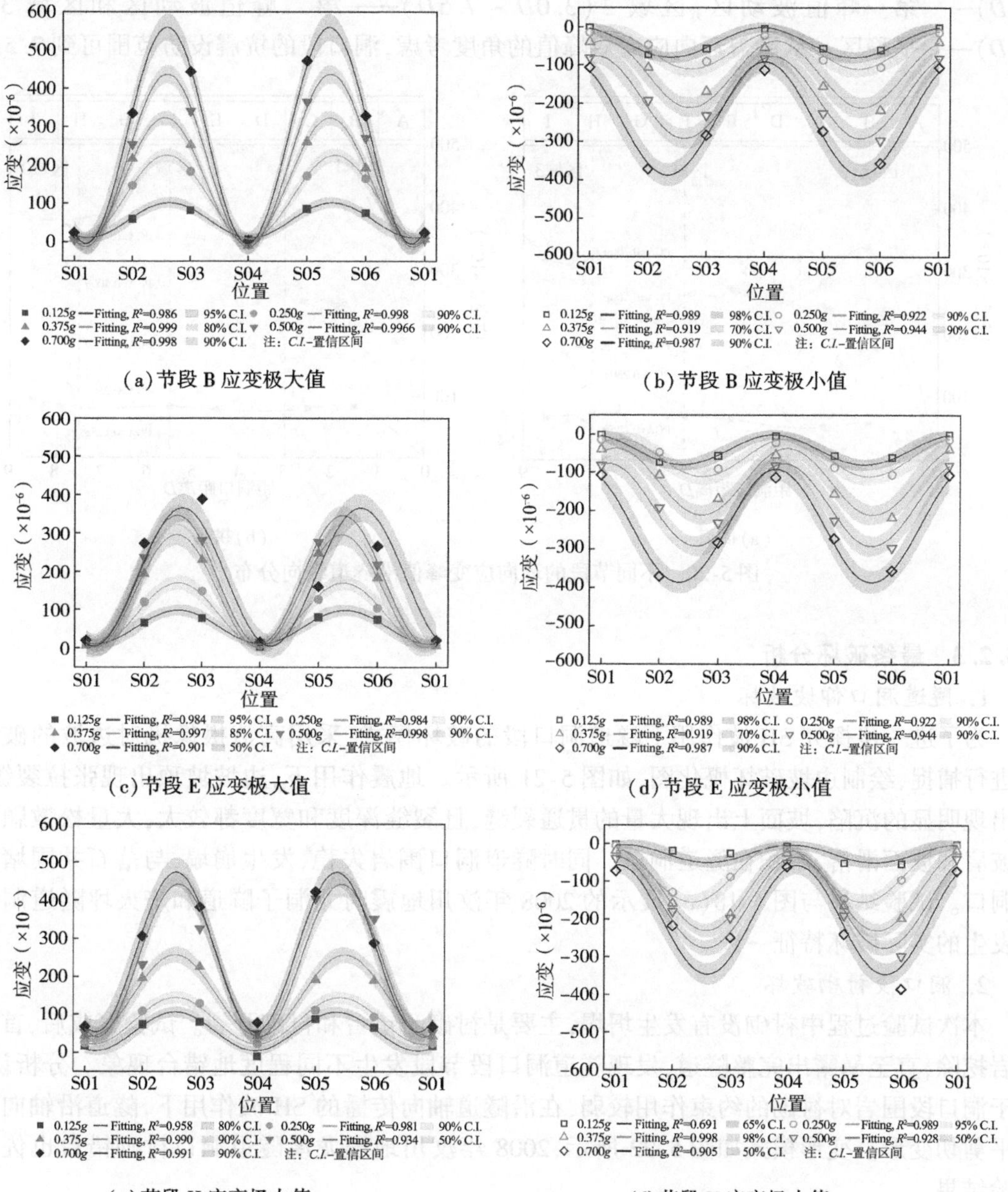

(a) 节段 B 应变极大值　(b) 节段 B 应变极小值

(c) 节段 E 应变极大值　(d) 节段 E 应变极小值

(e) 节段 H 应变极大值　(f) 节段 H 应变极小值

图 5-19　节段 B、E 和 H 的环向应变峰值

5.5.2.2 不同节段应变峰值分析

提取各断面拱肩、拱脚的应变极值，如图 5-20 所示。总体而言，拱肩应变响应小于拱脚，这与试验中采用的马蹄形断面形状有关。但拱脚与拱肩的环向应变沿纵向分布特征是一致的，即隧道的拱肩和拱脚的应变峰值在 1.5D 位置处最大，然后快速下降，在 3.0D 处量值较小。这跟相关研究的洞口段设防长度为 3 倍洞径的结论是相符的，也与理论推导得出的结论是一致。在 3.0D~7.5D 范围内，应变峰值呈现先增大后减小的趋势。因此，振动台试验也证明，理论推导划分出三个洞口段隧道受地震影响的区域是合理的，即区域 1(0~3.0D)——第一峰值波动区；区域 2(3.0D~7.5D)——第二峰值波动区和区域 3(>7.5D)——平稳区。从涵盖环向应变双峰值的角度考虑，洞口段的抗震设防范围可到 7.5D。

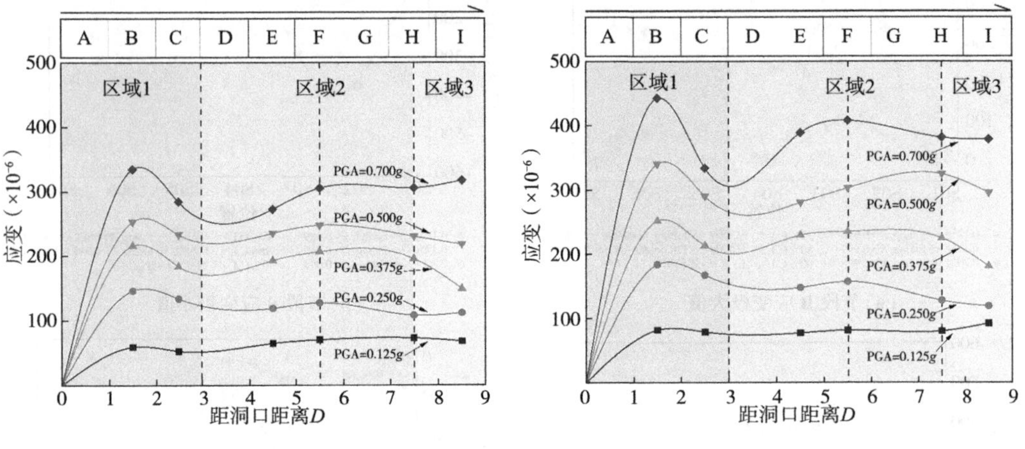

(a)拱肩　　(b)拱脚

图 5-20　不同节段的环向应变峰值沿隧道纵向分布

5.5.2.3 最终破坏分析

1. 隧道洞口仰坡破坏

为了进一步探究 SH 波作用下隧道洞口段的破坏模式，采用高清摄像机对边坡的破坏形态进行捕捉，绘制边坡破坏概化图，如图 5-21 所示。地震作用下，边坡坡顶出现张拉裂缝，坡肩出现明显的沉陷，坡面上出现大量的贯通裂缝，且裂缝深度和宽度都较大，大量松散颗粒体从坡肩和坡面滑落，堆积在隧道洞口。同时隧道洞口围岩失稳，发生崩塌，与落石共同堵塞部分洞口。试验结果与图 4-18(c)展示的 2008 年汶川地震时龙洞子隧道和烧火坪隧道洞口仰坡发生的实际破坏特征一致。

2. 洞口段衬砌破坏

本次试验过程中衬砌没有发生坍塌，主要是衬砌间错台和衬砌开裂。试验完成后，首先将围岩挖除，直至暴露出完整隧道，发现隧道洞口段节段发生不同程度地错台现象。分析认为，由于洞口段围岩对衬砌的约束作用较弱，在沿隧道轴向传播的 SH 波作用下，隧道沿轴向发生水平剪切变形。变形模式如图 5-22 所示，2008 年汶川地震龙溪隧道洞口衬砌错台也佐证了试验结果。

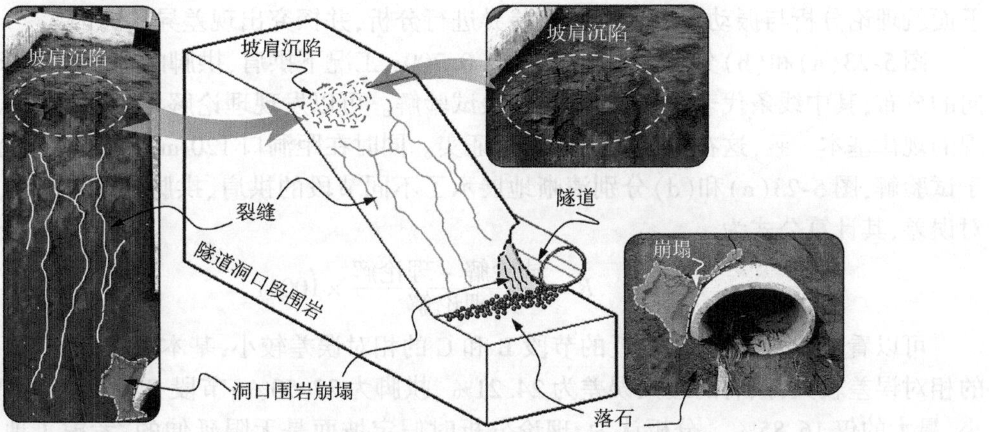

图5-21 试验隧道洞口仰坡破坏实拍及概化图

对于衬砌开裂形态,裂缝多分布在拱肩和拱脚位置,多为纵向裂缝,拱脚附近还分布着一些斜向裂缝,与龙溪隧道、龙池隧道的破坏形态一致。图5-22(a)为试验中节段B在 $t=0.82$ s、2.01 s、2.64 s和3.16 s的应变极值分布,仍然是拱肩、拱脚的应变大于拱顶和仰拱,且共轭45°为最大值。这与理论分析、试验破坏特征和真实地震造成的隧道破坏特征都是一致的。所以SH波垂直入射时,隧道洞口段衬砌在横断面上的变形形态为椭圆形,在共轭45°交替变化,衬砌两侧的拱肩和拱脚为抗震的薄弱部位。

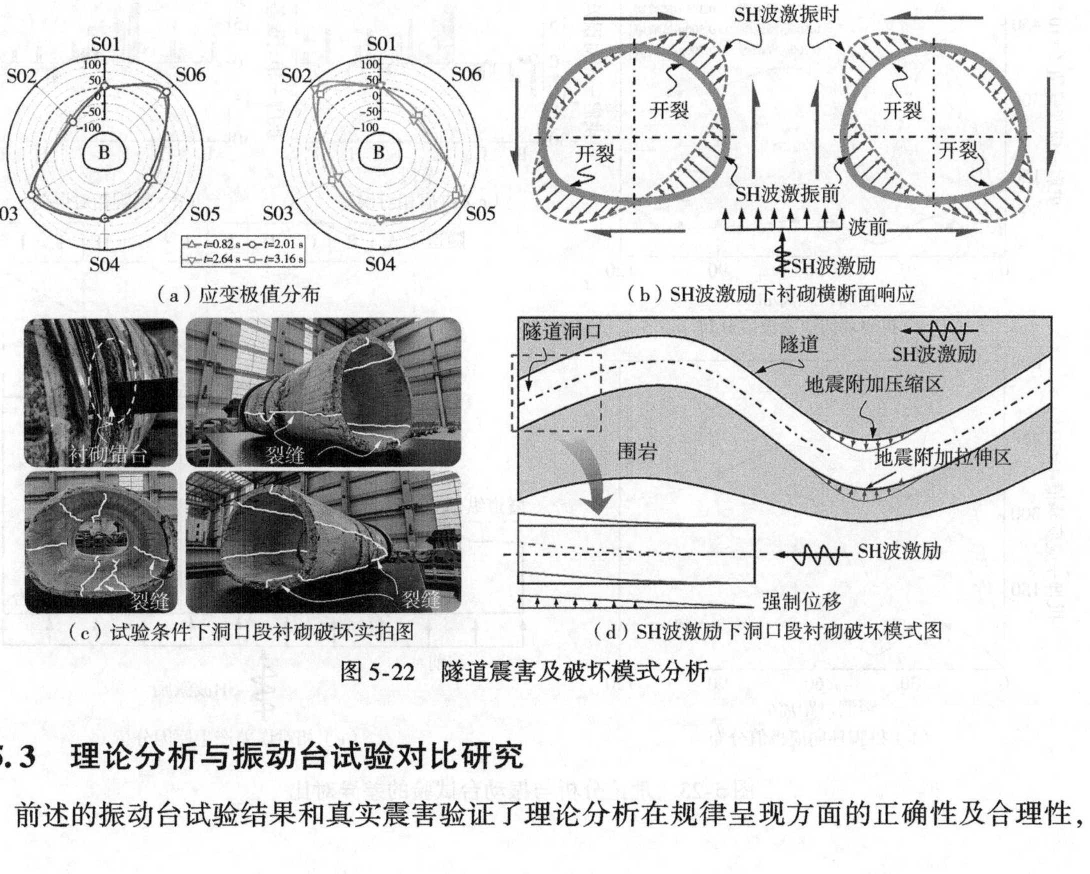

(a) 应变极值分布　(b) SH波激励下衬砌横断面响应

(c) 试验条件下洞口段衬砌破坏实拍图　(d) SH波激励下洞口段衬砌破坏模式图

图5-22 隧道震害及破坏模式分析

5.5.3 理论分析与振动台试验对比研究

前述的振动台试验结果和真实震害验证了理论分析在规律呈现方面的正确性及合理性,

下面就理论分析与振动台试验的数值差异进行分析，并探究出现差异的原因。

图5-23(a)和(b)分别绘制了0.125～0.700g工况下拱肩、拱脚的环向应变峰值沿隧道纵向的分布，其中线条代表理论解，散点代表试验解。可以发现理论解与试验解在纵向分布上呈现的规律基本一致，这在前述分析中已经证实。同时在距洞口120 m范围内，理论解基本上大于试验解，图5-23(c)和(d)分别清晰地展示了不同节段的拱肩、拱脚在不同激振工况下的相对误差，其计算公式为

$$R=\frac{试验解-理论解}{理论解}\times 100\% \tag{5-31}$$

可以看出，距离洞口段较近的节段B和C的相对误差较小，基本上在13%以下；而节段E的相对误差较大，拱肩的最大误差为24.21%，拱脚为22.50%；节段F、H和I的相对误差也较小，最大的仅16.85%。分析认为，理论分析时假定坡面是无限延伸的，考虑了地震波幅值衰减，而在试验中，坡面并非无限延伸，位于节段E上方的坡面发生转折，后续为水平坡顶而非斜坡面，见图5-23(e)。所以地震波在传播至此处时，发生了复杂的折射和反射，导致传递到节段E的地震波与理论推导的并非完全一致，但节段E已距洞口4～5倍洞径，不在洞口强烈影响区内（区域1），且最大误差不超过25%，其他节段最大误差不超过16.85%，所以认为理论推导的精度是完全可以接受的。

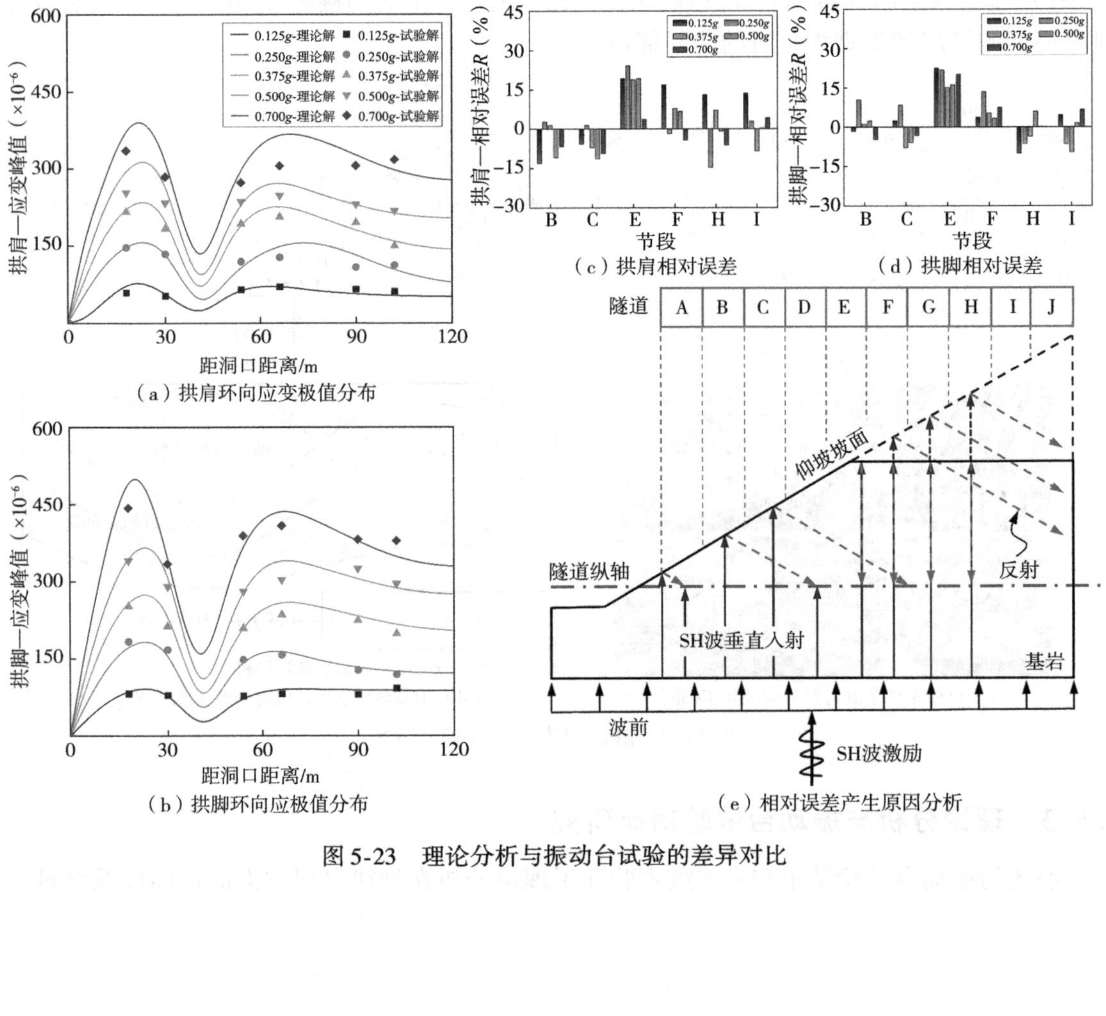

（a）拱肩环向应变极值分布
（b）拱脚环向应极值分布
（c）拱肩相对误差
（d）拱脚相对误差
（e）相对误差产生原因分析

图5-23　理论分析与振动台试验的差异对比

5.6 本章方法与现有成果对比研究

5.6节彩图

Kouretzis 等(2006)曾研究过 SH 作用下隧道的动力响应问题，同样是基于弹性波理论，考虑了 SH 波垂直入射时在边界处的反射效应，获取隧道所在区域的位移场，然后将隧道简化为三维薄壁壳结构，获得隧道的应变响应。毫无疑问，他们的工作对本研究有很大的启发，下面就对 Kouretzis 等人提出的方法和本书提出的方法进行对比。

图 5-24 为本论文提出方法的计算结果与 Kouretzis 等人的比较，需要指出的是，此次计算参数设置如下：边坡坡角 $\alpha=30°$，输入 SH 波的振幅 $A_{max}=0.05$ m，频率 $f=1.0$ Hz，波长 $L=90$ m，衬砌采用 C30 混凝土，弹性模量 $E_s=30$ GPa，隧道断面跨度 13.26 m，隧道断面高度 11.43 m，衬砌厚度 0.55 m。

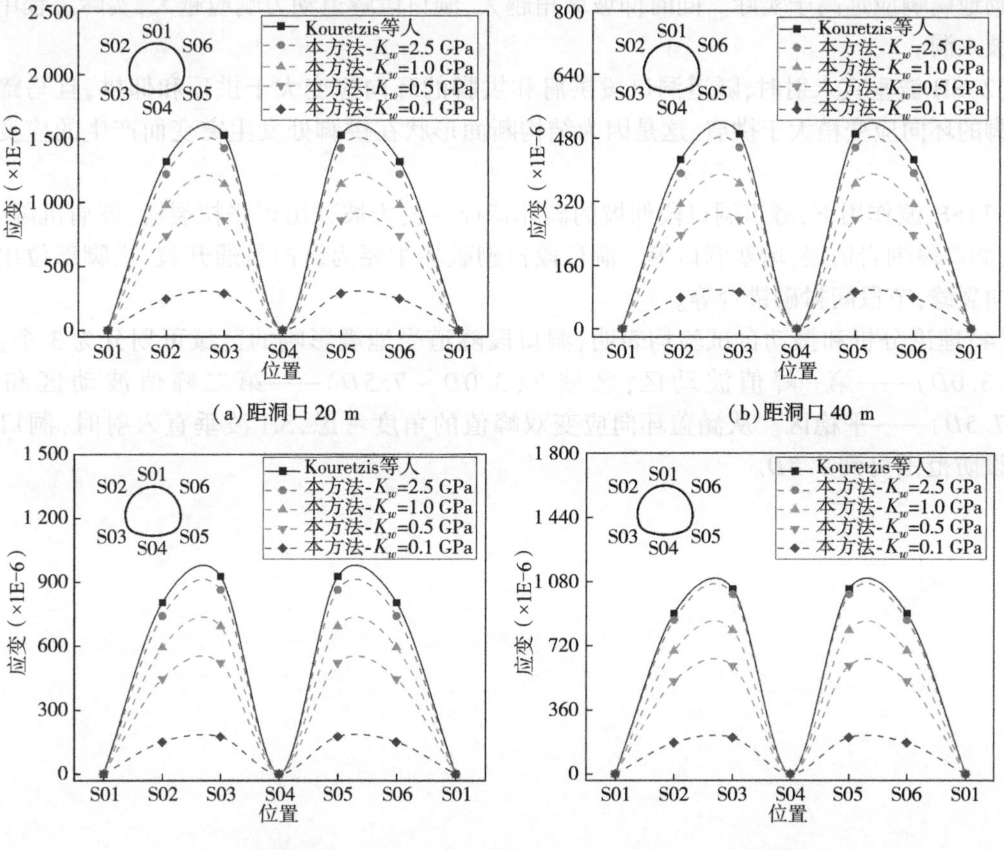

(a) 距洞口 20 m (b) 距洞口 40 m

(c) 距洞口 80 m (d) 距洞口 100 m

图 5-24 本书提出的解析方法与现有研究的比较

可以看出，Kouretzis 等人计算出来的拱肩和拱脚的横向应变也是大于拱顶和仰拱，且距洞口 $y=20$ m($1.5D$)时应变峰值最大，这与本书得到的结论一致。另外，当弹性地基系数越高时，即围岩条件越好，本书的计算结果与 Kouretzis 等人的越接近，原因在于 Kouretzis 等人将地层位移直接作用在隧道上，而考虑了围岩与隧道的相互作用。通常地，隧道洞口段的围岩是松散破碎的，如果不考虑相互作用，会使得计算出的隧道响应远高于实际，甚至出现隧道设计无法配筋的情况。因此，考虑了隧道与围岩的相互作用是必要和正确的。

5.7 本章小结

基于弹性波理论和弹性地基梁模型，建立了 SH 波垂直入射时，隧道洞口段的地震波场，推导了地震作用下隧道洞口段衬砌环向应变的解析表达式，通过参数分析、振动台验证及与前人研究对比，证明了提出的隧道洞口段地震响应分析模型是科学、合理的，同时划分了合理的隧道洞口段设防分区。得到结论如下：

(1)隧道洞口段围岩多松散、破碎，如不考虑隧道与围岩之间的相互作用，会使得计算出的衬砌地震响应远高于实际。同时仰坡坡角越大，洞口段隧道动力响应越大，实际工程中应尽量缓坡入洞。

(2)SH 波垂直入射时，隧道洞口段拱肩和拱脚的环向应变大于拱顶和仰拱，且马蹄形隧道拱脚的环向应变稍大于拱肩，这是因为结构断面形状在拱脚处发生突变而产生的应变集中现象。

(3)SH 波作用下，隧道洞口段仰坡的破坏特征主要为坡顶出现张拉裂缝，坡肩沉降，坡面开裂，洞口段围岩坍塌，堵塞洞口等。洞口段衬砌破坏主要为纵向贯通开裂，拱脚部位出现部分斜向裂缝，节段间衬砌错台等。

(4)理论分析和振动台试验均表明，洞口段隧道受地震影响的区域可划分为 3 个：区域 1($0\sim3.0D$)——第一峰值波动区；区域 2($3.0D\sim7.5D$)——第二峰值波动区和区域 3($>7.5D$)——平稳区。从涵盖环向应变双峰值的角度考虑，SH 波垂直入射时，洞口段的抗震设防范围可到 $7.5D$。

第 6 章　隧道洞口段微型桩体系抗减震效果研究

如前所述,隧道洞口作为隧道的重要组成部分,是唯一的暴露部位,洞口段边仰坡受风化、卸荷和构造作用,围岩条件一般较差,对隧道的约束能力有限,且松散、破碎的岩体对地震波具有明显的放大作用。这都导致了隧道洞口段的震害非常严重。本书在大型振动台试验场景下,首先提出了基于改进小波包联合希尔伯特-黄变换的动态损伤识别方法,对洞口段仰坡和衬砌的动力响应及损伤破坏过程进行了系统研究。然后,利用理论推导结合振动台试验验证,明确了隧道洞口段合理的抗震设防分区范围。同时,提出合理、有效的隧道洞口段抗减震技术是本书研究的落脚点和重要环节。

目前,针对隧道的抗减震措施,研究较多的是设置柔性减震层、减震缝或采用深层注浆加固等方式,这些措施均对提高隧道的抗震能力起到一定作用。但是洞口段相比洞身段,天然地存在仰坡临空面,数次地震导致的隧道洞口段震害特征也大多是边仰坡滑塌、洞口落石、围岩崩塌堵塞洞口等,这提示更应该关心隧道洞口段仰坡的加固处理。微型桩体系作为一种较为新颖的边坡支护方式,目前在隧道工程领域的研究并不多见。微型桩体系有以下特点:①施工快速安全,可小型机械化施工,作业区域要求不高;②施工噪声和振动小,对环境友好;③长细比较大,单桩材料消耗小;④桩孔直径小,可根据需要灵活布置,对围岩的扰动较小。目前对于微型桩体系的研究多集中在静动力特性和桩土关系上,对于微型桩体系在隧道洞口段的抗减震效果的相关研究并未见报道。因此,本章着重考察微型桩体系在隧道洞口仰坡的加固效果,以振动台试验为研究手段,探究不同地震工况下,微型桩体系对于隧道洞口段仰坡和衬砌的影响。需要说明的是,本章仅讨论微型桩设置对隧道洞口段抗震能力的提升,与其他抗减震措施的对比不在讨论范围。

6.1　试验工况及测点布置

6.1节彩图

6.1.1　试验工况设置

本章采用前述 2.5 节选定的 3 条地震波(Kobe、Chichi 和 Wenchuan 波)开展洞口段微型桩抗减震效果研究,经相似比转换后的地震波时程如图 6-1 所示。试验以 0.125g、0.250g、0.375g、0.500g 和 0.700g 的地震波幅值逐级加载,以便观察微型桩加固坡面后的围岩—隧道体系的动力响应特征和破坏形态。最终以隧道产生明显的破坏形态但衬砌整体不坍塌为加载结束依据。同时为了评估模型的损伤情况,在试验中加入 0.05g 的高斯白噪声。加载工况见表 6-1。

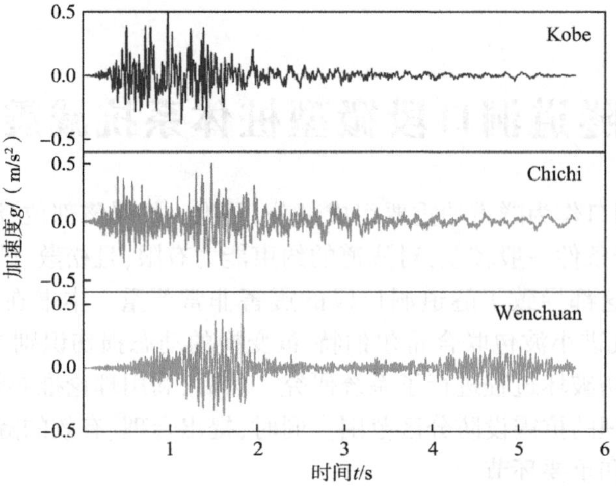

图 6-1　输入的加速度时程(以 0.500g 为例)

表 6-1　加载工况

工况序号	输入地震波	激振方向	PGA(g)	工况序号	输入地震波	激振方向	PGA(g)
1	White noise	y	0.05	21	White noise	x	0.05
2	Kobe	y	0.125	22	Kobe	x	0.375
3	Chichi	y	0.125	23	Chichi	x	0.375
4	Wenchuan	y	0.125	24	Wenchuan	x	0.375
5	White noise	x	0.05	25	White noise	y	0.05
6	Kobe	x	0.125	26	Kobe	y	0.5
7	Chichi	x	0.125	27	Chichi	y	0.5
8	Wenchuan	x	0.125	28	Wenchuan	y	0.5
9	White noise	y	0.05	29	White noise	x	0.05
10	Kobe	y	0.25	30	Kobe	x	0.5
11	Chichi	y	0.25	31	Chichi	x	0.5
12	Wenchuan	y	0.25	32	Wenchuan	x	0.5
13	White noise	x	0.05	33	White noise	y	0.05
14	Kobe	x	0.25	34	Kobe	y	0.7
15	Chichi	x	0.25	35	Chichi	y	0.7
16	Wenchuan	x	0.25	36	Wenchuan	y	0.7
17	White noise	y	0.05	37	White noise	x	0.05
18	Kobe	y	0.375	38	Kobe	x	0.7
19	Chichi	y	0.375	39	Chichi	x	0.7
20	Wenchuan	y	0.375	40	Wenchuan	x	0.7

6.1.2　微型桩体系模拟及测点布置

6.1.2.1　微型桩体系试验模拟

实际工程中,微型桩通常是钢筋混凝土结构。如果在模型试验中使用混凝土和钢筋笼来模拟微型桩，则试验操作性较低，模型尺寸无法满足。本模型试验中，在调研了常用的微型桩模拟材料后(见表 6-2)，决定使用铝合金管和石膏模拟微型桩，使用松木模拟桩顶的连系梁。

表 6-2　常见材料的物理特性

材料类型	密度 ρ/(g/cm^3)	弹性模量 E/GPa	泊松比 μ	优点	缺点
铝合金	2.50～2.88	72	0.36	弹性模量较其他金属低，变形性能好	加工成本较高
硬质 PVC	1.00～1.47	1.5～3.0	0.35～0.47	柔韧性好，破裂时延性较好	成本较高，热稳定性较差
石膏	0.30～2.40	0.5～1.5	0.17～0.25	弹性模量调节范围广，泊松比接近混凝土，易成型，制作成本低	吸水性强，耐水性差，抗拉强度低
松木	0.40～0.70	11～16	0.37～0.43	顺纹抗拉压强度较高	横纹抗拉压强度低

初步设计的微型桩体系桩体为钢管混凝土桩，桩径 40 cm，桩长为 24 m、16 m 和 8 m，钢管采用 Q235 钢，壁厚 6 mm，填充混凝土为 C30 混凝土。由于围岩和微型桩体系间存在相互作用，无法同时满足围岩和微型桩体系的相似关系，考虑到本次试验目的，优先考虑围岩的相似性，尽量兼顾微型桩体系的相似设计。因此，在考虑模型箱尺寸和仰坡坡度后，确定微型桩的外径为 10 mm，管壁厚度为 1 mm，纵向长度有 600 mm、400 mm 和 200 mm 共 3 种尺寸，微型桩体系加固围岩范围约 6 倍洞径，基本满足第 5 章给出的 7.5 倍洞径设防范围的要求。

首先在铝合金管内填充石膏浆(水膏比 1 ∶0.5)，待石膏凝固后，将微桩放置在恒温干燥箱中，50 ℃恒温干燥 5 小时。获得适当的微桩强度后，将桩均匀地涂上环氧树脂黏合剂，并在标准砂上来回滚动，使其均匀地黏附在模型桩体上，以增加桩与周围土壤之间的摩擦。最后将微型桩模型与连系梁组装在一起，其中连系梁的横截面尺寸为 50 mm × 20 mm，纵向和横向连系梁长度分别为 1 400 mm 和 1 000 mm，每个微型桩之间的间距均为 400 mm。微型桩体系模型如图 6-2 所示。

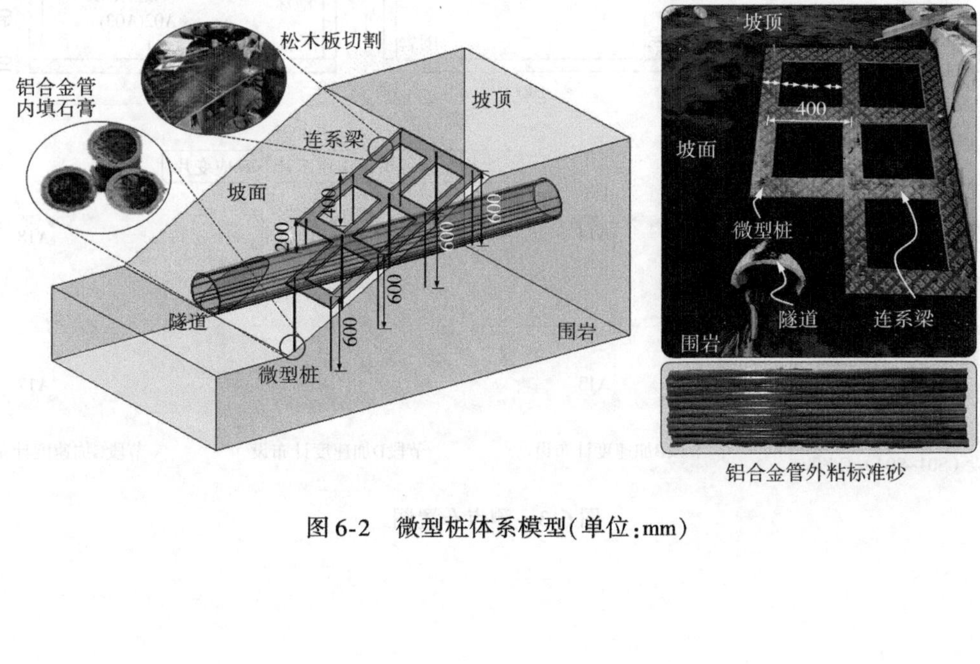

图 6-2　微型桩体系模型(单位：mm)

6.1.2.2 监测点布置

本次试验目的是研究微型桩体系对隧道洞口段的抗减震效果，试验中采集的数据包括衬砌的加速度、应变和洞口仰坡的加速度。具体测点布置如下：

①加速度计测点 19 个，且每个测点可以测到 x、y 两个方向加速度。其中 A00 测点用于核实输入的加速度时程，评估振动台传函求解效果。A01 用于监测底部碎石处的加速度时程，与 A00 对比可以验证黏结的碎石是否有效控制了模型围岩与底板间的相对滑移。A02 和 A03 对比，可以验证聚苯乙烯泡沫是否有效减小了刚性模型箱的边界效应。A04、A07、A10 布设于洞口段衬砌上方仰坡微型桩加固侧，与未加固坡面侧的监测点 A05、A08、A11 共同评价微型桩加固效果。A06、A09、A12 布设于洞身段围岩，与仰坡面处对应的加速度计处于相同埋深。通过两组加速度计监测数据的对比，即可考察坡面处围岩的动力响应。由于加速度计有限，本章仅在地震波由下至上传播路径的衬砌仰拱和拱顶部位布设了加速度计，因此加速度响应研究仅对比分析仰拱和拱顶部位。其中 A13、A14 两个加速度计布设于节段 B 的仰拱和拱顶部位的内表面。A15、A16 两个加速度计布设于节段 D 的仰拱和拱顶部位的内表面。A17、A18 两个加速度计布设于节段 G 的仰拱和拱顶部位的内表面。

②应变片 120 片，布设位置为衬砌的拱顶（S01）、拱肩（S02 & S06）、拱脚（S03 & S05）和仰拱（S04），每个位置的内外表面均张贴横向（x）和纵向（y）应变片。其中节段 B、E、H 为全环布设，每节段 24 片；节段 C、F、I 为半环布设，每节段 16 片。

图 6-3 为微型桩体系加固工况下的测点布置图，同样需要说明的是，测点编号仅在本章中适用。

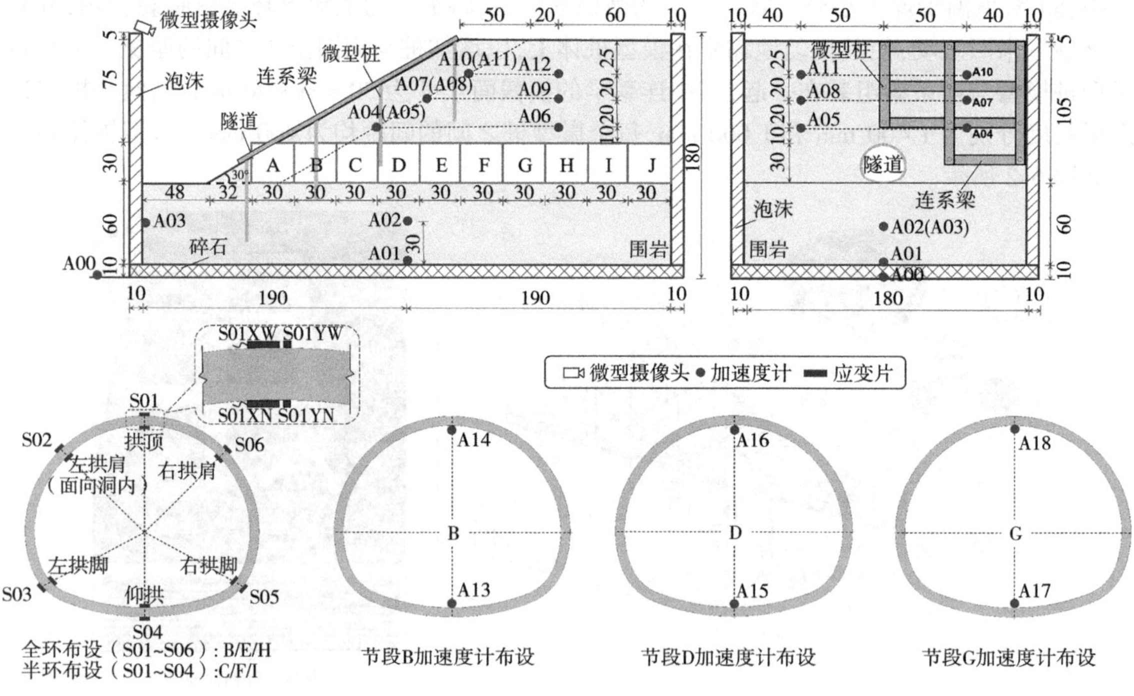

图 6-3 测点布置图

6.2　洞口段围岩动力响应

6.2节彩图

6.2.1　仰坡加速度响应

图 6-4 给出了 Kobe 波横向(x)和纵向(y)激振下 A01、A02、A04、A05、A07、A08、A10 和 A11 测点的加速度相对于输入地震动的放大系数。

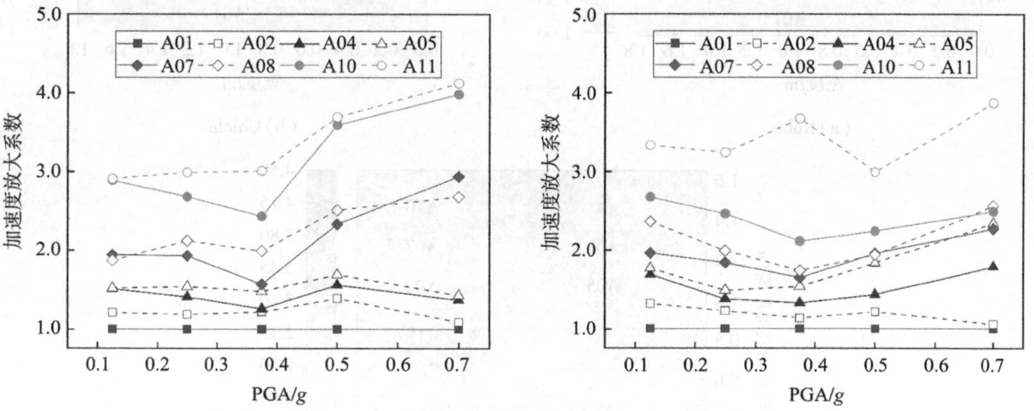

(a)横向激振(x)　　　　(b)纵向激振(y)

图 6-4　加速度放大系数

模型箱底部 A01 测点随着激振强度的提高,其放大系数基本保持不变,约为 1.0,可见模型箱底部黏结的碎石可有效控制激振时模型围岩体与底板间的相对滑移,基础条件得到更好再现。另外 7 个加速度测点总体上随着激振强度的增大,放大系数呈现先减小后增大的趋势,但均大于 1.0。说明不同高程位置处的加速的围岩加速度均呈现一定的放大效应,但随着激振强度的提高和激振时间的累积,围岩软化,发生非线性损伤。

对比不同高程处的加速度测点,可以发现相同激振条件下,高程越大,加速度放大系数越大,且邻近坡面的加速度放大系数显著大于围岩内部的测点,在坡顶处加速度响应最大,即各测点的加速度响应呈现显著的高程放大效应和趋表放大效应。同时对比分析微型桩加固区域的测点 A04、A07、A10 和未加固坡面的测点 A05、A08、A11,可以发现在相同高程位置处,加固区域的放大系数小于未加固区域,说明微型桩加固可有效减小仰坡围岩的加速度响应。

为进一步分析坡面的加速度放大效应在不同地震波激励下的分布情况,图 6-5 绘制了仰坡坡面在 0.500g Kobe、Chichi 和 Wenchuan 波横向(x)激励下的分布云图。在相同激振强度和激振方向下,3 条地震波激励下的加速度放大系数分布不同,但总体而言,放大系数均明显地呈现随着高程增大而增大的趋势,在仰坡未加固区域的坡顶放大系数最大。对比相同高程处,微型桩体系加固区域的加速度放大系数均小于未加固区域的,说明微型桩体系加固坡面可有效地降低坡面的加速度响应,保障隧道洞口段坡面安全。

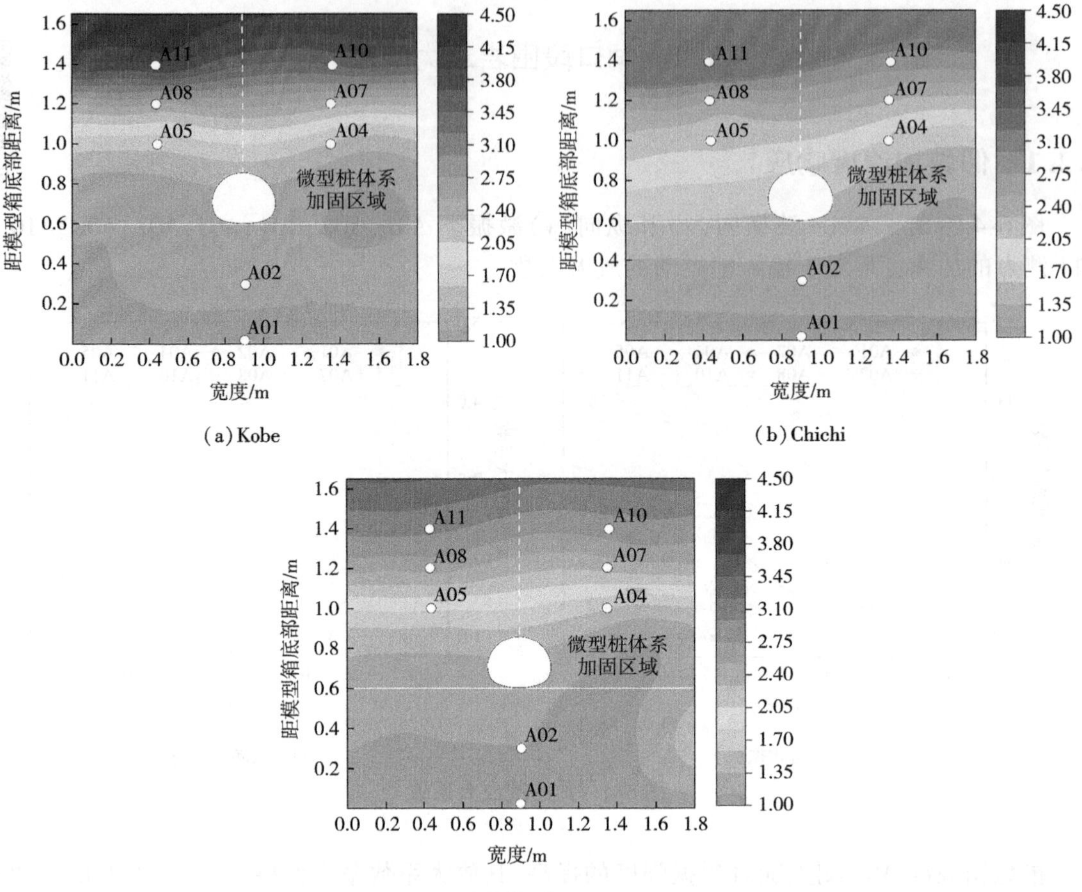

(a) Kobe

(b) Chichi

(c) Wenchuan

图 6-5 0.500g 横向激振下坡面加速度放大系数分布云图

6.2.2 仰坡频谱分析

本节进一步分析不同地震波激励下围岩的频谱特性，以 0.375g 横向激振工况为例，对 A03、A10 和 A11 的加速度时程数据进行傅里叶变换得到加速度频谱曲线，如图 6-6 所示。本节所示傅里叶谱为采用 Savitzky-Golay 方法平滑处理后的谱值。

可以看出，隧道洞口仰坡微型桩体系设置与否的围岩动力特性呈现如下规律：

(1) A03、A10 和 A11 在 Kobe，Chichi 和 Wenchuan 波激励下，加速度频谱曲线波形相似，但对应的傅里叶谱峰值有所差别，且呈现双峰值现象。总体而言，A11 的频谱峰值最大，A10 的频谱峰值次之，A03 的频谱峰值最小。可见高程效应对频谱峰值的影响较大。对比微型桩体系加固区域的 A10 和未加固区域的 A11，微型桩体系对围岩频谱分布特性的影响较小，但会对频谱幅值产生一定的差别，说明微型桩加固的区域对低频组分就有一定的吸收效果，微型桩加固仰坡有一定效果。

(2) 对比 A10、A11 的加速度频谱曲线及相应围岩卓越频率可知，围岩放大了地震波低频成分，但抑制了高于 20 Hz 的高频成分。微型桩加固区域的围岩卓越频率高于未加固区，在频谱曲线上表现为 A11 的频谱曲线相对 A10 向左“平移”，说明围岩卓越频率随强度和剪切刚度的降低而降低，且低频成分明显相对丰富，体现了围岩的非线性特性，与既有文献结论一致。

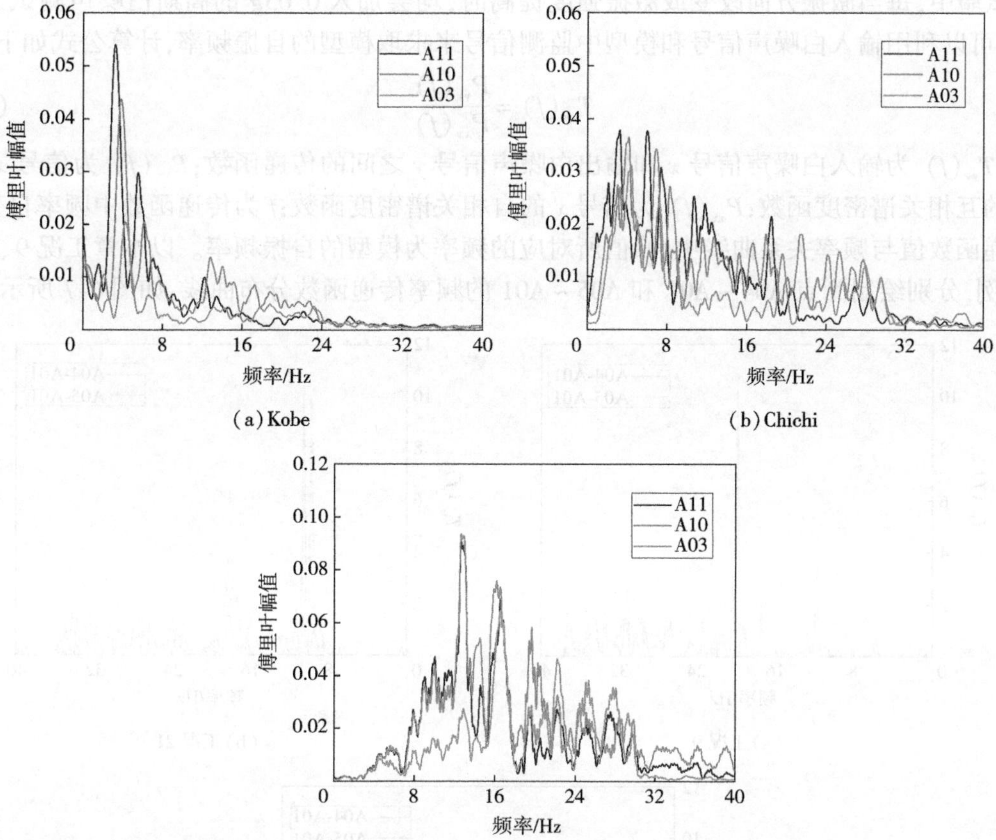

(a) Kobe

(b) Chichi

(c) Wenchuan

图 6-6　0.375g 激振条件下 A03、A10 和 A11 测点傅里叶谱

6.2.3　基于频率传递函数的仰坡损伤分析

模型自由振动是指当结构在外力作用下产生受迫振动，外力消失后结构将在平衡位置附近继续振动一段时间，结构自由振动时的频率称为自振频率。根据弹性波传播理论，一阶自振频率 f、剪切波速 V_s 和围岩厚度 h 之间的关系为

$$f=\frac{V_s}{4h} \tag{6-1}$$

同时，

$$V_s=\sqrt{\frac{G}{\rho}} \tag{6-2}$$

式中，G 为剪切模量，ρ 为密度。因此，

$$f=\sqrt{\frac{G}{16h^2\rho}} \tag{6-3}$$

由此可见，自振频率 f 与剪切模量 G 间存在相互关系。众所周知，剪切模量的变化与模型损伤、变形和破坏息息相关，所以可以用自振频率来评价模型在振动过程中动力响应的变化。本次试验中，每当激振方向改变或激振强度提高时，均会加入 0.05g 的高斯白噪声测试工况。因此，可以利用输入白噪声信号和模型中监测信号来求取模型的自振频率，计算公式如下：

$$T_{xy}(f)=\frac{P_{yx}(f)}{P_{xx}(f)} \tag{6-4}$$

式中，$T_{xy}(f)$ 为输入白噪声信号 x 和输出白噪声信号 y 之间的传递函数；$P_{yx}(f)$ 为信号 x 和 y 之间的互相关谱密度函数；$P_{xx}(f)$ 为信号 x 的自相关谱密度函数；f 为传递函数中频率自变量。在传递函数值与频率关系曲线中，峰值所对应的频率为模型的自振频率。以本章工况 9、21 和 37 为例，分别绘制测点 A04 ~ A01 和 A05 ~ A01 的频率传递函数分布曲线，如图 6-7 所示。

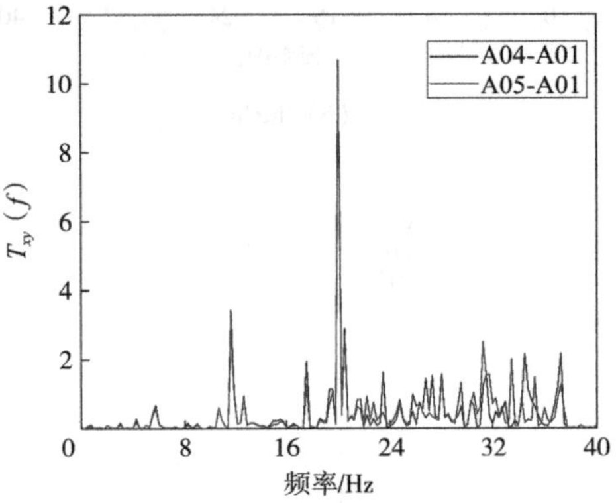

(a) 工况 9

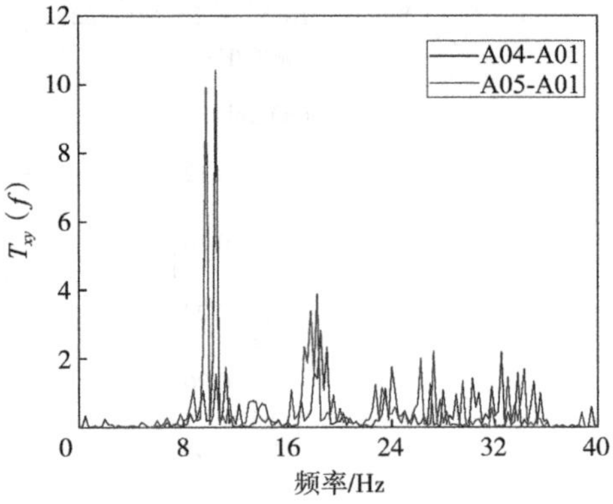

(b) 工况 21

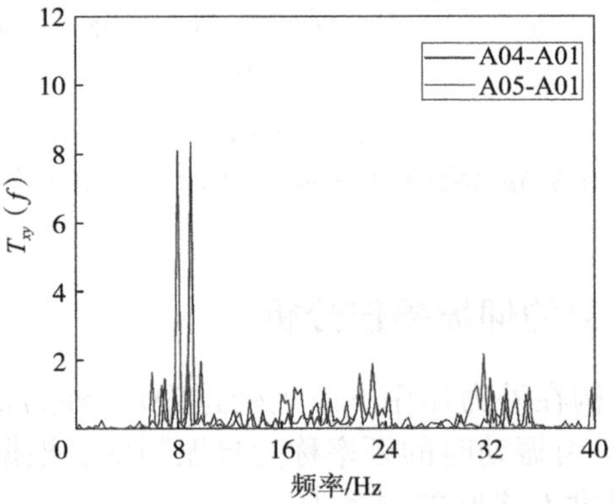

(c) 工况 37

图 6-7　不同工况下的频率传递函数

很明显，当地震波从底部向上传播穿过衬砌模型时，不同工况下，传递函数显著增大对应的频率范围不同，工况 9 的增大频率范围是 19.75 ~ 20.25 Hz，工况 21 的增大频率范围是 11.5 ~ 13.0 Hz，工况 37 的增大频率范围是 7.25 ~ 12.25 Hz。工况 9 的 A04 ~ A01 和 A05 ~ A01 传递函数第一峰值对应的频率均为 12.00 Hz，与模型围岩的自振频率较为接近，说明此时处于小振幅激振条件，围岩仍处于弹性工作状态，自振频率并未下降。

工况 21 的 A04 ~ A01 和 A05 ~ A01 传递函数第一峰值对应的频率分别为 10.50 Hz 和 9.85 Hz，与工况 9 相比，第一峰值的频率降幅分别为 12.50% 和 17.92%；第二峰值分别为 18.50 Hz 和 17.75 Hz，与工况 9 相比，第二峰值的频率降幅分别为 7.50% 和 11.25%。由此可见，工况 21 相对于工况 9，第一、二峰值对应的频率均出现了不同程度的降低，说明随着激振的持续进行，模型围岩体已经逐渐产生损伤，围岩有软化趋势，这提示长持时地震激励会对隧道洞口段围岩产生严重的扰动，从而产生严重的震害。同时，对比位于微型桩体系加固区域的 A04 和未加固区的 A05，它们相对于 A01 的频率下降幅度并不相同，其中 A04 ~ A01 的第一、二频率降幅均小于 A05 ~ A01，说明微型桩体系加固后的隧道洞口仰坡可有效减缓围岩的损伤软化程度，具有明显的抗减震效果。

工况 37 的 A04 ~ A01 和 A05 ~ A01 传递函数最大值对应的频率分别为 9.05 Hz 和 8.25 Hz。与工况 9 相比，第一峰值对应的频率降幅分别为 24.58% 和 31.25%；与工况 21 相比，第一峰值对应的频率降幅分别为 13.81% 和 16.24%。这再次证明了在地震波持续作用下，围岩损伤加剧。同时，相比于小振幅激振，大振幅激振条件下，微型桩体系减缓围岩软化的效果越理想，抗减震效果越明显。

6.3 洞口段衬砌动力响应

6.3节彩图

6.3.1 衬砌加速度响应分析

提取洞口段衬砌节段 B 在 0.375g Kobe、Chichi 和 Wenchuan 波横向(x)激励条下的仰拱、拱顶的加速度时程及傅里叶变换曲线(Savitzky-Golay 方法平滑处理后)，分别如图 6-8 所示。

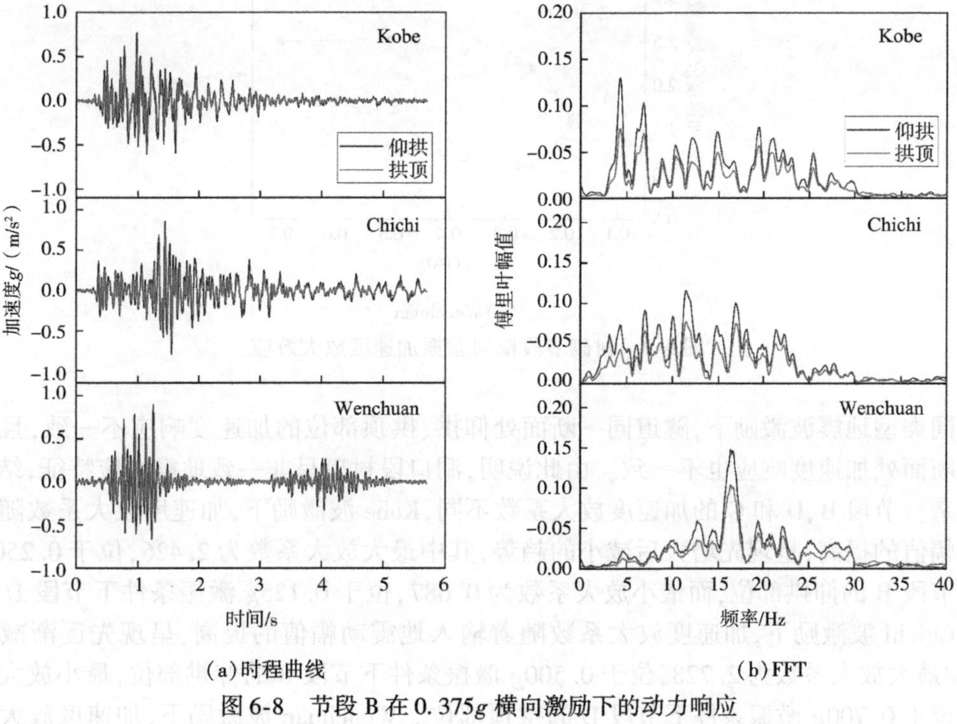

(a)时程曲线　　(b)FFT

图 6-8　节段 B 在 0.375g 横向激励下的动力响应

可以看出衬砌节段 B 在 Kobe、Chichi 和 Wenchuan 波激励下，仰拱、拱顶的动力响应时程和傅里叶谱与输入地震动非常相似，说明衬砌在围岩中并不表现自身的振动特性。对比三条地震波下，衬砌的傅里叶幅值不同，说明衬砌在不同地震波激励下，动力响应并不相同，由此可见，中外规范规定采用至少 3 条地震动进行动力响应分析是合理的。同时对比仰拱、拱顶处的时程曲线和傅里叶谱曲线，可以发现仰拱的加速度响应大于拱顶，相比于拱顶，仰拱在地震作用下更加危险。为了进一步研究其他节段在不同峰值、不同地震波激振下的动力响应，提取节段 B、D、G 的仰拱和拱顶的加速度放大系数，如图 6-9 所示。

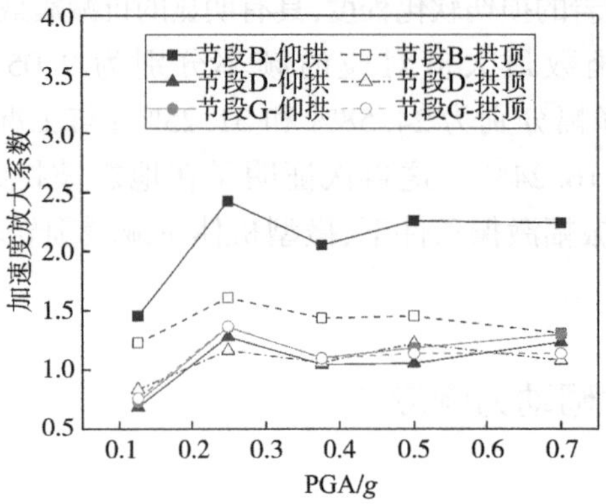

(a) Kobe

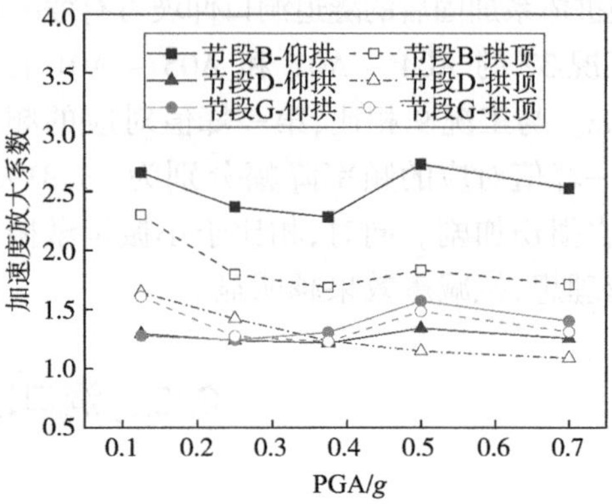

(b) Chichi

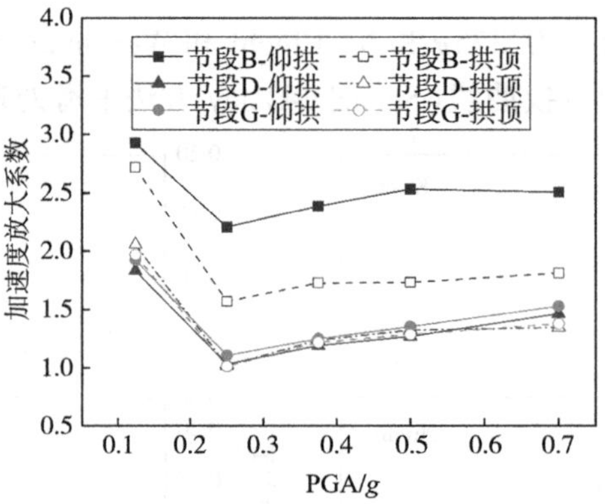

(c) Wenchuan

图 6-9　衬砌节段横向激振加速度放大效应

不同类型地震波激励下，隧道同一断面处仰拱、拱顶部位的加速度响应不一致，且隧道纵向不同断面处加速度响应也不一致。由此说明，洞口段衬砌呈非一致地震响应特征，结构应力状态复杂。节段 B、D 和 G 的加速度放大系数不同，Kobe 波激励下，加速度放大系数随着输入地震动幅值的提高，呈现先增大后减小的趋势，其中最大放大系数为 2.426，位于 0.250g 激振条件下节段 B 的仰拱部位，而最小放大系数为 0.687，位于 0.125g 激振条件下节段 D 的仰拱部位。Chichi 波激励下，加速度放大系数随着输入地震动幅值的提高，呈现先逐渐减小的趋势，其中最大放大系数为 2.728，位于 0.500g 激振条件下节段 B 的仰拱部位，最小放大系数为 1.087，位于 0.700g 激振条件下节段 D 的拱顶部位。Wenchuan 波激励下，加速度放大系数随着输入地震动幅值的提高,呈现先减小后增大的趋势,其中最大放大系数为2.926,位于0.125g激振条件下节段B的仰拱部位,而最小放大系数为1.012,位于0.250g激振条件下节段G的仰拱部位。综合对比图6-9(a)、(b)和(c)三张图,可以发现相同特征:距离隧道洞口最近的节段B仰拱、拱顶的加速度放大系数均大于节段D和节段G。这说明相比隧道洞身段,洞口段衬砌由于缺乏围岩的有效约束,承受了更大的地震惯性作用,动力反应复杂强烈,再次证明隧道洞口段是隧道抗震的薄弱环节。

6.3.2　基于希尔伯特边际谱的衬砌损伤识别

采用第3章提出的基于改进小波包联合希尔伯特-黄变换的损伤识别方法,提取峰值为0.125g的Kobe、Chichi和Wenchuan波横向(x)激振时衬砌节段B仰拱和拱顶的希尔伯特边际谱,如图6-10所示。可以发现在当前工况下,节段B的边际谱幅值排序为:Chichi波激励工况>Wenchuan波激励工况>Kobe波激励工况。可见即使是相同峰值加速度,相同激振方向,不同地震波对洞口段隧道衬砌的影响不同。再次说明中国和美国等规范规定至少采用3条地震波进行隧道动力响应分析是合理的。另外,对比仰拱和拱顶的边际谱,可以发现总体上仰拱的边际谱幅值大于拱顶,这说明洞口段隧道的仰拱部位动力响应大于拱顶,是地震作用下的薄弱部位。

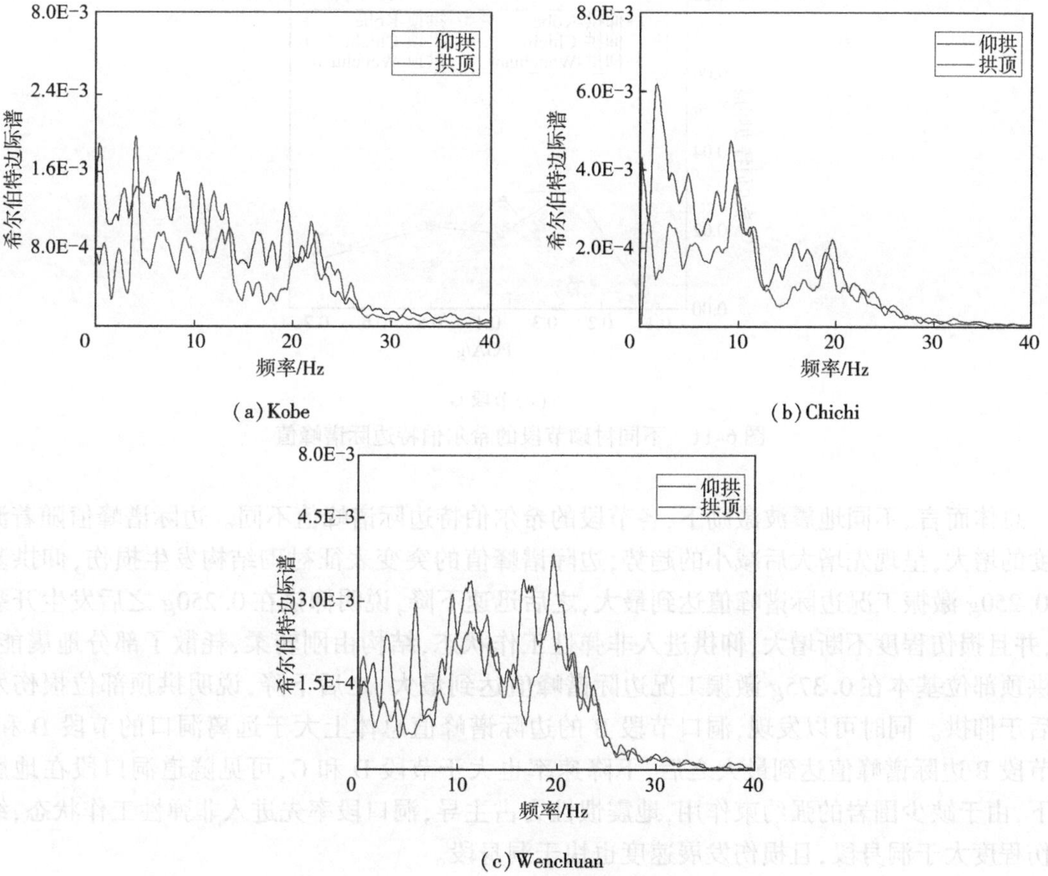

图6-10　节段B的希尔伯特边际谱

为了进一步揭示不同地震动峰值、隧道不同纵向深度的断面的损伤特点，提取节段 B、D、G 在 Kobe、Chichi 和 Wenchuan 波的 0.125g～0.700g 激振强度下的希尔伯特边际谱峰值，如图 6-11 所示。

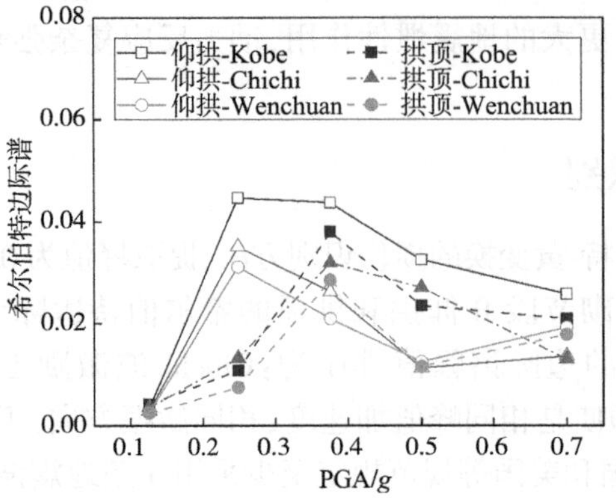

(a) 节段 B

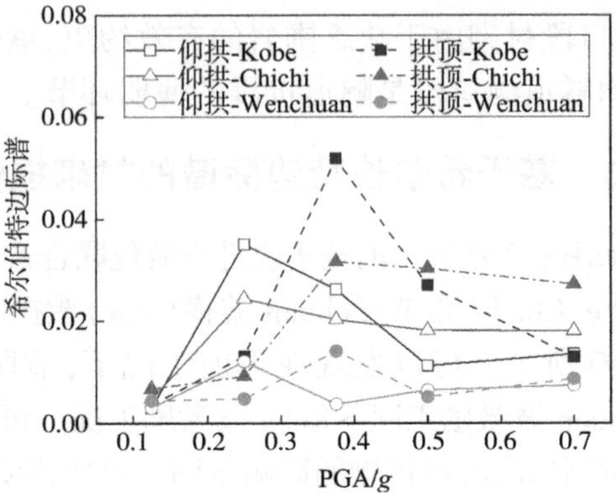

(b) 节段 D

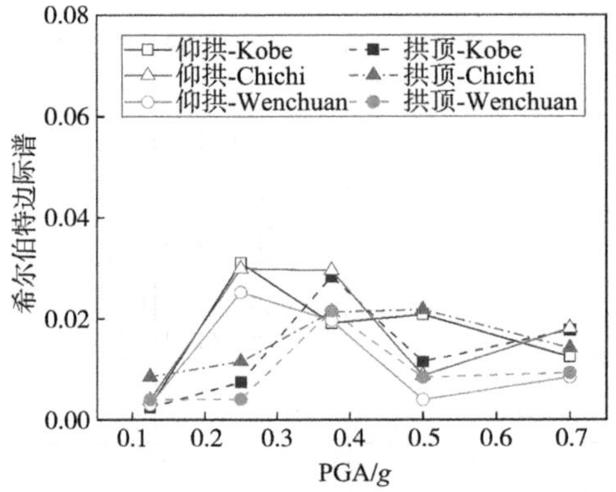

(c) 节段 G

图 6-11　不同衬砌节段的希尔伯特边际谱峰值

总体而言，不同地震波激励下，各节段的希尔伯特边际谱峰值不同。边际谱峰值随着激振强度的增大，呈现先增大后减小的趋势，边际谱峰值的突变表征衬砌结构发生损伤，仰拱基本在 0.250g 激振工况边际谱峰值达到最大，之后迅速下降，说明仰拱在 0.250g 之后发生开裂损伤，并且损伤程度不断增大，仰拱进入非弹性工作状态，结构由刚转柔，耗散了部分地震能量。而拱顶部位基本在 0.375g 激振工况边际谱峰值达到最大，之后下降，说明拱顶部位损伤发展落后于仰拱。同时可以发现，洞口节段 B 的边际谱峰值总体上大于远离洞口的节段 D 和 G，且节段 B 边际谱峰值达到最大之后，下降速率也大于节段 D 和 G，可见隧道洞口段在地震作用下，由于缺少围岩的强约束作用，地震惯性力占主导，洞口段率先进入非弹性工作状态，结构损伤程度大于洞身段，且损伤发展速度也快于洞身段。

6.3.3 衬砌动应变及内力响应分析

由于应变片在试验过程中生存率较低，造成部分断面测点数据缺失，无法计算出正确的轴力与弯矩值，因此需要首先剔除错误的应变数据。同时，为了获得洞口段衬砌应变响应的全局认识，首先给出了节段 B 在工况 14 下的 S01 ~ S06 的应变时程，如图6-12 所示。总体上各测点应变响应波形与输入地震动的较为一致，均在工况开始时围绕一个值震荡，直到此次工况结束。但是各测点的初始值并不相同，且不为 0。这是由于试验中多组工况按顺序接续进行，前序工况产生的残余应变为后续工况的初始应变，后续激励产生的应变即为附加增量应变，此过程一致持续到加载结束。同时，各测点的应变幅值并不相同，拱肩（S02、S06）和拱脚（S03、S05）的应变幅值大于其他部位，说明拱肩和拱脚为受力危险部位。同一测点，内表面应变和外表面应变也不相同，说明该部位产生了地震附加内力。

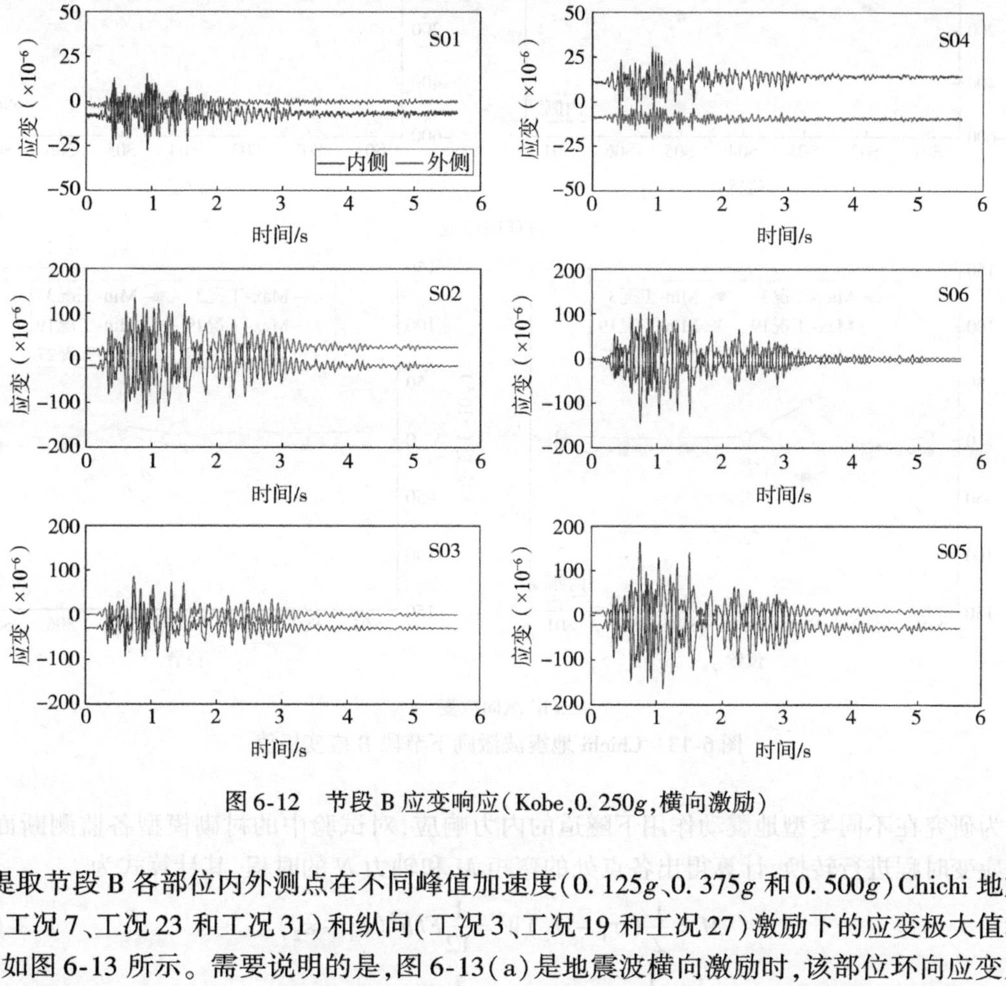

图6-12　节段 B 应变响应（Kobe，0.250g，横向激励）

提取节段 B 各部位内外测点在不同峰值加速度（0.125g、0.375g 和 0.500g）Chichi 地震波横向（工况 7、工况 23 和工况 31）和纵向（工况 3、工况 19 和工况 27）激励下的应变极大值和极小值，如图 6-13 所示。需要说明的是，图 6-13（a）是地震波横向激励时，该部位环向应变片测得的应变极值。图 6-13（b）是地震波纵向激励时，该部位纵向应变片测得的应变极值。可以发现相同激振强度下，横向应变峰值大于纵向应变峰值。而随着激振强度的提高，各测点的峰值应变随之增大。横向激振时，在小峰值强度下（0.125g），各测点的应变极大值基本接近模型衬砌的极限抗拉应变 80×10^{-6}，应变极小值远小于模型衬砌极限抗压应变 640×10^{-6}。而在中等峰值强度(0.375g)和强烈峰值强度下(0.500g)，内表面的拱肩(S02、S06)和拱脚(S05)应变极大值已大大超过 80×10^{-6}，该部位产生裂纹，外表面的拱肩(S02、S06)，拱脚(S03、S05)的应变极大值亦超过 80×10^{-6}，同样产生裂纹。反观各测点的应变极小值，均未达到 640×10^{-6}，说明衬砌在地震过程中承受拉压循环荷载，主要产生拉致损伤，裂纹以纵向贯通为主。

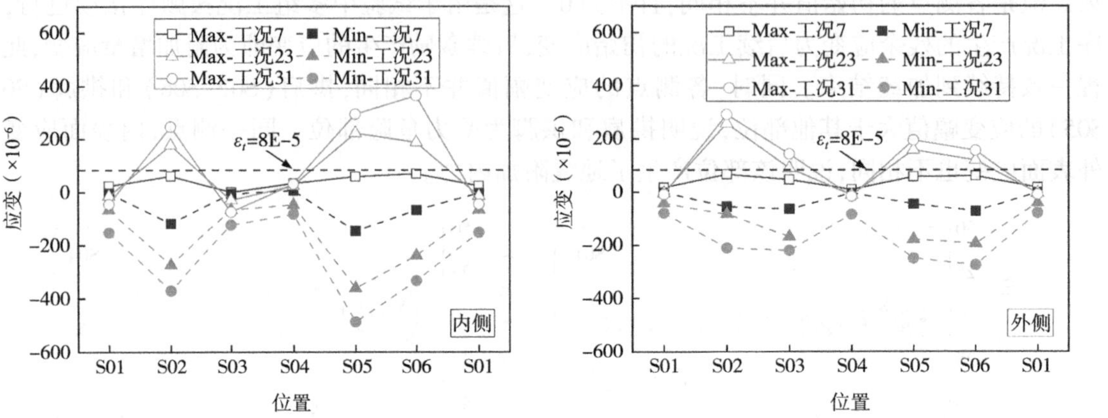

(a)环向应变

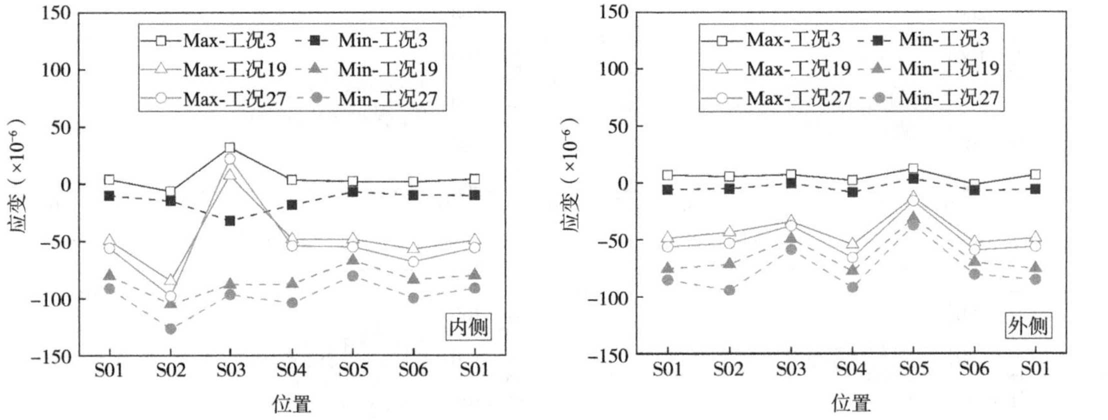

(b)纵向应变

图6-13 Chichi 地震波激励下节段 B 应变极值

为研究在不同类型地震动作用下隧道的内力响应，对试验中的衬砌模型各监测断面内外边缘应变时程进行转换，计算得出各点处的弯矩 M 和轴力 N 的时程，其计算式为

$$M=\frac{1}{2}(\sigma_1-\sigma_2)W=\frac{1}{12}Ebh^2(\varepsilon_1-\varepsilon_2) \tag{6-5}$$

$$N=\frac{1}{2}(\sigma_1+\sigma_2)A=\frac{1}{12}Ebh(\varepsilon_1+\varepsilon_2) \tag{6-6}$$

式中，σ_1、σ_2 分别为测点内侧和外侧的应力；ε_1、ε_2 分别为测点内侧和外侧的应变；E 为隧道衬

砌的弹性模量；W 为截面抵抗矩；A 为截面面积；b 为截面宽度，取单位长度；h 为衬砌厚度，本试验中，衬砌厚度为 2.0 cm。

为了防止累积损伤对结构内力的影响，取试验在横向激振时峰值加速度为 $0.250g$ 的工况下洞口段应变数据进行内力峰值统计，见图 6-14。对比各对称测点，可以发现位于围岩加固区域的 S05、S06 测点的截面弯矩和轴力均小于未加固区域的 S02、S03 测点，其中拱脚最大正弯矩最大可减少 79.98%（Wenchuan 波激励工况），最大负弯矩可减少 79.73%（Chichi 波激励工况）；最大轴拉力可减小 69.79%（Wenchuan 波激励工况），最大轴压力可减小 18.43%（Chichi 波激励工况）。而拱肩最大正弯矩最大可减少 49.61%（Chichi 波激励工况），最大负弯矩可减少 67.69%（Kobe 波激励工况）；最大轴拉力可减小 66.37%（Wenchuan 波激励工况），最大轴压力可减小 38.23%（Chichi 波激励工况）。由此可见，微型桩加固体系不仅可以加固仰坡，还可以改善洞口段衬砌受力。

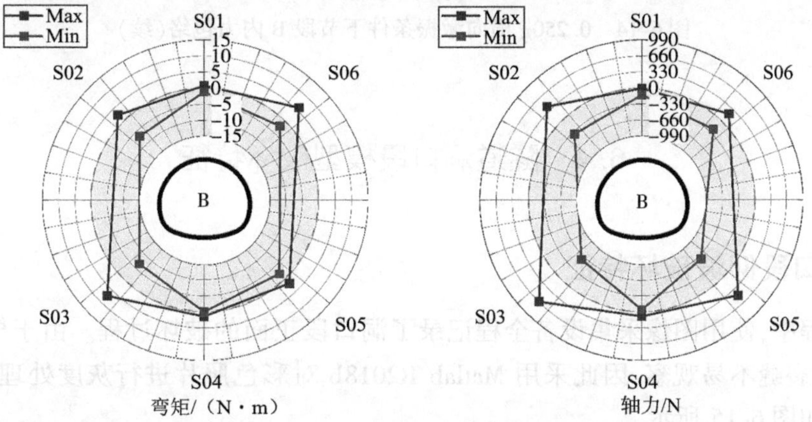

(a) Kobe

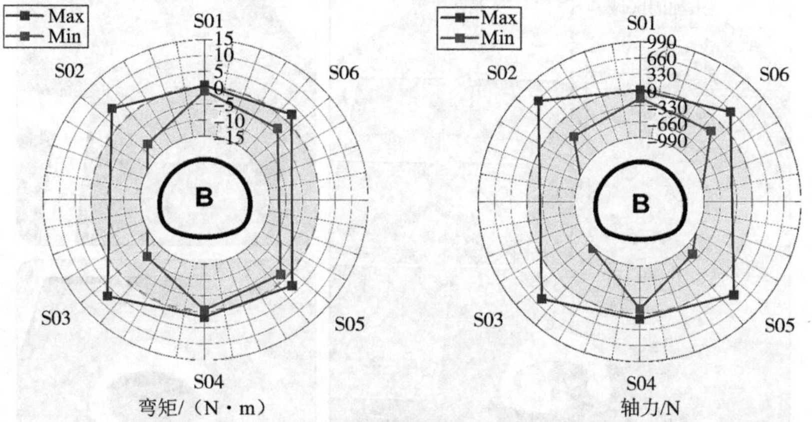

(b) Chichi

图 6-14　$0.250g$ 横向激振条件下节段 B 内力包络

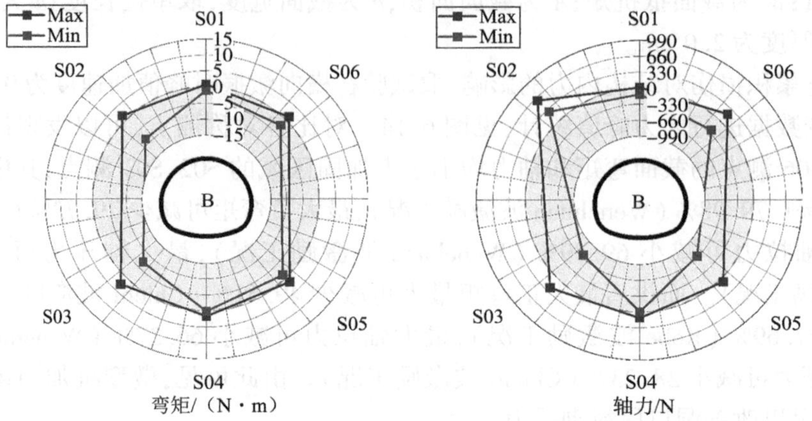

(c) Wenchuan

图 6-14 0.250g 横向激振条件下节段 B 内力包络(续)

6.4节彩图

6.4 隧道洞口段模型破坏特征

6.4.1 洞口段仰坡破坏特征

试验过程中,使用图像采集设备全程记录了洞口段正面的破坏过程。由于模型围岩呈现黑褐色,坡面裂缝不易观察,因此采用 Matlab R2018b 对彩色照片进行灰度处理,得到土体最终破坏形态如图 6-15 所示。

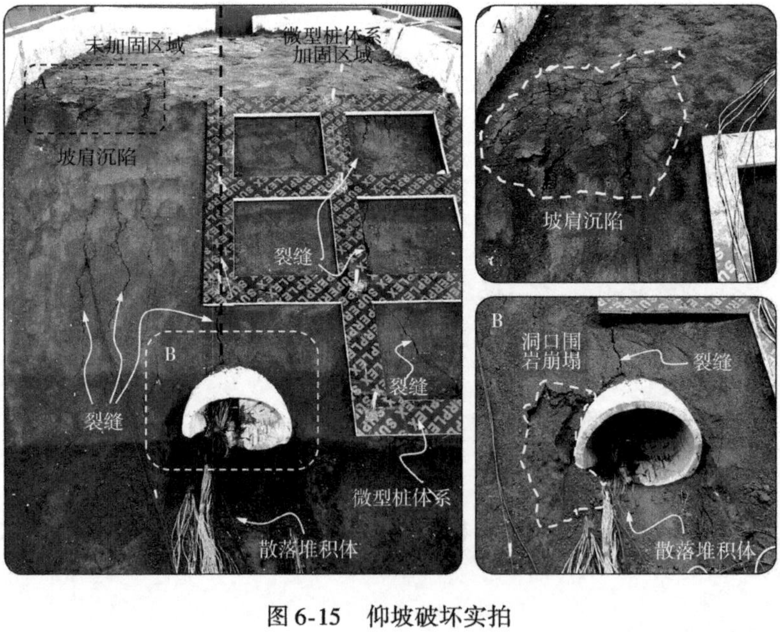

图 6-15 仰坡破坏实拍

对试验中每一级地震作用后仰坡的破坏现象进行描述(见图6-16),可以概括边坡的破坏过程如下:

(1)在0.125g和0.250g地震波作用下,边坡基本未出现任何破坏现象;

(2)当输入地震动幅值达到0.375g时,未加固区域的边坡坡顶由于加速度高程放大效应,开始出现明显的张拉裂缝,坡顶边缘出现松散颗粒体,并沿坡面滑落,坡肩局部沉陷,同时仰坡坡面出现竖向裂缝,而微型桩加固区域的坡顶张拉裂缝不明显,坡顶边缘产生的松散颗粒体较少,坡面裂缝发展也较为缓慢;

(3)当输入地震动幅值达到0.500g时,未加固区域边坡坡顶张拉裂缝进一步扩大,坡肩沉陷加剧,松散颗粒体增多,坡面裂缝增多,裂缝长度、深度增大,而微型桩加固区域坡顶张拉裂缝不多,坡肩未沉陷,坡面裂缝发展缓慢;

(4)当输入地震动幅值达到0.700g时,未加固区域边坡坡顶的张拉裂缝急剧发展,坡肩沉陷范围进一步增大,大量松散颗粒体滑落,堆积在洞口附近,坡面裂缝规模扩大,洞口衬砌附近围岩失稳、崩塌,堵塞洞口。

这与2008年汶川地震中龙洞子隧道、烧火坪隧道洞口段破坏形态一致(见图4-18)。而微型桩加固区域的坡顶未见大范围的张拉裂缝,未出现坡肩沉陷,松散颗粒体被框架梁阻拦,坡脚未见明显碎屑堆积,同时坡面裂缝数量和发展规模均小于未加固的坡面,可见微型桩体系显著改善了洞口段围岩的地震响应,表现出了良好的抗减震性能。

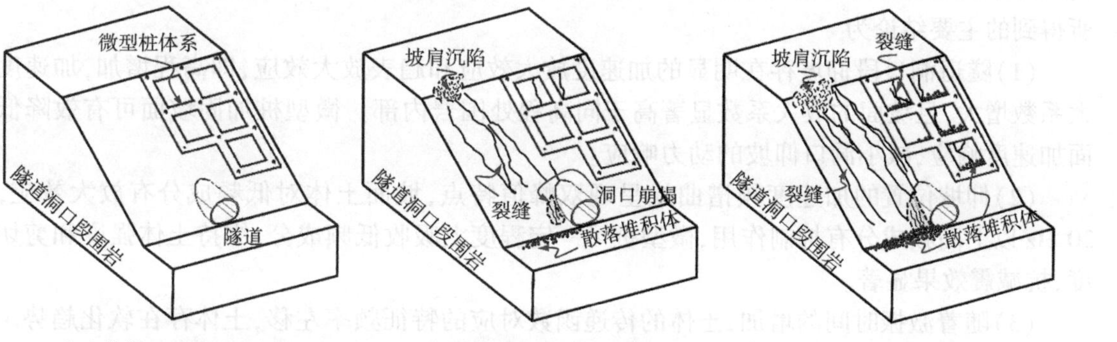

(a)阶段1:0.125g~0.250g　　(b)阶段2:0.375g~0.500g　　(c)阶段3:0.700g

图6-16　隧道洞口段仰坡概化图

6.4.2　洞口段衬砌破坏特征

试验加载工况的设计保证了隧道模型在试验结束后能够被完整取出,且在试验完成后,首先将围岩清理至隧道仰拱位置,记录隧道整体形态,然后仔细将衬砌模型搬至观察台,观察并绘制裂缝分布,如图6-17所示。结合试验过程中实时摄影资料,可以发现激振过程中,首先仰拱出现纵向裂缝,并逐渐沿隧道纵向贯通,随着试验进程的继续,拱脚、拱腰、拱肩和拱顶沿纵向开裂。观察洞口节段B,可以发现裂缝数量较之节段D和节段G多,裂缝分布形式更为复杂,不仅存在着众多纵向贯通裂缝,还存在着一些斜向裂缝。说明洞口段缺少围岩有效约束,地震作用下动力响应更加强烈,破坏相比洞身段更加严重。

（a）节段B （b）节段D （c）节段G

图 6-17　衬砌震害实拍图

6.5　本章小结

通过开展洞口段仰坡微型桩体系振动台试验，探究了在不同类型地震波、不同激振方向和不同加速度峰值下的隧道洞口段仰坡及衬砌的动力响应特征，重点从时域、频域、应变响应、结构内力及震后破坏形态等角度揭示了微型桩体系在隧道洞口段的抗减震效果。基于试验结果所得到的主要结论为

（1）隧道洞口段仰坡存在明显的加速度放大效应和趋表放大效应，即高程增加，加速度放大系数增大，且坡面的放大系数显著高于同高程处围岩内部。微型桩加固坡面可有效降低坡面加速度响应，减小洞口仰坡的动力响应。

（2）仰坡位置的加速度频谱曲线呈现双峰值特点，坡面土体对低频成分有放大效应，对 20 Hz 以上高频成分有抑制作用，微型桩可一定程度上吸收低频成分，维持土体强度和剪切刚度，抗减震效果显著。

（3）随着激振时间的增加，土体的传递函数对应的特征频率左移，土体存在软化趋势。而微型桩提高了土体强度和剪切刚度，土体传递函数对应的特征频率左移幅度减小，有效减缓土体损伤过程。

（4）随着激振强度增加，洞口段衬砌的希尔伯特边际谱峰值呈现先增大后减小的趋势；相比洞身段，洞口段率先进入非弹性工作状态，拱脚、拱肩和仰拱是受力薄弱部位，微型桩可使衬砌内力降低，改善洞口衬砌受力状态。

（5）隧道洞口段仰坡破坏主要为坡顶张拉裂缝发展，坡肩松散颗粒体掉落、坡肩局部沉陷，坡面裂缝发展及洞口附近围岩失稳坍塌，堵塞洞口。微型桩体系加固坡面可限制坡顶张拉裂缝发展，限制坡面裂缝发展、阻拦松散颗粒体，有效提高仰坡的抗减震性能。洞口段衬砌主要以纵向贯通裂缝为主，洞口段存在部分斜向裂缝，破坏程度较之洞身段严重。

第7章　结论与展望

7.1　结　论

本书针对地震作用下隧道洞口段的损伤识别和设防等问题,依托某隧道工程,以振动台试验为主,结合资料调研、理论分析等手段,对振动台试验方案设计、试验条件下隧道洞口段的动态损伤识别、隧道洞口段的合理抗震设防范围和微型桩体系加固洞口仰坡的抗减震效果进行了全面、细致地研究。取得的研究成果总结如下:

(1)使用GA-BP神经网络算法可优化相似材料的匹配过程,节省模型试配成本,针对本试验,确定隐藏层的最佳神经元数为8。模型围岩的配比为粉煤灰:河砂:机油:硅藻土=40.5%:30.1%:10.2%:19.2%,模型衬砌的配比为水:石膏:硅藻土=1:0.7:0.2。对试验用的刚性模型箱进行了模态分析,结果表明,侧壁双道加劲斜撑加固的箱体前三阶固有频率为41.908 Hz、47.128 Hz和47.704 Hz,不会与模型围岩发生共振。从矢量变形和承载力的角度分析了满载模型箱吊装方案,确定8角提起吊为最佳方案。为消除边界效应,模型箱侧壁内衬10 cm厚的聚苯乙烯泡沫,并采用Pearson相关系数进行了定量分析,证明边界吸收效果较好。

(2)根据地震波的三要素,从地震波持时、振幅和频谱特性三个方面分析了输入地震动的选取过程。采用基于Arias强度的重要持时定义方法,统一了选取的Kobe、Chichi和Wenchuan波的持续时间为40.0 s;根据现行规范规定和调研的近年地震强度,并考虑振动台设备性能,确立了相似关系转换后的输入地震动加速度峰值为0.125g、0.250g、0.375g、0.500g和0.700g;结合FFT、小波分析和小波包分析方法,3条地震波的能量主要分布在前4阶子频带,即0.1~25.0 Hz的频率范围,满足试验目的和设备性能要求。

(3)对地震作用下隧道及围岩的动力响应数据进行小波包降噪时,根据信息熵和计算成本的综合评价,8层分解的Sym 6小波基函数表现较为优异。在分析传统软、硬阈值函数不足的基础上,提出了新的阈值降噪函数,通过专用降噪测试信号及大量参数分析,验证了降噪效果优于传统小波包。根据信噪比SNR和均方根误差R_{MSE}两类指标确定了采用参数$a=10$的改进阈值函数对地震信号进行降噪效果最好。通过分析各小波包频带的能量占比,发现能量主要集中在前128个子频带内(频率范围0~50 Hz),累计能量比达到97.5%,这些子频带的频率范围已经覆盖了本次试验模型的自振频率,将它们重构后进行损伤分析是可行的,同时可以一定程度上降低计算成本。通过对改进的小波包进行噪声鲁棒性分析发现,本次试验重点关注的0~50 Hz频率范围内,原始信号与降噪信号的功率谱密度更为趋近,且低信噪比工况(SNR=2 dB)下,曲线仍较为一致,变化率不超过13.51%。证明采用本书提出的改进阈值函数的小波包处理响应信号具有较强的噪声鲁棒性。

(4)对Kobe、Chichi和Wenchuan 3条输入地震波进行经验模态分解(EMD),产生了7个本征模态分量IMF和一个残余项Res.;采用判定系数R^2、均方根误差R_{MSE}、方差贡献率M_i和

能量矩占比 E_i4 个指标对产生的 IMF 分量进行综合评价,发现 3 条地震波的 R^2、M_i和 E_i均随着 IMF 序号的增大而逐渐减小,且 IMF6、IMF7 与其他 IMF 分量相比,数值很小,但 R_{MSE}值随着 IMF 序号的增大而增大。因此 IMF6 和 IMF7 与原始时程曲线差别很大,可以忽略;Res. 作为残余项,同样可以忽略。经过改进小波包降噪后的信号进行经验模态分解(EMD),相比于直接进行 EMD 分解,产生的 IMF 分量较少,且各分量间频率成分无混叠、无分裂,分解效果较好。证明本书提出的基于改进小波包联合希尔伯特-黄变换的损伤识别方法相比传统的希尔伯特-黄变换,在 EMD 分解上可有效避免各 IMF 分量间的模态混叠和分裂现象,对后续瞬时参数的识别不会造成干扰。

(5)本书提出的基于改进小波包联合希尔伯特-黄变换的动态损伤识别方法与传统的振动台试验分析方法在宏观结论上是一致的,且相比传统的动力响应分析方法,本书提出的损伤识别方法在瞬时参数上的识别效果更优,希尔伯特边际谱识别出的特征频率与传统分析方法中的白噪声扫频得到的频率接近,而希尔伯特瞬时能量谱和瞬时频率可以观测到结构在何处、何时受到巨大的能量输入和频率变化,能更好地掌握损伤的动态过程。

(6)SH 波垂直入射时,隧道洞口段拱肩和拱脚的环向应变大于拱顶和仰拱,拱肩和拱脚部位是隧道抗震的薄弱环节。马蹄形隧道因为应力集中,使得拱脚的应变稍大于拱肩。隧道洞口段仰坡的破坏特征主要为坡顶出现张拉裂缝、坡肩沉降、坡面开裂、洞口段围岩坍塌、堵塞洞口等。洞口段衬砌破坏主要为纵向贯通开裂,拱脚部位出现部分斜向裂缝,节段间衬砌错台等。理论分析和振动台试验均表明,SH 垂直入射条件下,洞口段隧道受地震影响的区域可划分为 3 个:区域 1($0\sim3.0D$)——第一峰值波动区;区域 2($3.0D\sim7.5D$)——第二峰值波动区和区域 3($>7.5D$)——平稳区。从涵盖环向应变双峰值的角度考虑,洞口段的抗震设防范围可到 $7.5D$。

(7)隧道洞口段仰坡存在明显的加速度高程放大效应和趋表放大效应,即高程增加,加速度放大系数增大,且坡面的放大系数显著高于同高程处围岩内部。微型桩加固坡面可有效降低坡面加速度响应,减小洞口仰坡的动力响应。仰坡位置的加速度频谱曲线呈现双峰值特点,坡面土体对低频成分有放大效应,对 20 Hz 以上高频成分有抑制作用,微型桩可一定程度上维持土体强度和剪切刚度。随着激振强度增加,洞口段衬砌的希尔伯特边际谱峰值呈现先增大后减小的趋势;相比洞身段,洞口段率先进入非弹性工作状态,拱脚、拱肩和仰拱是受力薄弱部位,微型桩可使衬砌内力降低,改善洞口衬砌受力状态。

7.2 展　望

当前世界地震频繁,随着交通强国战略的不断推进,越来越多的隧道将不可避免地穿越高烈度地震区,而作为隧道薄弱环节的洞口段,其地震安全性值得更加关注。

(1)本振动台试验的容器是刚性模型箱,对模型围岩的约束能力强于剪切式模型箱,模型箱四周的围岩变形失真不可避免,后续研究可以考虑采用剪切式模型箱。同时,目前长大隧道越来越多,活动断裂带问题和地震波行波效应等问题不容忽视,需要研发一种新型的适用于多点振动台的节段式模型箱。

(2)提出的基于改进小波包联合希尔伯特-黄变换的动态损伤识别方法虽然在振动台试

验中取得良好效果，但有待于实际工程检验，后续可考虑对埋设在实际隧道中的传感数据进行分析，验证本方法的适用性。另外，本方法仍有许多细节可以进一步优化，如抑制EMD分解中存在的端点效应，优化分解停止准则，压制模态混叠问题等。

(3)在推导隧道洞口段设防范围时，以SH波作为输入地震波，实际上P波和SV的影响也不容忽略，后续可考虑将各类地震波统一在同一位移波场框架下。另外，推导假设了洞口仰坡为角度小于45°的单面无限坡，实际上对于坡脚超过45°、多级边坡且存在坡顶条件下的位移波场分布值得进一步研究。

(4)从洞口仰坡和衬砌响应两个角度对微型桩加固边坡的抗减震效果进行了分析，但地震作用下，隧道、仰坡和微型桩作为一个体系，微型桩的动力响应和三者之间的相互影响关系也具有研究价值。同时微型桩作为一种加固手段，后续可以考虑与锚索(杆)等支挡结构的抗减震效果进行对比，以丰富隧道洞口仰坡的加固手段。

囿于作者水平，虽然对隧道洞口段的地震损伤识别和设防开展了一些研究和探索，但仍有许多不足之处，需要相关工作者不断探索突破。

参考文献

[1] 交通运输部. 2023年交通运输行业发展统计公报[N]. 中国交通报，2024-06-18(2).

[2] 刘继国，崔庆龙，李丹妮，等. 截至2023年底中国10 km以上特长公路隧道统计与分析[J]. 隧道建设(中英文)，2024，44(1)：189-198.

[3] 隧道建设(中英文)编辑部. 世界工程量和建设规模第一的公路隧道:秦岭天台山隧道在陕西贯通 [J]. 隧道建设(中英文)，2021，41(1)：76.

[4] 巩江峰，王伟，王芳，等. 截至2023年底中国铁路隧道情况统计及2023年新开通重点项目隧道情况介绍[J]. 隧道建设(中英文)，2024，44(2)：377-392.

[5] 嵇少丞，王茜，孙圣思，等. 亚洲大陆逃逸构造与现今中国地震活动 [J]. 地质学报，2008，82(12)：1644-1667.

[6] 刘玉国，李欢，郑涵，等. 中国活动构造与地震及地质灾害的关系研究进展及展望 [J]. 自然灾害学报，2022，31(1)：1-14.

[7] WANG M，SHEN Z K. PresentDay crustal deformation of continental China derived from GPS and its tectonic implications [J]. Journal of Geophysical Research-Solid Earth，2020，125(2)：1-22.

[8] 杜方. 2021年地震活动综述 [J]. 四川地震，2022(2)：1-8.

[9] SCHOLZ C H. The mechanics of earthquakes and faulting[M]. Cambridge：Cambridge University Press，2019.

[10] SHI Z M，WANG G C，LIU C L，et al. Tectonically induced anomalies without large earthquake occurrences [J]. Pure and Applied Geophysics，2018，175(7)：2513-2526.

[11] KONAGAI K，TAKATSU S，KANAI T，et al. Kizawa tunnel cracked on 23 October 2004 Mid-Niigata earthquake：an example of earthquake-induced damage to tunnels in active-folding zones [J]. Soil Dynamics and Earthquake Engineering，2009，29(2)：394-403.

[12] 何川，耿萍，晏启祥. 汶川大地震隧道工程震害初步分析[C]// 汶川大地震工程震害调查分析与研究. 西南交通大学，2009:22.

[13] CHEN Z，SHI C，LI T，et al. Damage characteristics and influence factors of mountain tunnels under strong earthquakes [J]. Natural Hazards，2012，61：387-401.

[14] 张玉芳，袁坤，周文皎，等. 门源地震对跨冷龙岭断层的大梁隧道结构变形特征和地表裂缝分布规律研究[J]. 岩石力学与工程学报，2023，42(5)：1055-1069.

[15] FENG L，ZHANG L. Assessment of tunnel face stability subjected to an adjacent tunnel [J]. Reliability Engineering & System Safety，2021，205：107228.

[16] 王志杰. 地震区隧道洞口段减震模式研究[D]. 成都:西南交通大学，1996.

[17] 高波，王峥峥，袁松，等. 汶川地震公路隧道震害启示 [J]. 西南交通大学学报，2009，44(3)：336-341.

[18] 李天斌. 汶川特大地震中山岭隧道变形破坏特征及影响因素分析 [J]. 工程地质学报，2008，16(6)：742-750.

[19] 陈正勋，王泰典，黄灿辉. 山岭隧道受震损害类型与原因之案例研究 [J]. 岩石力学与工程学报，2011，30(1)：45-57.

[20] CHEN P，GENG P，CHEN J，et al. The seismic damage mechanism of Daliang Tunnel by fault dislocation

during the 2022 Menyuan MS 6.9 Earthquake based on unidirectional velocity pulse input [J]. Engineering Failure Analysis, 2023,145: 107047.

[21] 小泉淳. 盾构隧道的抗震研究及算例[M]. 张稳军，袁大军，译. 北京：中国建筑工业出版社，2009.

[22] 川岛一彦. 地下构筑物的耐震设计[M]. 东京：鹿岛出版社，1994.

[23] 钱七虎，何川，晏启祥. 隧道工程动力响应特性与汶川地震隧道震害分析及启示[C]// 汶川大地震工程震害调查与研究. 中国人民解放军理工大学，西南交通大学，2009：11.

[24] 王明年，崔光耀，林国进. 汶川地震灾区公路隧道震害调查及初步分析 [J]. 西南公路，2009(4)：41-46.

[25] 蔡晓光，常晁瑜，李孝波. 四川泸定6.8级地震地质灾害调查 [J]. 防灾科技学院学报，2022，24(4)：11-22.

[26] 何川，耿萍，晏启祥. Ⅳ级围岩铁路隧道抗震计算上覆土柱合理计算高度 [J]. 土木工程学报. 2013，46(5)：144-150.

[27] 何川. 盾构隧道纵向地震行为研究[D]. 东京：早稻田大学，1999.

[28] 刘晶波，王文晖，赵冬冬，等. 地下结构抗震分析的整体式反应位移法 [J]. 岩石力学与工程学报，2013，32(8)：1618-1624.

[29] 李亮，杨晓慧，杜修力. 地下结构地震反应计算的改进的反应位移法 [J]. 岩土工程学报，2014，36(7)：1360-1364.

[30] 张斌伟，严松宏，杨永东. 隧道纵向整体抗震分析的近似方法 [J]. 岩土力学，2012，33(7)：2081-2088.

[31] 高峰，石玉成，严松宏，等. 隧道洞口段的抗震设防长度 [J]. 中国公路学报，2006，19(3)：65-69.

[32] 赵占雷. 地震区山岭隧道地震动力响应影响因素规律及减震措施研究[D]. 北京：北京交通大学，2012.

[33] 曹小平. 强震作用下山岭隧道洞口段地震响应分析及减震措施研究[D]. 兰州：兰州交通大学，2013.

[34] SHEN Y S, GAO B, YANG X M, et al. Seismic damage mechanism and dynamic deformation characteristic analysis of mountain tunnel after Wenchuan earthquake [J]. Engineering Geology, 2014, 180: 85-98.

[35] 汪精河. 基于波动理论的高陡边坡山岭隧道洞口地震响应分析[D]. 成都：西南交通大学，2016.

[36] 何韬. 浅埋山岭隧道在强震下破坏机理的数值模拟研究[D]. 长沙：国防科技大学，2017.

[37] 何则干，王小威，左正波. 山岭隧道洞口段衬砌结构地震响应数值分析 [J]. 科学技术与工程，2020，20(17)：7018-7024.

[38] 孙文，梁庆国，刘青霞，等. 强震作用下黄土隧道洞口段地震动放大效应研究 [J]. 地震工程学报，2021，43(4)：935-943.

[39] 刘晶波，刘祥庆，杜修力. 地下结构抗震理论分析与试验研究的发展展望 [J]. 地震工程与工程振动，2007，27 (6)：39-43.

[40] 赖林. 地震动力作用下隧道洞口段边坡离心模型试验研究[D]. 成都：成都理工大学，2016.

[41] 申玉生，高波，王英学. 强震区山岭隧道洞口段结构动力特性分析 [J]. 岩石力学与工程学报，2009，28(增刊1)：3131-3136.

[42] 蒋树屏，文栋良，郑升宝. 嘎隆拉隧道洞口段地震响应大型振动台模型试验研究 [J]. 岩石力学与工程学报，2011，30(4)：649-656.

[43] 李林，何川，耿萍，等. 浅埋偏压洞口段隧道地震响应振动台模型试验研究 [J]. 岩石力学与工程学报，2011，30(12)：2540-2548.

[44] 耿萍，吴川，唐金良，等. 穿越断层破碎带隧道动力响应特性分析 [J]. 岩石力学与工程学报，2012，31(7)：1406-1413.

[45] 李林，何川，耿萍，等．隧道穿越高烈度地震区断层带围岩地震响应分析［J］．重庆大学学报，2012，35(6)：92-98.
[46] 何川，李林，张景，等．隧道穿越断层破碎带震害机理研究［J］．岩土工程学报，2014，36(3)：427-434.
[47] XU H，LI T，XIA L，et al. Shaking table tests on seismic measures of a model mountain tunnel［J］. Tunnelling and Underground Space Technology，2016，60：197-209.
[48] 吴冬，高波，申玉生，等．隧道仰坡地震动力响应特性振动台模型试验研究［J］．岩土力学，2014，35(7)：1921-1928.
[49] 陶连金，李书龙，侯森，等．山岭隧道洞口段地震响应振动台模型试验研究［J］．世界地震工程，2016，32(4)：7-16.
[50] 隋传毅，高波，申玉生,等．隧道高陡仰坡抗震性能振动台试验分析［J］．振动与冲击，2017，36(19)：186-194.
[51] 贺谱．黄土隧道洞口段静力和地震动力响应特征研究［D］．兰州:兰州交通大学，2019.
[52] 皇民，苑俊杰，赵玉如，等．高烈度区双洞隧道洞口段地震响应分析与振动台模型试验［J］．中国地质灾害与防治学报，2020，31(1)：113-119.
[53] 杨长卫，张良，张凯文，等．山岭隧道跨断裂带段及洞口段地震响应大型振动台模型试验研究［J］．岩石力学与工程学报，2023，42(4)：993-1002.
[54] 陶冬旺．基于数据驱动和物理模型的结构地震损伤识别方法研究［D］．哈尔滨：哈尔滨工业大学，2013.
[55] 公茂盛，鹿嶋俊英，谢礼立，等．基于结构强震记录的结构时变模态参数识别［J］．振动与冲击，2010，29(5)：171-175.
[56] LOH C H，MAO C H，CHAO S H，et al. Feature extraction and system identification of reinforced concrete structures considering degrading hysteresis［J］. Structural Control and Health Monitoring，2010，17(7)：712-729.
[57] 董云涛，管德清，王博．基于曲率模态小波分析对隧道结构进行损伤识别［J］．水电与抽水蓄能，2015，1(4)：35-38.
[58] 罗辉，胡嫚嫚，刘雨彤，等．基于小波包能量谱的盾构隧道结构损伤识别分析［J］．建筑结构学报，2018，39(增刊2)：306-314.
[59] 刘冲，毛毳．基于小波包变换的隧道损伤识别［J］．现代隧道技术，2020，57(1)：115-119.
[60] 梁奇．基于小波包分析的地震作用下隧道衬砌结构损伤研究［D］．重庆:重庆交通大学，2020.
[61] HUANG N E，SHEN Z，LONG S R，et al. The empirical mode decomposition and the Hilbert spectrum for nonlinear and non-stationary time series analysis［J］. Proceedings of the Royal Society of London. Series A：mathematical，physical and engineering sciences，1998，454(1971)：903-995.
[62] ROVERI N，CARCATERRA A. Damage detection in structures under traveling loads by Hilbert-Huang transform［J］. Mechanical Systems and Signal Processing，2012，28：128-144.
[63] SIRACUSANO G，LAMONACA F，TOMASELLO R，et al. A framework for the damage evaluation of acoustic emission signals through Hilbert-Huang transform［J］. Mechanical Systems and Signal Processing，2016，75：109-122.
[64] 范刚，张建经，付晓，等．含软弱夹层顺层岩质边坡动力破坏模式的能量判识方法研究［J］．岩土工程学报，2016，38(5)：959-966.
[65] 耿萍，曹东杰，唐金良，等．铁路隧道洞口合理抗震设防长度［J］．西南交通大学学报，2012，47(6)：942-948.

[66] 黄俊. 铁路黄土隧道洞口段地震动力响应研究 [J]. 铁道标准设计, 2019, 63(6): 107-114.
[67] 胡聿贤. 地震工程学[M]. 2 版. 北京: 地震出版社, 2004.
[68] 黄胜. 高烈度地震下隧道破坏机制及抗震研究[D]. 武汉:中国科学院研究生院(武汉岩土力学研究所), 2010.
[69] 杨果林, 文畅平. 格构锚固边坡地震响应的振动台试验研究 [J]. 中南大学学报(自然科学版), 2012, 43(4): 1482-1493.
[70] 叶海林, 郑颖人, 陆新, 等. 边坡锚杆地震动特性的振动台试验研究 [J]. 土木工程学报, 2011, 44(增刊1): 152-157.
[71] AI-DEFAE A H, KNAPPETT J A. Newmark sliding block model for pile-reinforced slopes under earthquake loading [J]. Soil Dynamics and Earthquake Engineering, 2015, 75: 265-278.
[72] 付晓. 框架锚索及框架锚索—抗滑桩加固岩质边坡的动力特性研究[D]. 成都:西南交通大学, 2017.
[73] 王金梅, 张迎宾, 赵兴权. 微型抗滑桩单桩设计计算模型及算法研究 [J]. 岩土力学, 2015, 36(8): 2395-2401.
[74] 孙书伟, 朱本珍. 微型桩群加固土坡抗滑力数值模拟研究 [J]. 铁道工程学报, 2018, 35(1): 1-5.
[75] 武志信, 吴红刚, 赖天文, 等. 微型桩加固土质边坡的动土压力响应及其频谱特性研究 [J]. 岩土力学, 2019, 40(10): 3909-3919.
[76] 强小俊, 雷云超, 吴东东, 等. 微型桩群框架结构加固边坡离心模型试验研究 [J]. 铁道建筑, 2022, 62(11): 135-140.
[77] 高永涛, 胡云轩, 张院生. 微型桩框架梁组合支挡结构的相似模型试验研究 [J]. 矿业研究与开发, 2023, 43(1): 61-66.
[78] 蔡雅钧. 地震模拟振动台的控制算法研究[D]. 北京:清华大学, 2018.
[79] 吕西林, 陈跃庆. 结构—地基相互作用体系的动力相似关系研究 [J]. 地震工程与工程振动, 2001, 21(3): 85-92.
[80] 李澄清, 刘天为, 张海洋, 等. 基于 BP 神经网络的土体细观力学参数反演分析 [J]. 工程地质学报, 2015, 23(4):609-615.
[81] WANG Z, YE P, QIU F, et al. Crack characterization in ferromagnetic steels by pulsed eddy current technique based on GA-BP neural network model [J]. Journal of Magnetism and Magnetic Materials, 2020, 500: 166412.
[82] WANG H, ZHANG Z, LIU L. Prediction and fitting of weld morphology of Al alloy-CFRP welding-rivet hybrid bonding joint based on GA-BP neural network [J]. Journal of Manufacturing Processes, 2021, 63: 109-120.
[83] ZHANG Y, GAO X, KATAYAMA S. Weld appearance prediction with BP neural network improved by genetic algorithm during disk laser welding [J]. Journal of Manufacturing Systems, 2015, 34: 53-59.
[84] 来弘鹏, 谢永利, 杨晓华. 公路隧道衬砌断面型式模型试验研究 [J]. 岩土工程学报, 2006(6): 740-744.
[85] 陈之毅, 李月阳. 模型箱设计中的边界变形研究 [J]. 工程抗震与加固改造, 2015, 37(5): 106-112.
[86] GUAN Z C, ZHOU Y, GOU X D, et al. The seismic responses and seismic properties of large section mountain tunnel based on shaking table tests [J]. Tunnelling and Underground Space Technology, 2019, 90: 383-393.
[87] 袁勇, 黄伟东, 禹海涛. 地下结构振动台试验模型箱应用现状 [J]. 结构工程师, 2014, 30(1): 38-45.
[88] CHEN Z Y, CHEN W, LI Y Y, et al. Shaking table test of a multi-story subway station under pulse-like ground motions [J]. Soil Dynamics and Earthquake Engineering, 2016, 82: 111-122.
[89] LOMBARDI D, BHATTACHARYA S, SCARPA F, et al. Dynamic response of a geotechnical rigid model con-

tainer with absorbing boundArias [J]. Soil Dynamics and Earthquake Engineering, 2015, 69: 46-56.
[90] 楼梦麟, 王文剑, 朱彤, 等. 土—结构体系振动台模型试验中土层边界影响问题 [J]. 地震工程与工程振动. 2000(4): 30-36.
[91] 赵源上, 林伟芳. 基于皮尔逊相关系数融合密度峰值和熵权法的典型新能源出力场景研究[J]. 中国电力, 2023, 56(5): 193-202.
[92] 周颖, 张翠强. 地震动选择及输入顺序在振动台试验中的应用研究 [J]. 结构工程师, 2012, 28(6): 60-65.
[93] 王倩. 水平地震动持时的特征研究[D]. 北京: 中国地震局工程力学研究所, 2015.
[94] 姚鹤彬. 向量地震动时频分析方法研究[D]. 重庆: 重庆大学, 2019.
[95] DIBAL P Y, ONWUKA E N, AGAJO J, et al. Wideband spectrum sensing in cognitive radio using discrete wavelet packet transform and principal component analysis [J]. Physical Communication, 2020, 38: 100918.
[96] WANG Q, GENG P, CHEN J, et al. Dynamic discrimination method of seismic damage in tunnel portal based on improved wavelet packet transform coupled with Hilbert-Huang transform [J]. Mechanical Systems and Signal Processing, 2023, 188: 110023.
[97] ZHANG K, TANG B, QIN Y, et al. Fault diagnosis of planetary gearbox using a novel semi-supervised method of multiple association layers networks [J]. Mechanical Systems and Signal Processing, 2019, 131: 243-260.
[98] BEALE C, NIEZRECKI C, INALPOLAT M. An adaptive wavelet packet denoising algorithm for enhanced active acoustic damage detection from wind turbine blades [J]. Mechanical Systems and Signal Processing, 2020, 142: 106754.
[99] WANG Q, GENG P, LI P, et al. Dynamic damage identification of tunnel portal and verification via shaking table test [J]. Tunnelling and Underground Space Technology, 2023, 132: 104923.
[100] 耿萍. 铁路隧道抗震计算方法研究[D]. 成都: 西南交通大学, 2012.
[101] WANG T T, KWOK O L A, JENG F S. Seismic response of tunnels revealed in two decades following the 1999 Chi-Chi earthquake (M_w 7.6) in Taiwan: A review [J]. Engineering Geology, 2021, 287: 106090.
[102] 侯森, 陶连金, 赵旭, 等. SH 波作用下山岭隧道洞口段结构动力响应研究 [J]. 岩石力学与工程学报, 2015, 34(2): 340-348.
[103] 汪宇锋. 地震波吸收衰减建模和补偿方法研究[D]. 北京: 中国石油大学, 2019.
[104] 赵秋芳. 近地表地层地震波吸收衰减特征和品质因子 Q 反演方法与应用研究[D]. 焦作: 河南理工大学, 2018.
[105] KOURETZIS G P, BOUCKOVALAS G D, GANTES C J. 3-D shell analysis of cylindrical underground structures under seismic shear (S) wave action [J]. Soil Dynamics and Earthquake Engineering, 2006, 26(10): 909-921.
[106] 郑静, 牛文庆, 吴红刚, 等. 地震作用下微型桩支挡结构振动台试验研究 [J]. 岩石力学与工程学报, 2019, 38(增刊 1): 2798-2806.